*Bernadette Landreville*

*2009-07-16*

LIBRAIRIE SAINT-PAUL
SUIVRE JESUS AUJOURD'HUI
6929    31.95$
40/Fonds 583045 07/07/2009
96/NOVALIS

# Suivre Jésus
# AUJOURD'HUI

D1069966

# Suivre Jésus
# AUJOURD'HUI

Traduit de l'anglais
par Paul-André Giguère

NOVALIS  *cerf*

**Suivre Jésus aujourd'hui** est publié par Novalis.

Titre original : *Jesus Today*, publié par Orbis Book, États-Unis

Révision : Josée Latulippe

Mise en pages et couverture : Infoscan Collette, Québec

Photo de la couverture : © Vilnis | dreamstime.com

© 2009, Les Éditions Novalis inc.

Novalis, 4475, rue Frontenac, Montréal (Québec)  H2H 2S2
C.P. 990, succursale Delorimier, Montréal (Québec)  H2H 2T1

Dépôts légaux : 2ᵉ trimestre 2009
      Bibliothèque nationale du Canada
      Bibliothèque nationale du Québec

ISBN : 978-2-89646-058-8 (Novalis)
ISBN : 978-2-204-08741-4 (Cerf)

Les textes bibliques sont tirés de La Bible TOB. © Société biblique
française et Éditions du Cerf, Paris 1988. Avec l'autorisation de la
Société biblique canadienne.

Nous reconnaissons l'aide financière du gouvernement du Canada
par l'entremise du Programme d'aide au développement de l'industrie
de l'édition (PADIÉ) pour nos activités d'édition.

Cet ouvrage a été publié avec le soutien de la SODEC. Gouvernement
du Québec – Programme de crédits d'impôt pour l'édition de livres –
Gestion SODEC.

Imprimé au Canada

**Catalogage avant publication de Bibliothèque et Archives
nationales du Québec et Bibliothèque et Archives Canada**
Nolan, Albert, 1934-
    Suivre Jésus aujourd'hui : une spiritualité de la liberté radicale
    Traduction de : Jesus Today : A Spirituality of Radical Freedom.
    Comprend des réf. bibliogr.
    ISBN  978-2-89646-058-8
    1. Spiritualité – Christianisme.  2. Jésus-Christ – Personne et
fonctions.  I. Titre.

BV4501.3.N6414 2009      248.4      C2009-940067-7

*À la mémoire de*
*Thomas Merton (1915-1968)*

# Préface
par Timothy Radcliffe, o.p.

Que ce livre est rafraîchissant et vivant ! Bien qu'il se soit écoulé trente ans depuis qu'Albert Nolan a écrit *Jésus avant le christianisme*, sa voix est toujours aussi forte et aussi jeune. Dans un monde assoiffé de spirituel, il nous offre une spiritualité fondée sur la vie et la spiritualité même de Jésus, qui est essentiellement une spiritualité de la liberté radicale.

Albert commence par analyser notre culture contemporaine et les combats qui s'imposent à nous au début du troisième millénaire. Il scrute l'individualisme profond qui compromet notre vie et notre bonheur. Il examine aussi les effets, tant bénéfiques que pervers, de la mondialisation. Je trouve particulièrement éclairante son analyse de la nouvelle science, où il montre comment celle-ci nous force à délaisser le modèle mécaniste hérité de Newton et à penser d'une manière radicalement différente. Cette nouvelle science ne se pose pas en rivale de la religion. Elle nous invite plutôt à réapprendre le regard émerveillé et ravi.

Notre époque est fertile en possibilités extraordinaires et en dangers de toutes sortes. Pour y faire face, nous avons besoin d'une spiritualité dynamique et profonde. Pour la trouver, Nolan nous ramène à Jésus. Bien que j'aie étudié et enseigné les évangiles pendant quarante ans, j'ai été de nouveau frappé par le fait que Jésus arrive encore à nous surprendre et à apparaître toujours neuf à nos yeux. Nolan nous fait saisir combien a pu être étonnante cette irruption d'un «anti-Messie» dans l'univers du judaïsme du premier siècle.

La relation profonde que Jésus entretenait avec celui qu'il appelait son *abba* constitue pour Nolan le cœur de son être. Comme il me l'expliquait il y a quelque temps, en route vers Durban, ce titre n'exprime rien de plus que le familier «papa». Il reflète une relation de très grande intimité, sans connotation masculine ou féminine, sans qu'il faille y voir une quelconque trace patriarcale. «C'est parce que nous n'avons pas encore fait l'expérience de Dieu comme *abba* que nous trouvons difficile de prendre Jésus au sérieux et de vivre comme il a vécu. L'expérience de Dieu comme *abba* est à la source de la sagesse de Jésus, de sa clarté, de sa confiance et de sa liberté radicale. *Sans cela, il est impossible de comprendre pourquoi et comment il a fait ce qu'il a fait.*»

Voilà le fondement de la mystique profonde qui animait la vie de Jésus. Nous sommes portés à voir dans les mystiques des gens qui vivent détachés du monde réel avec ses luttes pour la justice, voire simplement pour la survie. Ce livre montre qu'il n'en est rien. Sans un enracinement radical dans l'expérience de Dieu, nous n'aurons rien à dire à nos contemporains et demeurerons impuissants devant les défis que nous lance notre époque. J'ai souvent trouvé que les théologiens contemporains qui saisissent le mieux la crise politique, économique et écologique de notre temps sont aussi ceux qui plongent profondément leurs racines dans la tradition mystique. Pour m'en tenir à mes frères de l'Ordre dominicain, en plus d'Albert Nolan je pense à Edward Schillebeeckx et à Gustavo Guttierez.

Albert explore également le silence et la solitude, qui jouaient un si grand rôle dans la vie de Jésus, sa médiation du pardon de Dieu et, d'une manière très belle, le rôle des femmes dans sa vie. Résistant aux fantasmes débridés du *Da Vinci Code*, Albert nous montre toute la profondeur des relations que Jésus entretenait avec Marie Madeleine, qui est la première patronne de l'Ordre dominicain, et avec sa mère, Marie.

Albert prend appui sur cette double analyse, des défis de notre société et de la spiritualité de Jésus, pour proposer ensuite une spiritualité pratique pour aujourd'hui. Cette spiritualité offre à toute personne un chemin, peu importe jusqu'à quel point elle est débordée ou absorbée par les affaires quotidiennes du monde. N'est-ce pas en effet un des combats auxquels nous sommes conviés que de résister à la tentation d'être affairés, ce qu'Herbert McCabe appelle «la tyrannie du travail»? Nous devons nous libérer de l'impérialisme de l'ego, qui cherche à faire de nous le centre du monde et détruit notre conscience de ne pouvoir nous épanouir qu'avec et pour les autres, plus, même, avec la création tout entière.

Nous sommes invités à laisser se former en nous «un cœur reconnaissant». Maître Eckhart, un dominicain du XIV^e siècle, dit un jour: «Si *Merci* est ma seule prière… cela suffit.» Albert montre d'une manière admirable comment Jésus était comme un enfant, cet état d'âme qui nous rend assez libres pour être enjoués et qui est tout l'opposé de l'infantilisme. Il expose ce qui distingue le caractère enjoué de l'hypocrisie. «La différence, c'est que l'hypocrite est sérieux, alors que l'enfant sait que c'est seulement pour jouer. L'hypocrite est un mensonge ambulant. L'enfant, lui, connaît la vérité, et c'est ce qui l'amuse tellement. De fait, la meilleure manière de s'occuper de son ego hypocrite ne serait-elle pas d'apprendre à en rire?»

Il nous faut aussi apprendre l'art du détachement. Non pas en rejetant froidement l'affection et l'intimité, mais en apprenant l'art de ne pas s'accrocher. Personnellement, Albert m'a remis en question par son insistance sur la nécessité du détachement à l'égard du *temps*: quel que soit le moment où des gens viennent nous voir, ils ne nous dérangent jamais. Nous devons même apprendre à nous détacher de Dieu. Comme elles sont superbes, ces paroles d'Albert: «Faire confiance à Dieu à la manière de Jésus, ce n'est pas s'accrocher à lui. Cela signifie tout quitter pour lui abandonner notre être et notre vie. Il y a une différence entre attachement et abandon. À la fin, en effet, nous devrons nous détacher même de Dieu. Nous devons quitter Dieu pour sauter dans les bras d'un Père aimant auquel nous pouvons nous fier sans réserve. Nous n'avons pas besoin de nous *agripper* à Dieu de toutes nos forces, parce que c'est lui qui *nous tient*, comme un enfant dans les bras de ses parents.» Et par-dessus tout, nous devons nous entraîner à pardonner. Non pas d'un pardon qui ferait fermer les yeux sur les scandales et les injustices de ce monde, mais d'un pardon lucide et véritable qui nous somme d'aller au-delà du départage des torts et de la culpabilité.

L'avant-dernier chapitre, «Ne faire qu'un avec l'univers», est particulièrement stimulant. Même quelqu'un qui s'y connaît aussi peu que moi en science peut entrevoir les vastes possibilités que nous offre la compréhension du monde qui est en train de voir le jour. C'est avec beaucoup de justesse qu'Albert fait remarquer que les dogmes et les doctrines intéressent rarement les jeunes d'aujourd'hui. C'est comme ça. Pourtant, ce qu'on peut entrevoir ici, ce sont les prémisses d'une nouvelle doctrine de la création qui ne serait pas étouffante, qui ne paralyserait pas notre pensée, mais libérerait au contraire notre imagination et, comme toute bonne doctrine devrait le faire, nous inviterait à marcher plus loin en direction du mystère.

Cela nous ramène finalement au thème sous-jacent à l'ensemble du livre, la liberté. Nous sommes invités à goûter à cette liberté qui fut celle de Jésus et qui s'enracinait dans sa confiance absolue envers son *abba*. La liberté est sans contredit la valeur qui fait le plus l'unanimité dans la modernité. On la comprend souvent en termes d'autonomie personnelle, ce qui en fait une liberté qui nous enferme dans la solitude et justifie l'égoïsme narcissique de notre époque. Nous entrevoyons ici plutôt la liberté pour laquelle le Christ nous a libérés, pour reprendre les mots de saint Paul. Il s'agit d'un lent devenir. Albert nous rappelle que «l'être humain a besoin de plus de temps que les petits des autres animaux pour grandir et mûrir. C'est qu'il y a tellement plus à apprendre! La plupart des choses que nous devons apprendre pour devenir des adultes mûrs ne viennent pas de l'instinct, mais de la culture. Avant de nous tenir debout et de pouvoir prendre des décisions pour nous-mêmes, il nous faut un long temps d'éducation et de formation. Durant notre enfance, nous avons besoin de règles et de lois.» Ce que nous trouvons dans ce livre, c'est une pédagogie de la liberté, dont le fruit est une touche de la spontanéité et de la légèreté du cœur que nous voyons en Jésus.

J'étais jeune prieur au couvent Blackfriars, à Oxford, quand j'ai rencontré Albert pour la première fois, il y a plus de vingt ans. J'avoue avoir été un peu nerveux à l'approche de la visite de ce célèbre théologien. J'étais convaincu qu'il nous trouverait bien relâchés, pas du tout à la hauteur et plutôt médiocres dans notre engagement envers les pauvres! Mais non. Nous avons découvert un frère très vrai, absolument lui-même et avec qui nous pouvions pourtant nous sentir complètement à l'aise, fréquenter des pubs, rire et prendre plaisir à être en sa compagnie. C'est le même Albert que je retrouve dans ce livre, candide, rempli d'espérance, fort, et extrêmement compréhensif pour nous tous qui cheminons en boitant, ou parfois en courant, vers le Royaume.

# Avant-propos

Il y a une trentaine d'années, j'ai écrit un livre intitulé *Jésus avant le christianisme*. Je souhaitais sensibiliser le lecteur à ce que Jésus avait pu représenter pour ses contemporains dans la première moitié du premier siècle, avant qu'on ne l'enchâsse dans la doctrine, les dogmes et les rites.

Depuis, bien des événements se sont produits dans le monde, en Afrique du Sud et dans ma propre vie. En 1988, j'ai écrit *Dieu en Afrique du Sud*, un essai de théologie contextuelle, dont le contexte était l'apartheid en Afrique du Sud. Quatre ans plus tard, nous assistions au démantèlement de tout le système d'apartheid.

Entre-temps, la perspective féministe m'avait ouvert les yeux sur bien des choses, y compris sur des aspects de la vie de Jésus qui m'avaient jusque-là échappé. Des découvertes archéologiques récentes nous permettent d'avoir aujourd'hui une meilleure idée du contexte dans lequel Jésus a vécu. La nouvelle science, en particulier la nouvelle cosmologie, nous a donné une vision nouvelle et stupéfiante de la grandeur et de la créativité de Dieu. Et pourtant, en même temps, la destruction de l'environnement et les menaces d'extinction se sont accrues.

Durant cette période, je suis aussi devenu plus conscient que nous avons tous besoin d'une libération personnelle et, donc, d'une spiritualité. Le besoin d'une libération sociale demeure toujours aussi urgent et, bien que beaucoup de progrès ait été accompli, particulièrement en Afrique du Sud, nous voyons aujourd'hui à quel point un manque de liberté intérieure personnelle peut miner nos acquis. La plupart du temps, notre ego centré sur lui-même semble nous barrer la route. Nous avons besoin d'une nouvelle spiritualité, c'est ce que découvrent de plus en plus de gens.

Je présente donc au lecteur ce nouveau livre intitulé *Jésus aujourd'hui : une spiritualité de la liberté radicale*. Cette fois, je me propose d'examiner plus spécifiquement ce que Jésus peut signifier pour vous, pour moi et pour nos contemporains du vingt et unième siècle. Ce livre est consacré à la spiritualité, la spiritualité de Jésus, que j'ai choisi d'appeler une spiritualité de la liberté radicale. Et comme il s'agit de spiritualité, je vais me pencher sur des sujets que je n'ai pas abordés dans mes précédents ouvrages, comme la prière contemplative de Jésus et son attention aux personnes. Ce livre est lui aussi contextuel, mais cette fois le contexte n'est pas seulement l'Afrique du Sud, mais le monde d'aujourd'hui.

Je suis redevable à un nombre incalculable de gens qui m'ont aidé et inspiré de mille manières au fil des ans. Je remercie en particulier ceux et celles qui ont lu l'ébauche du livre ou certains extraits et m'ont donné des conseils inestimables : Larry Kaufman, Marguerite Bester, Mark James, Leslie Dikeni et Judy Connors. J'exprime ma gratitude à mes frères de la communauté dominicaine de Pietermaritzburg qui m'ont offert, durant la phase de l'écriture en 2005, le contexte favorable et le soutien indispensable dont j'avais besoin, en me donnant le temps et l'espace nécessaires pour lire et écrire sans être dérangé !

Je n'arriverai jamais à exprimer convenablement ma reconnaissance à mes frères et sœurs dominicains, aussi bien religieux que laïques, en Afrique du Sud, mais aussi à travers le monde. Pendant les cinquante-cinq dernières années, j'ai reçu d'eux et d'elles formation, enseignement, encouragement et inspiration. Sans tout cela, comment aurais-je pu oser penser me mettre au travail comme je l'ai fait sans relâche ? C'est dans ce contexte que j'exprime une gratitude toute spéciale à mon frère dominicain Timothy Radcliffe, qui a écrit la préface de ce livre.

Ma famille dominicaine n'est pas la seule à m'avoir formé et inspiré au fil des ans. J'ai bénéficié de deux très fortes influences :

celle du mouvement de la jeunesse étudiante chrétienne et celle des héros de la lutte sud-africaine contre l'apartheid. Les premiers m'ont appris la méthode pédagogique du voir-juger-agir, et je leur en suis à jamais reconnaissant.

Plus fort encore a été l'exemple des géants de notre combat politique. Je pense à des hommes et à des femmes comme Nelson Mandela, Albert Luthuli, Oliver Tambo, Walter Sisulu, Steve Biko, Chris Hani, Albertina Sisulu, Helen Joseph, Joe Slovo, et à des leaders religieux comme Desmond Tutu, Beyers Naude et Denis Hurley. J'ai été inspiré non seulement par leur courage et par leur engagement dans la lutte pour la liberté sociale et politique, mais aussi et davantage par *leur humilité et leur liberté personnelle*. Sans leur exemple, peut-être n'aurais-je jamais entrepris l'étude et la réflexion qui m'ont conduit à écrire ce livre.

Finalement, plusieurs auteurs ont contribué par leurs écrits à ce que ce livre voie le jour : des spécialistes de Jésus, mais aussi des mystiques, des auteurs spirituels, des psychologues, des astrophysiciens et des analystes politiques. Je leur dois beaucoup. J'aimerais remercier d'une manière spéciale Pierre Bester, qui m'a fait connaître des auteurs psychospirituels récents comme A.H. Almaas, Sandra Maitri et Ken Wilber.

**Albert Nolan**
**Pietermaritzburg, Afrique du Sud**
**2006**

# Introduction

Dans l'ensemble, que nous nous déclarions ou non chrétiens, prenons-nous vraiment Jésus au sérieux ? À part quelques remarquables exceptions, qui peut affirmer aimer ses ennemis, présenter l'autre joue, pardonner soixante-dix fois sept fois, bénir qui le maudit, partager son avoir avec les pauvres et mettre en Dieu tout son espoir et son entière confiance ? N'avons-nous pas tous nos excuses ? « Je ne suis pas un saint, ce n'est sûrement pas pour tout le monde, c'est sans doute un idéal élevé, mais pas très réalisable à notre époque… »

Eh bien ! je propose que nous apprenions à prendre Jésus au sérieux, et j'estime que c'est très précisément à notre époque que nous devons le faire. En fait, ce qu'il nous faut aussi prendre au sérieux, c'est le temps où nous vivons. Notre temps. Trop souvent, nous vivons comme dans un monde de rêve, d'où sont absents les menaces et les problèmes d'aujourd'hui. Certains chrétiens pensent pouvoir prendre Jésus au sérieux sans trop se préoccuper de ce qui se produit dans le monde autour d'eux. Pourtant, la spiritualité de Jésus était très enracinée. Il lisait les signes de son temps et enseignait à ses disciples à faire de même (*Mt* 16, 3-4 et parallèles). Prendre Jésus au sérieux signifie entre autres choses, commencer à lire les signes de notre temps d'une manière honnête, sans tricher.

Lire les signes de notre temps, ce n'est pas jeter de l'extérieur un regard sur le monde, comme si nous n'en faisions pas partie. Nous sommes inextricablement pris dans son filet de relations.

C'est notre monde, et nous ne pouvons pas vivre une spiritualité
sérieuse si ce n'est dans notre monde.

Dans la première partie de ce livre, je décrirai comment je
comprends les signes de notre temps. Dans la deuxième partie, je
m'arrêterai plus précisément à la spiritualité de Jésus. Dans les
deux suivantes, j'examinerai les manières concrètes de vivre
aujourd'hui une spiritualité inspirée par Jésus.

La spiritualité constitue donc le cœur de ce livre. À en juger
par le nombre impressionnant d'ouvrages consacrés à la spiritualité en vente en librairie aujourd'hui, il existe de nos jours un
intérêt sans précédent pour tout ce qui touche à l'esprit. Cependant, bien des livres sur la spiritualité ont tendance à margina-
liser Jésus, voire à le rejeter, comme s'il n'avait rien à apporter.
Inversement, ceux qui placent Jésus au centre de leur spiritualité
ont tendance à en faire l'objet de leur spiritualité, plutôt que de
voir en lui un homme qui avait sa propre spiritualité, une spiritualité dont ils auraient quelque chose à apprendre. Il est impossible d'apprécier tout ce que Jésus représente pour nos luttes
actuelles si nous n'accédons pas à une appréciation plus profonde
de sa spiritualité.

J'aimerais montrer comment les événements et les découvertes
de notre époque ouvrent pour nous des avenues nouvelles et pas-
sionnantes. Vivre selon l'esprit d'amour et de liberté de Jésus
devient une option sérieuse accessible à bien des gens, pas seulement à ceux et celles qui vivent déjà de cet esprit. J'irai jusqu'à
suggérer que la spiritualité de Jésus pourrait être plus pertinente
aujourd'hui qu'à toute autre époque. Je ferai valoir que la spiritualité de Jésus peut être appelée une spiritualité de la liberté radicale
et j'en montrerai toute la pertinence pour aujourd'hui. En un mot,
je vais m'efforcer de proposer une spiritualité pratique pour
aujourd'hui, une spiritualité qui s'enracine dans celle de Jésus.

Mon propos est spirituel, pas théologique. On peut certes
déplorer le divorce actuel entre la spiritualité et la théologie, mais
puisque c'est la spiritualité qui traite de l'expérience et de la

pratique, alors que la théologie étudie les doctrines et les dogmes, mon propos dans ce livre sera résolument spirituel. Il ne faut donc pas y voir un traité de christologie. Il n'explore pas le sens de la vie, de la mort et de la résurrection de Jésus. Ce livre porte sur la spiritualité de Jésus lui-même, autrement dit sur l'expérience et les attitudes qui étaient sous-jacentes à ce qu'il a dit et fait, à ce qui l'enflammait et l'inspirait.

Nous nous arrêterons bien à quelques détails historiques de la vie de Jésus, mais sans entrer dans les débats contemporains sur le Jésus de l'histoire. Nous avons amplement de données qui nous permettent de lire entre les lignes et d'extrapoler les grands traits d'une spiritualité. Souvent, il importe peu de savoir si Jésus a vraiment dit ceci ou cela, parce que d'une manière ou d'une autre, son attitude envers la vie et les personnes demeure la même. Également, les récits que les évangélistes ont rassemblés peuvent confirmer d'une manière éloquente la spiritualité propre de Jésus, même lorsqu'ils ne correspondent pas aux critères actuels de certains chercheurs sur le plan de la précision historique.

Toutefois, les recherches récentes sur le contexte culturel, social, politique et économique dans lequel Jésus a développé et vécu sa spiritualité s'avèrent particulièrement utiles. Grâce à de nombreuses fouilles effectuées en Galilée et en Judée et, plus généralement, dans l'ensemble du littoral méditerranéen, la recherche archéologique a largement mis en lumière la façon dont l'Empire romain empiétait sur la vie de chacun, depuis les plus humbles paysans jusqu'aux rois[1]. Cette recherche a également confirmé l'accent que placent les études actuelles consacrées à Jésus sur le fait qu'il était un paysan galiléen et un juif[2]. Toutes ces informations seront utiles pour faire ressortir sa spiritualité à partir des données disponibles.

Il y a un autre débat dans lequel je n'entrerai pas ici, c'est celui des ressemblances et des différences entre la spiritualité de Jésus et celles proposées par d'autres fois, d'autres religions et d'autres visions du monde. Bien que je mentionne occasionnellement une

ressemblance et que je note la proximité de Jésus avec les traditions des Écritures hébraïques, de façon générale je me suis centré
très simplement sur la spiritualité de Jésus elle-même, en évitant
le plus possible les comparaisons.

Si j'écris d'abord pour mes frères et sœurs chrétiens, bien
conscient de toute leur diversité et de leurs divisions aujourd'hui,
j'ai également en tête les personnes qui ne fréquentent plus l'église
et celles qui ont décidé qu'elles ne pouvaient plus se dire chrétiennes. J'ai essayé d'écrire pour ceux qui sont à la recherche d'une
spiritualité signifiante aujourd'hui comme pour ceux qui ne sont
pas du tout sûrs d'avoir besoin d'une spiritualité ; j'ai écrit à l'intention de ceux qui s'accrochent à leurs croyances et à leurs pratiques
religieuses comme de ceux qui ont laissé tomber tout cela. Il est
extrêmement difficile, voire impossible, d'écrire pour un public
aussi vaste et diversifié. J'ai quand même tenté de le faire, car je
suis profondément convaincu que la spiritualité de Jésus est émi-
nemment pertinente pour le drame sans précédent que vit le
monde d'aujourd'hui.

# PARTIE I

# LES SIGNES DE NOTRE TEMPS

Les quatre premiers chapitres ne peuvent prétendre à beaucoup plus qu'à donner un *aperçu* des signes extrêmement complexes et toujours changeants de notre temps. Et pourtant, même un regard rapide sur ce qui se passe aujourd'hui nous permettra de constater que les signes de notre temps sont, pour dire le moins, *saisissants*, non seulement parce que nous pouvons maintenant voir que nous vivons au bord du chaos, mais aussi parce qu'un gigantesque bond en avant dans notre histoire et notre évolution semble se profiler.

Les signes de notre temps sont ambigus. On dirait que les choses vont dans toutes les directions à la fois. Certaines tendances apparaissent comme en réaction à d'autres. Ces différents signes font penser à des brins de laine tissés ensemble, formant un motif complexe. Ce que nous voyons aujourd'hui, c'est l'état du motif tel qu'il est à ce moment particulier de la longue histoire du déploiement de l'univers.

Les signes des temps laissent entrevoir quelque chose de l'avenir. Certes, ils ne nous montrent pas clairement et définitivement où nous allons. Leur valeur d'anticipation réside plutôt dans les questions qu'ils nous lancent. Ce qui importe ici, c'est de *les laisser nous interpeller*. Ou, en langage de croyant, ce qui importe, c'est de permettre à Dieu de nous interpeller à travers notre lecture des signes. Ce que nous devons éviter, c'est d'imposer à la réalité d'aujourd'hui nos idées préconçues. Voilà pourquoi notre but ici est de regarder la vérité en face, de prendre conscience de ce qui se produit en ce moment, que cela nous plaise ou non. Montrer des gens du doigt et les blâmer pour les problèmes actuels ne servirait à rien, sinon à nous empêcher de voir la signification des signes que nous observons.

Les quatre chapitres de la première partie nous aideront à définir ce que nous appelons « aujourd'hui ». Par la suite, nous pourrons examiner en quoi Jésus est pertinent.

# CHAPITRE 1

## Une soif de spiritualité

*Le Da Vinci Code*, publié par Dan Brown au début de 2004, a rapidement pulvérisé tous les records de vente pour un roman[1]. Quant au film qu'on en a tiré, on a longtemps cru qu'il connaîtrait lui aussi un succès inégalé. Qu'est-ce qui, dans l'air du temps, expliquerait l'extraordinaire popularité de ce type de livres et de films ?

*Le Da Vinci Code* est un roman historique. Il fourmille pourtant d'erreurs historiques et fait preuve d'une ignorance incroyable de l'histoire de l'art et des structures de l'Église catholique. Il a déclenché une avalanche de critiques de la part d'universitaires, de membres du clergé, de théologiens et plus particulièrement d'historiens[2]. Mais apparemment, tout cela n'a fait qu'accroître la fascination qu'il exerce.

Le roman de Dan Brown tourne autour d'un grand secret tenu caché pendant deux mille ans, mais qui aurait été transmis dans un Code dont un très petit nombre de personnes connaissaient l'existence. Voici ce secret : Jésus aurait épousé Marie Madeleine, le couple aurait eu une fille, Sara, et cette lignée royale se serait poursuivie jusqu'à nos jours. Quelle intrigue fascinante, surtout au moment où des chercheurs s'intéressent beaucoup aujourd'hui au rôle de Marie Madeleine dans l'Église primitive[3] !

Pourtant, la signification du *Da Vinci Code* a moins à voir avec l'exactitude ou l'inexactitude de son contenu qu'avec la précision avec laquelle il sert de baromètre pour indiquer où en est notre société et ce que cherchent les gens. Pour un nombre croissant de personnes, pour les jeunes surtout, toutes les certitudes du passé, qu'elles soient religieuses, scientifiques, culturelles, politiques ou historiques ont perdu leur crédibilité. Tout est remis en question. On estime qu'il n'est plus possible de croire quoi que ce soit de ce que les autorités de toute nature proposent ou ont proposé durant des siècles. Nous vivons à une époque de scepticisme sans précédent. Toute opinion en vaut une autre. Tout ce qu'on peut encore affirmer, c'est que certaines opinions sont anciennes et ennuyeuses, alors que d'autres sont *intéressantes*.

Ce qui fascine les lecteurs du *Da Vinci Code*, c'est le peu de cas qu'il fait des certitudes ou des soi-disant certitudes du passé et le fait que l'histoire qu'il présente est beaucoup plus séduisante. Toute révélation sur ce qui aurait vraiment pu se produire dans le passé est jugée en soi intéressante. Peu importe qu'elle soit véridique ou non, au moins, elle ne suit pas aveuglément quelque autorité infaillible, que celle-ci soit religieuse ou profane. Avec le *Da Vinci Code*, l'imagination est autorisée à envisager mille possibilités nouvelles. Avec lui, l'esprit est libéré de ce qui est perçu comme la camisole de force des certitudes et des dogmes imposés.

Cette attitude, les spécialistes l'associent à ce qu'ils appellent le *postmodernisme*. La popularité du *Da Vinci Code* est une sorte de baromètre qui mesure jusqu'où cet état d'esprit est répandu. C'est un signe distinctif de notre temps.

## Le postmodernisme

La modernité a été l'époque de la raison. Elle a débuté avec ce qu'on appelle *les Lumières* et a plus ou moins coïncidé avec l'ère scientifique, façonnée par la vision mécaniste du monde de Newton[4]. Ce fut aussi l'époque du capitalisme industriel et de la croissance économique illimitée. L'optimisme concernant l'avenir est un trait marquant de la modernité. Il se fonde sur la certitude absolue que les progrès de la science, de la technologie et de la raison viendront à bout de tous les problèmes humains, et que la superstition religieuse prémoderne, tout comme la croyance en la magie, s'estompera peu à peu. La religion, la moralité et les arts se sont vus relégués à la sphère des croyances privées. Une seule chose comptait vraiment pour l'humanité : le progrès économique et politique.

Et puis peu à peu, au cours de la première moitié du vingtième siècle, le château de cartes de la modernité a commencé à s'écrouler. Même les pays les plus industrialisés, comme l'Allemagne nazie et d'autres États fascistes un peu partout dans le monde, se sont mis à agir d'une manière irrationnelle et inhumaine. Leur violence, leur cruauté, leurs techniques de torture ne cadraient absolument pas avec l'idéal du progrès humain.

Parallèlement, le bloc des nations communistes qui poursuivait sa propre forme de modernité selon sa vision du progrès humain en est venu à faire preuve lui aussi de totalitarisme et d'oppression. Vers la fin du siècle, tous ces régimes s'étaient effondrés. Il est resté une seule superpuissance, qui semble vouloir à tout prix faire la guerre pour éliminer le terrorisme, tout en ignorant la destruction écologique de la terre. Vous avez dit : progrès ?

Rien de surprenant à ce que nous ayons affaire à une génération sceptique à l'égard de toute idéologie. Nous ne voulons plus de vos grands récits, dit-elle, ni de ces grandes idées censées sauver le monde. Ça ne marche pas.

Les idéologies religieuses ont connu le même sort. Des scandales ont ébranlé les Églises et sapé leur autorité. Plusieurs estiment aujourd'hui que toutes les autorités religieuses, quelles qu'elles soient, semblent ne servir qu'à exclure, diviser et opprimer (particulièrement les femmes). Par ailleurs, le rationalisme scientifique du passé, qui exclut toute forme de miracle, est également remis en question. Vampires, extraterrestres et magiciens exercent une fascination nouvelle, et les réalités occultes ou surnaturelles séduisent. On n'y croit pas nécessairement, mais elles fascinent, comme en fait foi l'intérêt phénoménal pour Harry Potter, l'enfant magicien, et pour d'autres récits du même genre.

À un niveau plus profond, cependant, la plupart de nos contemporains sont *angoissés*. On dirait que tout ce qu'on entend, ce sont des mauvaises nouvelles : guerres, meurtres, abus, violence des institutions, terrorisme et destruction de notre environnement, sans oublier les tremblements de terre, tsunamis et ouragans. Il est inévitable que devant cela se diffusent des sentiments d'insécurité et d'impuissance. La plupart des gens vivent aujourd'hui dans un état de désespoir refoulé et cherchent des moyens de se distraire des dures réalités de notre époque. « La terreur à l'égard de ce qui menace notre avenir s'incruste au seuil de la conscience, trop profonde pour être nommée et trop terrifiante pour qu'on ose y faire face », écrit Joanna Macy[5].

Par le passé, la plupart des gens prenaient appui sur les certitudes et les pratiques de leurs cultures respectives. Mais on assiste aujourd'hui à la lente désintégration de toutes les cultures traditionnelles, qu'elles soient occidentales, africaines, asiatiques ou autochtones. Les gens n'ont pratiquement plus rien à quoi s'accrocher. Nous sommes en train de sombrer lentement. Et quand on en est là, il ne sert absolument à rien de jeter le blâme sur celui-ci ou celui-là.

Alors, certains se tournent vers l'alcool ou les drogues. Quelques-uns se suicident. Certains encore trouvent une sécurité imaginaire dans la richesse et l'accumulation de biens. On comprend facilement que d'autres s'en remettent au sport, au divertissement ou à la sexualité pour penser à autre chose qu'aux soucis de la vie.

Il existe une autre manière de réagir aux incertitudes de la vie postmoderne : le retour au passé.

## Revenir au passé

Particulièrement vigoureux, séduisant et dangereux, le fondamentalisme se présente comme un retour au passé ou, plus précisément, à des réalités fondamentales sur lesquelles il semble qu'on s'appuyait hier. Hier régnaient la certitude, l'autorité et la vérité absolue. Le dogme religieux en est la manifestation la plus éclatante. On ne doit donc pas se surprendre si, dans la situation présente caractérisée par l'incertitude et l'insécurité, des gens se tournent vers le fondamentalisme religieux, qu'il soit chrétien, musulman, hindou ou juif. Chacun de ces fondamentalismes est unique et souvent en opposition ouverte avec au moins l'un ou l'autre des autres. Mais tous ont un point commun : ils s'appuient sur une autorité qui définit des vérités absolues qu'on ne peut mettre en doute. Voilà la forme de sécurité qu'ils présentent à un monde où les certitudes sont si rares.

Le fondamentalisme revêt souvent une forme politique. Plus exactement, des gouvernements ou des militants appartenant à des groupes de résistance recourent souvent au fondamentalisme religieux. On connaît des politiciens américains qui font appel au fondamentalisme chrétien, alors que la résistance armée au Moyen-Orient s'appuie parfois sur le fondamentalisme musulman. Pendant un moment, le parti au pouvoir en Inde a utilisé le fondamentalisme hindou et, de son côté, Israël s'est inspiré d'une forme de fondamentalisme juif. Ce recours au fondamentalisme conduit souvent à la violence, qu'elle soit étatique, révolutionnaire ou même terroriste.

Le néoconservatisme est une autre manière de réagir aujourd'hui à l'insécurité ambiante. Il s'agit ici aussi d'un retour au passé, à des principes, à des pratiques, à des coutumes, à des croyances ainsi qu'à la conscience d'une identité claire qui permettaient hier à certains d'entre nous de se sentir complètement en sécurité et à l'abri du danger. La forte réaction néoconservatrice dans l'Église catholique à la suite des réformes émancipatrices du concile Vatican II après 1965 en est une bonne illustration.

Malgré les échecs de la modernité, un grand nombre de personnes y restent toujours bien enracinées et croient encore à ses promesses de progrès. Bien des leaders de pays qu'on dit émergents s'affairent à «industrialiser» et à «moderniser» leur pays, en d'autres termes à les occidentaliser.

Il existe toutefois une autre réaction à la postmodernité et elle gagne chaque jour du terrain. C'est la quête d'une spiritualité pour aujourd'hui.

## Une spiritualité

Il serait tentant de voir dans la spiritualité une autre forme d'évasion devant l'incertitude et l'insécurité qui caractérisent le contexte actuel. Il se peut que ce soit le cas à l'occasion. J'estime cependant qu'en règle générale, cette nouvelle quête de spiritualité, cette soif profonde du spirituel est authentique et sincère. C'est un des signes révélateurs de notre temps.

En fait, ce qui fait signe, ce n'est pas d'abord le nombre de personnes qui ont trouvé une forme satisfaisante de spiritualité pour guider leur vie. Certaines ont trouvé, bien sûr, mais le signe réside dans l'universalité de la *soif* de spiritualité, de la quête du spirituel, du besoin ressenti du spirituel. Sans doute tous les êtres humains ont-ils besoin et ont-ils toujours eu besoin de spiritualité. Ce qu'on observe aujourd'hui, cependant, c'est le nombre croissant de personnes qui deviennent vivement *conscientes* de leur besoin de spiritualité.

Ce besoin, ou cette soif, s'exprime de mille manières. Pour certains, c'est le besoin de quelque chose qui leur procurera une paix intérieure, une force intérieure pour faire face à la vie, ou une liberté intérieure par rapport aux sentiments de crainte et d'inquiétude qui les assaillent. Pour d'autres, qui se voient de plus en plus fragmentés et éclatés, il s'agit du besoin de quelque chose de plus grand qui pourrait les unifier ou préserver leur intégrité. D'autres encore, que la vie a blessés, meurtris ou brisés, cherchent une guérison. Plusieurs se sentent isolés, séparés des autres et de la nature, et aspirent à se sentir reliés, à retrouver à la fois une appartenance et une harmonie. En nombre croissant, des gens, et surtout des jeunes, éprouvent le besoin d'être en contact avec le *mystère* au-delà de ce qui peut se voir, s'entendre, se sentir, se

goûter, se toucher ou se penser, bref au-delà du matérialisme mécaniste[6]. Chez d'autres enfin, la soif de spiritualité se présente tout
simplement comme une aspiration à connaître Dieu et à entrer en
relation avec lui.

Pour pousser plus loin notre exploration de cette soif si
complexe, nous pouvons jeter un coup d'œil à quelques spiritualités apparues ou réapparues récemment, parfois au sein d'une tradition religieuse donnée, mais aussi parfois complètement en dehors
de toute institution religieuse particulière.

## La spiritualité au sein des traditions religieuses

Au cours de la deuxième moitié du vingtième siècle, marquée
comme nous l'avons vu par l'incertitude et l'insécurité croissantes,
l'écrivain et moine américain Thomas Merton a contribué plus que
quiconque à renouveler et à faire connaître au grand public la
tradition catholique de la spiritualité contemplative. Grâce à lui,
des millions de catholiques, et tant d'autres personnes à l'extérieur
de l'Église catholique, ont appris à grandir spirituellement comme
il l'avait fait lui-même : étape par étape.

Dans sa jeunesse, Merton incarnait l'esprit de son temps
marqué par la confusion et l'inquiétude. Puis vint sa célèbre
conversion, son rejet du monde et sa fuite dans une vie monas-
tique stricte et à l'ancienne. Mais alors, à mesure qu'il mûrissait
dans son cheminement spirituel, il vécut un nouveau retourne-
ment qui l'amena à embrasser autrement le monde qu'il avait
rejeté. Sans quitter son monastère, il s'impliqua dans les mouvements pour les droits civils aux États-Unis et contre la guerre du
Vietnam. Parallèlement, il développa son goût pour la mystique
des religions orientales.

Les écrits de Thomas Merton, mort en 1968, n'ont pas cessé
d'étancher la soif spirituelle de nouvelles générations de personnes
en recherche partout dans le monde.

Au cours de cette même moitié du vingtième siècle, les religions orientales ont également contribué à nourrir les Occidentaux dans leur quête spirituelle, en particulier par la pratique du yoga et de la méditation. Sous une forme ou sous une autre, cette dernière est devenue très populaire, même si ce n'est que tout récemment que l'antique tradition chrétienne de la méditation a été redécouverte et vulgarisée. Plusieurs la connaissent aujourd'hui sous la forme de prière de recueillement.

Mais le développement le plus important sur le plan de la spiritualité au sein du christianisme et, plus largement, du monde occidental et même ailleurs, a été la découverte de la pertinence et de l'importance de la *mystique*.

## La mystique

Les mystiques ont longtemps été considérés comme des gens un peu bizarres et, par rapport aux préoccupations et aux besoins de notre monde, leurs écrits semblaient n'être d'aucun intérêt. Cette perception a changé radicalement. On lit de plus en plus les mystiques, tant en Occident qu'en Orient. Les études qui les replacent dans leur contexte historique se multiplient, on publie les éditions critiques de leurs œuvres et on relève de plus en plus à quel point ils résonnent profondément au cœur de nos insécurités et de nos incertitudes postmodernes[7]. Les œuvres des mystiques du Moyen-Âge, comme Maître Eckhart, Hildegarde de Bingen, Julienne de Norwich ou Catherine de Sienne, celles de l'auteur anonyme du *Nuage d'inconnaissance* et des célèbres mystiques espagnols que sont Thérèse d'Avila, Jean de la Croix et Ignace de Loyola, pour ne nommer que ceux-là, côtoient, sur les rayons de nos librairies, celles de mystiques de notre temps comme Thomas Merton ou Thich Nhat Hanh.

Les mystiques ne sont pas des gens extraordinaires qui accompliraient des prouesses surhumaines et seraient soulevés par des expériences aussi étranges que miraculeuses. Ce qui pour nous aujourd'hui caractérise les mystiques, c'est que ce sont des personnes qui prennent Dieu au sérieux. Elles ne se contentent pas de croire en l'existence de Dieu ou d'une forme de divinité, mais elles affirment *faire l'expérience* de la présence de Dieu dans leur vie et dans le monde. Le but de la vie mystique est l'union avec Dieu, une unification complète et totale avec le divin. Pour les mystiques, tout découle de là. Quand leur conscience est envahie d'une manière indescriptible par la présence mystérieuse de Dieu, leur vie est transformée. Ils deviennent heureux, joyeux, confiants, humbles, aimants, libres et pleins d'assurance. N'est-ce pas exactement à cela qu'aspirent ceux et celles qui ont soif de spiritualité?

Une des caractéristiques de l'expérience mystique d'union avec Dieu est qu'elle implique toujours une expérience d'unité avec tous les êtres humains et avec l'univers tout entier. L'exemple de François d'Assise révèle qu'il ne faisait qu'un avec ses frères et ses sœurs humains, mais aussi avec «Frère Soleil» et «Sœur Lune». Cette expérience mystique d'unité fascine et émeut profondément nos contemporains. Mais ce qui attire plus que tout est le fait que l'union mystique soit non pas un *dogme* religieux, mais une *expérience* religieuse.

Le passage du monde des idées et de la pensée à celui de l'expérience, du savoir intellectuel au savoir ressenti, a toujours existé dans l'histoire humaine[8]. Il a toutefois atteint un point inégalé avec le postmodernisme. On demande non pas de grandes idées, mais une expérience. Et les mystiques ont toujours été *les* grands témoins de l'expérience religieuse profonde.

À ses débuts, le pentecôtisme aussi était une expression du désir profond d'une expérience de Dieu. Là comme dans le vaste mouvement charismatique qui a balayé le christianisme au cours de la deuxième moitié du vingtième siècle, l'expérience spirituelle est vécue comme effusion de l'Esprit saint. Ce qui importe, c'est d'éprouver concrètement les dons de l'Esprit, du don de la joie jusqu'au don de parler en langues. Quoi qu'on en pense, il reste que cela répond à la soif généralisée d'expérience spirituelle.

## Le besoin de guérison

La soif de spiritualité se manifeste d'une autre manière marquante dans le monde d'aujourd'hui, où tant de gens ont un besoin criant de *guérison*. Cela s'observe particulièrement en Afrique. On estime à deux millions le nombre de personnes qui se sont rendues, en 2004, sur les plages voisines de Lagos, au Nigeria, dans l'espoir d'être guéries par un célèbre guérisseur nigérian. À Nairobi, au Kenya, j'ai assisté à un rassemblement d'environ un million de personnes qui couvraient littéralement le campus et les terrains sportifs de l'université, en suivant sur des écrans de télévision en circuit fermé un guérisseur américain de passage. En Afrique, les Églises qui proposent la guérison connaissent une progression exponentielle. Cela s'explique moins par leur taux de réussite en termes de nombre de guérisons réelles, que par leur promesse de répondre au besoin criant de guérison.

Ce phénomène ne se limite pas au continent africain. On rencontre partout des guérisseurs par la foi. Dans l'Église catholique, ce sont plutôt des sanctuaires de guérison que l'on trouve, par exemple, à Lourdes, Fatima ou Medjugorje. L'Inde et le Sri Lanka regorgent de lieux saints et de rivières sacrées où les gens se rendent pour être guéris.

Ce dont il s'agit le plus souvent ici, c'est de guérir de maux ou de blessures «physiques». Il n'y a là rien de neuf. Ce qui est révélateur aujourd'hui toutefois, au moment où un nombre croissant de personnes ont recours à la médecine occidentale, c'est qu'elles éprouvent le besoin de quelque chose de plus, de quelque chose de transcendant, qui guérirait le corps, l'âme et la société. Elles ont besoin d'une guérison globale.

Depuis un bon moment déjà, les Occidentaux en quête de guérison psychologique fréquentent des professionnels. Aujourd'hui, si l'on souffre d'un mal physique, on va consulter son médecin, mais si l'on éprouve un besoin de paix intérieure, de force intérieure ou d'unité, on va consulter son thérapeute. Mais voilà, les

Occidentaux commencent à éprouver le besoin de quelque chose
de plus que la psychothérapie.

## Une spiritualité laïque

La séparation entre spiritualité et religion constitue un des
développements les plus importants de notre époque. Diarmuid
O'Murchu, et d'autres avec lui, prétendent que si la spiritualité
est présente chez l'humain depuis les origines, la religion ne serait
apparue qu'il y a cinq mille ans environ et qu'elle va progressivement disparaître, car la spiritualité fleurit désormais à l'écart des
grandes religions du monde[9].

Sans doute quelque chose de très important est-il en train de
se produire ici. Cependant, je ne crois pas que le fait d'établir une
dichotomie entre les mots «spiritualité» et «religion» nous aide
beaucoup dans notre recherche des signes révélateurs de notre
temps. C'est en termes de religion que des chercheurs comme
Mircea Eliade désignent ce qui existe depuis les origines des philosophes postmodernes comme Jacques Derrida nomment «religion»
ou «expérience religieuse» des réalités qui se rencontrent aujour-
d'hui à l'extérieur des frontières des Églises ou des institutions.
Ce que, par contre, nous commençons tous à reconnaître, c'est que
les institutions religieuses ont tendance à se fossiliser et à devenir
légalistes, dogmatiques et autoritaires[10]. Mais voilà: peu importe
comment nous choisirons d'en parler, il existe aujourd'hui une très
grande soif de spiritualité qui n'est pas comblée dans nos églises,
nos mosquées, nos synagogues ou nos temples.

Là où la soif de spiritualité est ressentie avec le plus d'acuité,
c'est chez ceux et celles qui ont découvert le nouveau «récit de
l'univers» dont nous parlerons au chapitre 4. La grandeur et la
gloire de Dieu, ou du sacré, se manifestent puissamment dans le
mystère d'un univers qui continue de se déployer. Il s'agit ici de la quête
d'une spiritualité pratique qui nous rendrait capables de vivre de

ce mystère dans la vie de tous les jours et, pour ceux et celles qui sont chrétiens, dans l'Église.

Plusieurs chrétiens pratiquants discréditent cette quête laïque de spiritualité en la qualifiant de Nouvel Âge. Il n'existe en fait aucune spiritualité, aucun mouvement auxquels on puisse apposer sans plus l'étiquette «New Age». Ce qu'on rencontre plutôt, c'est un nombre croissant d'hommes et de femmes en recherche spirituelle prêts à essayer n'importe quoi, qu'on l'appelle paganisme, magie, superstition, animisme, panthéisme ou que sais-je encore. La diversité est considérable. Certains s'adonnent à des rites et à des pratiques vraiment enfantins[11]. Pendant ce temps, des profiteurs trouvent une façon de s'enrichir en exploitant la curiosité religieuse insatiable de quelques personnes en quête de sens et recrutent leurs victimes chez ceux qui s'adonnent à des «technologies spirituelles[12]».

Parallèlement à cela, on pourrait regrouper sous la rubrique «New Age» des idées spirituelles d'une simplicité extraordinaire, comme celles présentées par l'approche holistique de William Bloom, lequel cherche à comprendre la nouvelle spiritualité qui se fait jour dans notre monde[13]. En fait, ne devrions-nous pas voir dans ce phénomène multidimensionnel une manifestation supplémentaire de la soif de spiritualité?

La recherche conduite par David Tacey sur la spiritualité des jeunes Australiens peut nous aider à comprendre ce qui est en train de se produire chez les jeunes partout dans le monde. La jeunesse sécularisée d'aujourd'hui tend vers un au-delà de la vision scientifique et mécaniste du monde et est à la recherche du grand mystère sur lequel tout repose[14]. Selon les jeunes, ils ne le retrouvent pas dans leurs Églises traditionnelles. Tout ce qu'ils y trouvent, ce sont des enseignements dogmatiques, des rituels vides et un dualisme. Or, le dualisme corps-esprit n'a aucun sens pour la jeunesse postmoderne. Celle-ci désire une spiritualité qui englobe le corps et sa dimension sexuelle[15].

Ma propre expérience de plus de trente ans avec les jeunes, qu'ils soient noirs ou blancs, tant à l'école qu'à l'université, c'est qu'aucun d'entre eux, à part les fondamentalistes et les néoconservateurs religieux, ne manifeste le moindre intérêt pour les doctrines et les dogmes. Le succès renversant de Taizé – ce monastère et centre de retraite œcuménique en France où, tout au long de l'année, des milliers de jeunes s'assemblent pour une semaine à la fois – s'explique par la liberté qu'on y trouve. On n'y impose ni doctrine ni dogme. Aucun sermon dans les longues célébrations liturgiques. En petits groupes, les jeunes parlent de spiritualité ou réfléchissent sur la Bible, ou échangent sur tout autre sujet. Il y a de longs temps de silence et les prières, les chants et les célébrations sont marqués par la simplicité et la répétition paisible.

Quoi qu'on pense de tout cela, on doit certes y reconnaître un des signes de notre temps.

# CHAPITRE 2

## La crise de l'individualisme

Dans l'Occident industrialisé, l'idéal culturel, c'est l'individu autonome qui s'est fait lui-même, se suffit à lui-même, trouve en lui-même sa propre solidité, n'a besoin de personne (sauf pour faire l'amour) et ne doit rien à personne. Sans doute lui arrive-t-il parfois de consulter un médecin ou un psychologue, mais comme il paie pour ces services, il se considère toujours comme autonome. Cette indépendance va évidemment de pair avec l'indépendance financière, d'où le carriérisme et l'activité débordante qui caractérisent le style de vie des personnes «autonomes».

Voilà l'idéal pour lequel les gens vivent et travaillent. C'est leur but dans la vie, et ils sacrifieront tout pour l'atteindre. C'est ce qu'on appelle «vivre sa vie». C'est ainsi qu'on trouve son identité. Un auteur l'a bien décrit: «L'Occident soutient que c'est seulement en étant clairement séparé des autres et du reste du monde environnant qu'une personne trouve sa véritable identité[1].» Liberté et bonheur riment avec indépendance et autosuffisance.

Du point de vue de toutes les autres cultures du monde, tant anciennes qu'actuelles, cela est tout simplement incompréhensible. Dans d'autres cultures, une personne séparée et isolée du reste de la communauté serait considérée comme très malheureuse. L'interdépendance, la cohésion sociale et la confiance les uns envers les autres sont des valeurs culturelles extrêmement appréciées. En Afrique, nous disons: «C'est par les autres qu'une personne devient une personne.» Autrement dit, votre identité dépend de la famille, des amis et de la communauté qui sont en lien avec vous et avec qui vous êtes en lien.

Notre histoire a connu nombre de personnalités à l'ego démesuré : des rois, des conquérants, des dictateurs ; mais en Occident aujourd'hui, la culture de l'ego semble être l'idéal de chacun. L'individualisme imprègne pratiquement tout ce que nous faisons. C'est un principe de base. C'est comme une religion. Nous vénérons l'ego.

L'individualisme occidental se diffuse partout dans le monde. Il est une composante de la mondialisation néolibérale et, dans son sillage, il est en train de détruire d'autres cultures plus communautaires. Nous sommes témoins en Afrique de cette montée inévitable de l'individualisme, particulièrement dans le domaine de l'économie. Je ne le dis pas comme un reproche ou une condamnation. C'est ainsi que la culture occidentale s'est développée, et nous devrons nous demander comment cela s'est produit. Il ne sert à rien de blâmer qui que ce soit.

En lui-même, l'individualisme n'est pas une nouveauté. Ce qui est nouveau, et c'est un des signes importants de notre temps, c'est que nous sommes de plus en plus conscients du caractère destructeur de l'individualisme narcissique, que ce soit sur le plan psychologique, social, politique, économique, spirituel ou écologique.

## Un individualisme destructeur

Entre 1979 et 1984, une équipe de sociologues dirigée par Robert Bellah a mené une recherche approfondie sur les effets psychologiques de l'individualisme aux États-Unis. Ses constatations furent désastreuses. Les effets se nommaient aliénation, solitude, manque d'amour, tristesse et incapacité de maintenir des relations[2].

Dans cette culture individualiste, les thérapeutes et conseillers ont compris que leur tâche consistait à aider l'individu à développer son ego pour parvenir à l'idéal occidental de *l'actualisation de soi*. Les psychologues prennent aujourd'hui conscience que cela ne conduit qu'à l'égocentrisme et au narcissisme, eux-mêmes causes de maladies mentales tant névrotiques que psychotiques[3]. L'individu égocentrique perd le contact avec la réalité.

Il est largement reconnu aujourd'hui que la «génération-moi» est profondément malade. Il s'agit de la génération des Occidentaux nés durant le *baby-boom* qui a suivi la Seconde Guerre mondiale et qui ont grandi au milieu des protestations fleuries des années 1960. Leur but dans la vie a toujours été, et souvent continue d'être, de se réaliser. Pour certains auteurs aujourd'hui, comme Ken Wilber, cette réalisation de soi n'est qu'une forme débilitante d'égocentrisme, qu'il nomme «boomerite[4]».

Plusieurs jeunes aujourd'hui ont le sentiment qu'en dépit de tout cet individualisme ambiant, leur ego a été réprimé. Ils continuent à réclamer la liberté de vivre à leur guise, d'être eux-mêmes, de s'exprimer, de s'affirmer, d'être impertinents et frondeurs.

Trop souvent, surtout chez les jeunes en Occident, la quête spirituelle est poursuivie d'une manière qui est également égocentrique. Une spiritualité complètement individualiste se révèle contre-productive. De plus en plus de gens qui ont réfléchi sur leur expérience de la spiritualité découvrent ce que les mystiques ont toujours affirmé, à savoir qu'il nous faut entreprendre la tâche pénible et difficile de sortir de notre égocentrisme, de notre individualisme, de notre ego. Les programmes qui ignorent cette vérité et présentent une spiritualité du type «réalisez-vous» ou «faites-vous du bien» sont absolument trompeurs. Sans compter que ceux qui se considèrent comme des gourous ont souvent eux-mêmes un ego démesuré. Ces programmes et ces gourous sont incapables d'apaiser une véritable soif spirituelle.

En Europe, en Amérique du Nord et en Australie, les églises sont vides. Par contre, dans le reste du monde et particulièrement en Afrique, les églises sont pleines à craquer, et la croissance du christianisme et de l'islam est soutenue. Il ne faut pas y voir un simple retour au passé ou au fondamentalisme. Selon moi, il s'agit d'une quête de spiritualité et de guérison qui se vit dans la solidarité d'une communauté.

En Afrique et chez les Africains de la diaspora, les gens se serrent les uns contre les autres dans les offices religieux pour se soutenir mutuellement et sentir qu'ils ne font plus qu'un dans le chant et la prière. Dans les églises de style occidental, au contraire, chacun s'assoit le plus loin possible de son voisin. On ne se serre pas les uns contre les autres.

Voilà la différence entre l'*Ubuntu* (devenir une personne avec et par les autres) et l'individualisme occidental (devenir une personne en étant le plus indépendant possible des autres). Certains d'entre nous croient que c'est ensemble que nous trouvons Dieu, alors que d'autres croient que nous devons le chercher seuls. Les premiers souhaitent se retrouver avec d'autres à l'église ou dans une communauté qui célèbre. Les seconds essaient de développer leur spiritualité en privé. À ce sujet, David Tacey attire notre attention sur ce qu'il appelle « l'épouvantable solitude à laquelle une spiritualité privatisée peut conduire[5] ».

On fait face à un problème semblable dans bien des luttes pour la justice. Ce que de plus en plus de gens découvrent, c'est que sans la libération personnelle ou liberté intérieure, l'individualisme égoïste sape et dénature nos libertés sociales gagnées de haute lutte. Si les gens qui ont été libérés socialement ne sont pas également libérés de leur ego, de leur égoïsme personnel, ils risquent de reproduire, sous une autre forme, l'oppression et la cruauté mêmes qu'ils ont combattues.

La conception des droits humains a beaucoup contribué à construire un monde plus juste. Mais elle a, elle aussi, une connotation individualiste. Les droits humains sont les droits des personnes individuelles. Or, on reconnaît de plus en plus la nécessité de travailler en vue de quelque chose de plus, comme le bien commun[6]. Notre culture de l'individualisme, même au sein des luttes pour la justice, fait souvent voir le bien commun comme opposé aux intérêts de l'individu. C'est faux. Le bien commun est toujours aussi dans l'intérêt des individus.

L'abus du droit de propriété privée est encore pire. En raison du droit à la propriété privée, il est illégal pour un pauvre de voler un pain, mais parfaitement légal pour un riche d'accumuler plus de nourriture et d'autres ressources que ce qu'il ne pourra jamais utiliser. L'individualisme envahissant mène à l'accumulation illimitée de richesses par certains, pendant que des milliards d'autres vivent dans la misère et meurent de faim. Les riches justifient cette injustice flagrante en invoquant leur droit de posséder autant qu'ils le veulent, peu importe combien d'autres sont privés des ressources fondamentales de la vie. «Je l'ai gagné d'une manière tout à fait légale, affirment-ils. C'est *à moi*, et je ne suis pas responsable de la vie des autres.» C'est sans doute là une des conséquences les plus dévastatrices de l'individualisme, qui détruit chaque jour des millions de vies.

Ce qu'il y a de tragique et d'ironique au sujet de l'individualisme occidental, c'est qu'il menace maintenant la liberté même qu'il espérait atteindre[7]. L'individualisme et la séparation nous ont conduits «au bord du gouffre», pour reprendre les mots de Robert Bellah[8]. Et nulle part ailleurs que dans la destruction de l'environnement ce caractère destructeur de l'individualisme égoïste ne se manifeste plus clairement, plus dangereusement et plus dramatiquement. Sur le plan écologique, l'individualisme occidental nous a conduits au bord du chaos.

## La destruction de la terre

En 1995, Richard Leakey et Roger Lewin ont écrit un livre intitulé *The Sixth Extinction : Biodiversity and Its Survival*. Ils y étudiaient les extinctions massives qui se sont produites sur notre planète depuis des millions d'années, en incluant bien sûr la plus célèbre, la cinquième, qui vit disparaître les dinosaures. C'était il y a quelque soixante-cinq millions d'années. La sixième extinction désigne celle vers laquelle nous fonçons présentement. Cette fois, cependant, il est peu probable qu'elle soit causée par la chute d'un astéroïde. Elle résultera plutôt de l'égoïsme humain.

Nous connaissons tous l'histoire de la destruction de l'environnement : la pollution des fleuves et des océans, la destruction des forêts, l'érosion des surfaces arables, la désertification accélérée de larges portions de la surface terrestre, l'effet de serre créé par la combustion des carburants d'origine fossile, la destruction des espèces, la surpêche le long de nos côtes, les effets de l'explosion démographique dans ce qu'on appelle les nations émergentes, les dangers des déchets nucléaires et les effets inconnus et peut-être irréversibles de la manipulation génétique. Quelle litanie pathétique !

Voilà des décennies maintenant que nous parlons de ces menaces. Depuis le livre de Rachel Carson *The Silent Spring*, paru en 1962, nous ne cessons de découvrir de nouveaux phénomènes qui conduisent notre planète et notre espèce à la mort. Les avertissements ont provoqué quelques réactions, mais jamais suffisamment pour endiguer le flot[9].

La plus récente découverte, cependant, n'a pas trait à une catastrophe à venir. Elle concerne un désastre déjà en train de se produire : le *réchauffement climatique*. Je veux m'y arrêter, parce que je crois qu'il s'agit d'un des plus importants signes de notre temps.

## Le réchauffement climatique

Les scientifiques affirment que la combustion de carburants d'origine fossile (pétrole, charbon et gaz) émet du dioxyde de carbone dans l'atmosphère. Depuis la révolution industrielle, nous utilisons ces carburants avec une intensité qui ne cesse d'augmenter. Au moment où j'écris ces lignes, ces émissions sont de l'ordre de sept milliards de tonnes de dioxyde de carbone annuellement.

Tout ce gaz se concentre autour du globe, comme une couverture géante qui a pour effet de réchauffer la terre bien au-dessus des températures normales du passé. C'est ce qu'on appelle l'effet de serre. Il y a toujours eu là-haut, dans un équilibre subtil, une mince couche de dioxyde de carbone ; mais depuis la révolution industrielle, nous en avons augmenté l'épaisseur de 30 %.

Aux yeux de certains, le réchauffement climatique semble assez inoffensif. Mais les scientifiques, particulièrement les météorologistes, affirment qu'il causera – et cause déjà – des conditions météorologiques extrêmes : des sécheresses dévastatrices à certains endroits, des inondations meurtrières à d'autres, un échec généralisé de l'agriculture, avec pour conséquence la pénurie alimentaire et, plus menaçante pour la race humaine, l'élévation du niveau de la mer partout.

Le niveau de la mer va s'élever d'abord parce que le réchauffement des océans augmentera le volume de l'eau. D'une façon plus dramatique, toutefois, la fonte des icebergs et des calottes polaires de l'Arctique et de l'Antarctique élèvera le niveau de la mer de plusieurs mètres. Cela signifie la disparition de nos villes côtières, de New York et Londres à Lagos, de toutes les îles de basse altitude sur la planète et de pays entiers comme le Bangladesh.

On a d'abord cru que ces prévisions concernaient un avenir lointain. Mais lors d'une conférence de scientifiques – et non de militants écologiques – convoquée en 2005 par le gouvernement britannique – et non par le Parti vert –, on annonça que le réchauffement climatique se produit beaucoup plus rapidement que ce qui était anticipé et que la glace de la partie occidentale de l'Antarctique pourrait commencer à se fissurer beaucoup plus tôt que ce qu'on avait cru jusque-là. Ce seul phénomène est de nature à se traduire partout par une hausse de 4,88 mètres du niveau des océans[10] – cela équivaudrait à un tsunami permanent, géant, à la grandeur de la planète.

Une autre révélation scientifique faite à cette conférence de 2005 en Angleterre affirmait que le dioxyde de carbone excédentaire ne fait pas que monter dans l'atmosphère : il s'infiltre également dans les océans et tue le plancton, premier maillon de la chaîne alimentaire sous-marine. Tôt ou tard, tous les poissons et autres formes de vie seront affectés. Personne n'avait réalisé jusque-là que ce serait l'un des effets du réchauffement climatique.

Si c'est ainsi que la race humaine doit disparaître, eh bien! contrairement aux dinosaures au moment de la cinquième extinction, nous connaîtrons une mort lente et douloureuse, avec des millions et des millions de réfugiés environnementaux qui se livreront des luttes implacables pour l'eau et la nourriture. Des milliards de personnes vont mourir. L'ampleur de cette souffrance humaine est si horrible qu'on n'ose pas s'y arrêter.

Alors, que faisons-nous à ce sujet? Que font nos leaders mondiaux?

Les leaders mondiaux peinent à s'entendre sur des protocoles qui permettraient de stopper efficacement le désastre. Même quand des accords sont conclus, ceux-ci ne sont pas toujours respectés, avec pour résultat qu'au lieu de diminuer, les émissions continuent d'augmenter. L'Agence internationale de l'énergie estime aujourd'hui qu'avec l'explosion démographique dans les pays en développement et l'industrialisation rapide d'énormes pays comme la Chine et l'Inde, les émissions auront crû de 62 % en 2040!

Tous les pays du monde doivent collaborer pour résoudre ce problème. Si un certain nombre de nations s'accordent pour faire ce qu'il faut pendant que d'autres, comme les États-Unis et des nations «émergentes» très populeuses comme la Chine et l'Inde ne font rien, nous périrons tous.

Certains analystes affirment donc: «Nous savons quoi faire, mais nous n'avons pas la volonté de le faire.» Pourquoi? Parce que nous semblons incapables de nous distancer de nos intérêts égoïstes à court terme, en un mot, de notre individualisme.

Ceux qui en ont plus qu'assez devront se serrer la ceinture et abaisser leur niveau de vie. Nous devrons tous renoncer à l'idée d'une croissance économique illimitée. Mais l'individualisme et l'égoïsme collectif ne nous permettront pas de le faire. Si un politicien proposait quelque chose qui ressemblerait un tant soit peu à cela, comment obtiendrait-il l'appui d'une majorité d'électeurs ? La volonté politique de faire ce qui pourtant s'impose nous fait défaut, parce que la plupart des gens n'arrivent pas à transcender suffisamment leur ego pour considérer les besoins des autres et, en particulier, ceux des générations futures. L'ego ne veut rien savoir. Alors, il nie le problème. Ce déni est clairement suicidaire pour la race humaine.

Il ne s'agit pas de blâmer tous les égoïstes du monde pour les maux qui nous affligent. Il n'est pas opportun de nous engager dans des accusations, des condamnations, des chasses aux sorcières ou la désignation de boucs émissaires. Il s'agit de reconnaître qu'il sera impossible d'avancer tant que nous ne nous attaquerons pas au problème de l'ego débridé, ce qui implique bien sûr de savoir regarder sérieusement notre propre ego.

De nombreux militants courageux n'épargnent rien pour alerter et mobiliser les gens pour sauver la planète, et un nombre croissant de maîtres spirituels travaillent de toutes leurs forces à libérer les gens de la tyrannie de leur ego. Joanna Macy a sûrement raison quand elle écrit : « Une chose importante est en train de se produire dans notre monde, une chose dont les journaux ne parleront pas. C'est à mon avis l'un des développements contemporains les plus fascinants et les plus porteurs d'espoir, et c'est l'une des raisons pour lesquelles je suis si heureuse de vivre à cette époque-ci. Cela concerne ce qui arrive à la notion de *soi*[11]. » Psychologues, philosophes, sociologues, auteurs spirituels et mystiques de différentes traditions religieuses analysent les conséquences destructrices de l'égoïsme et étudient certaines pratiques, tant nouvelles que traditionnelles, susceptibles de nous rendre capables de transcender notre narcissisme. Et presque toutes ces études portent sur l'ego.

## Au-delà de l'ego

Freud, Jung et d'autres psychologues, ne donnent pas tous le même sens au mot ego. Mais aujourd'hui, tant chez les psychologues que chez les auteurs spirituels, le mot «ego» renvoie généralement à la personne centrée sur elle-même, à ce «Je» qui s'imagine être le centre du monde et qui juge de tout par la manière dont le «moi», et seul le «moi», est affecté. L'ego, c'est *le moi égoïste*. C'est en ce sens que je l'emploierai moi aussi.

Cet ego est possessif. Il se manifeste souvent dans un désir insatiable d'argent, une soif de posséder. Voilà d'où vient notre obsession occidentale pour la richesse. Toute notre économie repose sur la force extraordinairement mobilisatrice de l'intérêt personnel. L'ego débridé veut contrôler son univers : les gens, les événements, la nature. D'où son obsession pour le pouvoir et l'autorité.

L'ego se compare aux autres, et c'est sous le mode de la compétition avec eux qu'il recherche compliments et privilèges, amour, pouvoir et argent. Voilà qui a tout pour faire de nous des personnes envieuses, jalouses et pleines de ressentiment à l'égard des autres. C'est aussi ce qui nous porte à l'hypocrisie, à la duplicité et à la malhonnêteté.

Cet ego centré sur lui-même ne se fie à personne sinon à lui-même – à moins qu'il ait projeté sur quelqu'un d'autre sa centration sur soi. C'est ce manque de confiance qui nous rend si anxieux. Il est inévitable que nous devenions extrêmement timorés, soucieux et angoissés. Notre ego, ou individualisme égoïste, fait de nous des êtres seuls et craintifs.

L'égoïste n'aime personne d'autre que lui-même et ne cherche qu'à satisfaire ses propres besoins. Il ne pense qu'à sa gratification. Totalement dépourvu de compassion ou d'empathie, l'ego peut se montrer extraordinairement cruel envers les autres. Ce qui nous pousse à faire souffrir d'autres humains, c'est notre ego sans amour : notre orgueil et notre égoïsme.

L'ego humain peut aussi prendre la forme de l'égoïsme collectif et de structures de domination. L'appétit de pouvoir, c'est l'ego qui tente de contrôler le monde, à la pointe du fusil s'il le faut. La convoitise de l'argent est l'expression de la possessivité insatiable de l'ego qui établit des institutions et d'autres structures pour atteindre ses fins. Par exemple, le patriarcat est la structure sociale qui incarne l'ego masculin.

Toutefois, l'ego n'est pas mon moi véritable. Ce n'est pas moi. C'est une image fausse de moi-même. C'est *l'illusion* que je suis un individu séparé, indépendant, isolé et autonome. Peu importe la manière dont je m'imagine exister, je fais en réalité partie d'un immense univers où tout est interdépendant et intimement inter-connecté. Nous sommes des produits de l'évolution, produits de notre éducation sociale et culturelle, produits de notre condition-nement psychologique. Tant que nous ne reconnaissons pas cela, nous ne pouvons même pas commencer à être libres. Tant que nous imaginons que comme êtres humains, nous sommes quelque part à l'extérieur et au-dessus de l'univers que nous pourrions regarder de haut, nous ne sommes pas libres et indépendants, mais nous nous berçons d'illusions. C'est un exemple de conscience erronée.

De l'illusion, nourrie par l'ego, d'être séparé et indépendant découlent toutes les divisions, tous les conflits et toutes les rivalités entre les êtres humains, et entre les êtres humains et la nature.

L'espèce humaine semble avoir développé ce phénomène que l'on nomme l'ego au cours du processus d'évolution. L'image de nous-mêmes que nous nous sommes construite est celle d'êtres séparés du reste du monde. Nous sommes devenus centrés sur nous-mêmes. Ainsi, dans la toute première enfance, chacun de nous développe une certaine forme d'ego. C'est ce qu'on appelle le processus d'individuation. À mesure que nous grandissons, nous utilisons cet ego, mais généralement d'une manière que nous contrôlons pour satisfaire les autres. Ce contrôle peut venir de nous-mêmes, de notre culture, de notre religion ou des lois de la société.

Au fil des siècles, l'ego humain a constitué une très puissante force mobilisatrice au service de réalisations humaines de tous ordres, particulièrement, en Occident, depuis la Renaissance, les Lumières et les débuts de la science et de la révolution industrielle. Ainsi s'est développé l'individualisme occidental.

On a souvent répété que l'égoïsme était naturel, et en un sens, c'est exact. Mais la nature n'est pas statique : elle évolue. L'ego a évolué sur une période de plusieurs millénaires. Il a aujourd'hui atteint un seuil critique. Il est devenu destructeur, si bien qu'il serait parfaitement naturel que nous fassions un gigantesque bond en avant pour transcender ses limites, pour développer un sens du « soi » plus large, plus universel et plus évolué, non pas en combattant ce qui est naturel en nous, mais en développant une autre grande aspiration, le désir naturel d'unité, de communauté, d'unification et d'amour.

# CHAPITRE 3

## La mondialisation par le bas

Rien ne caractérise plus franchement et de façon plus universelle notre expérience de la vie que la souffrance, la nôtre et celle des autres, incluant cette habitude que nous avons de nous faire souffrir les uns les autres. L'histoire humaine, du moins pour la période documentée par des sources écrites, est *une histoire de souffrance*, comme l'a bien expliqué il y a quelques années le théologien Johann Metz.

Nos livres d'histoire relatent pourtant une autre histoire. Ils parlent de victoires et de conquêtes militaires, de grandes civilisations, de découvertes et d'inventions étonnantes. Ils négligent, voire dissimulent, l'horrible souffrance humaine derrière ces événements. On n'accorde aucune signification historique à la souffrance sous-jacente de tant de millions de personnes. Pourtant, comme le montrent aujourd'hui Metz et bien d'autres auteurs, ce qui importe vraiment dans notre histoire, n'est-ce pas la souffrance des gens ?

L'histoire de toutes nos guerres n'est-elle pas celle des gens qui furent blessés, mutilés à vie, déchiquetés, rongés par le napalm, massacrés, torturés, humiliés et abandonnés, agonisants, dans les tranchées ? Je pense en particulier aux femmes, aux enfants, aux vieillards et aux endeuillés.

N'est-ce pas sur la souffrance d'esclaves qui moururent par milliers que furent élevées les grandes pyramides d'Égypte ? Et le Nouveau Monde des Amériques, n'a-t-il pas été édifié sur le géno-cide, l'élimination des nations autochtones, l'humiliation et la souffrance des esclaves africains forcés de ramer pour faire traverser l'Atlantique à leurs bateaux prisons et tombant comme des mouches durant la traversée? La véritable histoire de la révolution industrielle n'est-elle pas l'histoire non écrite des souffrances et des privations endurées par les ouvriers des nouvelles usines et des mines, ainsi que par leurs familles? Quant à celle de l'Afrique du Sud, elle a été jusqu'à tout récemment une longue histoire d'humiliation raciale et d'insupportables épreuves.

Bien que dans certains secteurs de la vie il y ait aujourd'hui moins de souffrance que par le passé, il y en a beaucoup plus dans d'autres secteurs. Aujourd'hui, par exemple, dans certaines communautés, et particulièrement en Afrique australe, la pandémie de VIH/SIDA cause des souffrances intolérables non seulement pour ceux qui sont infectés, mais aussi pour les millions d'enfants qu'elle a rendus orphelins et qui en demeurent gravement traumatisés. Ce qui a aussi empiré aujourd'hui, c'est le nombre de personnes qui vivent dans une extrême pauvreté : ils sont des milliards de plus que par le passé. La première conséquence de l'explosion démographique, et la plus évidente, c'est une augmentation de la souffrance pour un plus grand nombre de personnes.

Cependant, ce sur quoi je veux attirer l'attention comme signe de notre temps, c'est la manière dont, au cœur même de la souffrance la plus intolérable, nous avons entrepris d'en combattre une partie et espérons pouvoir en combattre bien davantage à l'avenir.

## Le changement structurel

Dans le passé, et parfois aujourd'hui encore, un profond sentiment d'impuissance venait augmenter la souffrance. C'était comme si on ne pouvait rien faire contre elle. Il n'y avait pas d'issue. Sans doute une famille attentive ou un dictateur bienveillant pouvaient-ils apporter un peu de soulagement, mais aucun changement réel ne pouvait être envisagé... dans cette vie.

Si certaines formes de religion apportaient un peu de consolation en promettant un soulagement et un bonheur dans la vie future, la plupart du temps, les prédicateurs rendaient la souffrance plus pénible en proclamant qu'elle était une punition de Dieu pour les péchés, en affirmant qu'elle était bonne pour les gens et que s'ils ne cessaient pas de pécher ils passeraient l'éternité dans les insoutenables souffrances des feux de l'enfer. La théologie de la prédestination allait même plus loin en enseignant que certains d'entre nous étaient prédestinés à l'enfer, quoi qu'ils puissent tenter pour l'éviter[1].

Ce n'était certes pas le message de tous les prédicateurs chrétiens, mais nous ne devons pas nous faire d'illusions sur ces terrifiantes réalités que sont la souffrance humaine et la cruauté humaine, ni sur les croyances religieuses qui présentaient un Dieu plus cruel et sadique que même le plus vil des êtres humains.

De bien des manières, nous avons commencé à nous éloigner de ce type d'inhumanité. L'un des pas les plus importants a été réalisé dans l'histoire récente du changement des structures ou, pour être plus précis, dans l'apparition de la possibilité de changer les structures de pouvoir et de domination qui engendrent tant de souffrances dans le monde.

Par le passé, le sentiment d'impuissance dépendait beaucoup de la croyance que les structures oppressives des sociétés, des cultures et des religions étaient immuables[2]. Puis sont venues les grandes révolutions : la Révolution française, la Révolution américaine, la Révolution russe et toutes celles qui ont renversé le colonialisme et l'impérialisme. Elles n'ont pas toujours été couronnées de succès. Les nouveaux régimes se sont souvent révélés aussi cruels et oppressifs que les structures qu'ils avaient renversées. Il reste que les révolutions nous ont permis de découvrir qu'*il est possible de changer les structures de pouvoir.*

Dans le monde d'hier, le seul changement qu'une personne souffrante pouvait espérer était qu'un bon roi, un bon prince ou un bon chef succède à un roi, un prince ou un chef cruel, qu'un dictateur bienveillant remplace un dictateur impitoyable. Ce qui a marqué, depuis, un important pas en avant, non sans hésitation ni problèmes, c'est la possibilité d'établir des structures démocratiques et la croyance dans les droits humains. Voilà qui a préparé le terrain pour ce phénomène nouveau et majeur que nous appelons la lutte pour la justice sociale.

Cette lutte a marqué des points importants depuis deux siècles. Une de ses premières grandes réalisations aura été l'abolition de l'esclavage. De nouvelles législations ont rendu illégal le fait d'acheter et de vendre des êtres humains comme s'ils étaient des objets. Un tel changement structurel aurait été autrefois inconcevable. Même l'apôtre Paul, qui considérait manifestement que l'esclavage était contraire à l'esprit du Christ, aurait pensé que c'était là une structure de ce monde impossible à changer – dans cette vie.

De même, la décolonisation a pu être réalisée sur la base de la conviction qu'il était possible de changer les structures du pouvoir. Les nations colonisées ont lutté pour leur indépendance et pour leur libération des grands empires colonisateurs de l'Espagne, du Portugal et de la Grande-Bretagne, pour n'en nommer que quelques-uns.

Quant au racisme, nous avons assisté à la défaite des nazis en Allemagne, aux victoires du mouvement des droits civils aux États-Unis et, surtout, au démantèlement de l'apartheid en Afrique du Sud. Il y a encore des luttes à mener contre le racisme, mais les grandes structures raciales de pouvoir ont été démantelées.

Un autre changement vraiment remarquable concerne le patriarcat. Partout dans le monde, nous avons été témoins du développement de la lutte des femmes pour l'égalité des droits et l'égalité des sexes dans toutes les sphères de l'existence. Ces luttes continuent, mais il y a eu des gains considérables depuis l'époque où il paraissait impossible de changer les structures patriarcales de pouvoir.

## De nouvelles voix

Le fruit le plus important de ces luttes de libération et de bien d'autres est que de nouvelles voix ont commencé à se faire entendre : la voix des femmes, celle des Noirs, des autochtones, des ouvriers, des paysans, des pauvres, des intouchables et même des enfants. Par le passé, ces voix étaient totalement étouffées. Si la souffrance de ces personnes pouvait être entendue, quand elle l'était, ce n'était qu'à travers la voix d'humanitaires sympathisant à leur cause.

Les voix humanitaires ont joué un rôle important, bien que limité, dans la lutte contre l'injustice. Je pense ici aux groupes dédiés à une cause, aux organisations non gouvernementales (ONG), aux groupes de la société civile, aux Églises et autres groupes religieux. C'est toutefois l'Organisation des Nations unies qui a le plus contribué à l'aide humanitaire, à la protection des droits humains et à la conclusion d'ententes internationales.

Fondée en 1945 pour assurer la paix et la coopération entre ses États membres, l'Organisation des Nations unies a souvent été la voix des sans-voix et leur défenseur. Par ses nombreux programmes, elle promeut la sécurité alimentaire (FAO), l'assistance aux réfugiés (HCNUR), les ententes environnementales (UNEP), les droits des enfants (UNICEF), le développement (UNDP), la coopération dans le domaine de l'éducation, de la science et de la culture (UNESCO) et depuis quelques années, la coordination de la lutte contre la pandémie de VIH/SIDA (UNAIDS). Les conférences internationales qu'elle a tenues sur les droits des femmes, le racisme ou la destruction de l'environnement ont jeté les bases de *l'internationalisation* de la lutte pour la justice.

Aujourd'hui, la voix des sans-voix se fait entendre chaque jour davantage à l'extérieur des Nations unies. Elle est encore en sourdine. Elle prend peu de place dans les corridors du pouvoir et dans les médias de masse, mais elle a enregistré des gains importants.

La voix des sans-voix peut maintenant être entendue au sein d'un nombre croissant de mouvements populaires, dans des publications et des rassemblements internationaux et dans différents types de théologie de la libération.

Parallèlement, les principales structures de pouvoir continuent de se restructurer jour après jour.

## L'Empire

Une inégalité concerne tout le monde aujourd'hui, c'est celle qui sépare les riches et les pauvres. Les structures de pouvoir qui dominent le monde rendent les riches plus riches et les pauvres plus pauvres. Des milliards d'individus sont marginalisés et exclus parce qu'il n'y a aucune place pour eux dans l'économie. Ils ne sont ni producteurs ni consommateurs. Ils ne sont rien du tout.

Cette nouvelle forme de colonisation et d'impérialisme est souvent appelée mondialisation, un mot confus et ambigu qu'il faut décortiquer. Littéralement, mondialisation signifie «action d'étendre quelque chose partout dans le monde». En soi, une diffusion à l'échelle de la planète ne pose pas de problème. Tout dépend de ce qui est ainsi diffusé ou «mondialisé». La mondialisation d'une maladie mortelle constituerait un problème sérieux, mais la mondialisation d'un vaccin efficace serait une bonne nouvelle.

Ce contre quoi plusieurs protestent aujourd'hui, c'est la mondialisation d'une culture économique particulière, le capitalisme néolibéral. C'est une vision du monde absolument matérialiste fondée sur le principe de la survie du plus fort, une culture qui détruit les autres cultures et sagesses indigènes, enrichit les riches et appauvrit les pauvres partout dans le monde[3].

Bien que le pouvoir des grandes entreprises multinationales ou transnationales soit incontestable dans ce processus de mondialisation oppressive, il demeure limité. Elles ont le pouvoir de l'argent. Et si en un sens c'est l'argent qui mène le monde, comme ce fut le cas pendant des milliers d'années, le véritable pouvoir oppressif dans le monde des humains, c'est le fusil. Il est impossible de dominer le monde avec l'argent si on n'a pas les armes pour protéger sa richesse. Le Japon est un pays très riche, mais comme il ne possède ni armée puissante ni armes de destruction massive, il ne pourrait pas imposer sa volonté aux États-Unis d'Amérique, même s'il le voulait.

Pour ceux qui analysent et étudient les structures du pouvoir dans le monde aujourd'hui, il ne fait aucun doute que le puissant Empire américain domine tout, avec ses armes de destruction massive, ses armées déployées partout autour du globe (745 bases militaires dans 120 pays[4]), ses efforts pour contrôler et dominer tous les pays du monde, son travail arrogant pour imposer sa volonté à toute l'humanité et même, grâce à ses programmes spatiaux, à l'univers tout entier. Au bout du compte, la mondialisation que nous combattons, c'est la mondialisation de l'Empire américain[5].

Les dirigeants des États-Unis ne cherchent même plus à masquer leurs ambitions impériales. On nous dit aujourd'hui simplement que l'Empire décide pour chacun de nous, que l'Empire sait mieux ce qui est bon pour nous et que la priorité ira toujours aux «intérêts américains». Les citoyens des États-Unis sont souvent victimes de cette structure de pouvoir autant que tous les autres, même s'ils ne le voient pas toujours ainsi. Plus encore, parmi les critiques et adversaires les plus virulents de l'Empire aujourd'hui se trouvent des citoyens des États-Unis eux-mêmes.

Certains croient que l'Empire américain durera toujours. Mais aucun empire n'y est arrivé, bien qu'on puisse supposer qu'ils se soient tous crus invincibles. En plus des nombreux empires dont l'essor et la chute sont racontés dans la Bible et du célèbre essor et effondrement de l'Empire romain, nous avons vu plus récemment l'essor et la chute de l'Empire espagnol, de l'Empire portugais, de l'Empire nippon, de l'Empire britannique, qui semblait pourtant invincible, et du puissant Empire soviétique. L'Empire américain, qui semble tout-puissant, ne fait pas exception. Son déclin est déjà enclenché, et c'est l'un des signes de notre temps.

## Le déclin et la chute de l'Empire

Parfois, un empire s'écroule à la suite de sa conquête par un autre, plus puissant, et parfois sous le poids de ses propres contradictions internes. Parfois encore, tous ces facteurs se combinent. Je ne peux concevoir qu'une autre puissance militaire conquière les États-Unis. Mais les contradictions internes y sont croissantes, et un nouveau type de pouvoir se développe d'une manière extraordinairement rapide et efficace : *le pouvoir de la paix, de la compassion et de la justice*. Il me semble qu'il existe maintenant une possibilité réelle que le puissant empire d'aujourd'hui soit le dernier des grands empires et qu'il disparaisse rapidement, comme il arriva au régime de l'apartheid en Afrique du Sud.

L'Empire est devenu tellement sûr de sa vertu, tellement suffisant, tellement arrogant, si aveugle, si peu diplomate et si affairé à dépasser toutes les bornes qu'involontairement, il engendre sa propre opposition, courant par là à sa propre fin, exactement comme on l'a vu durant les dernières années du régime de l'apartheid. L'Empire américain a donné naissance non seulement aux formations islamistes militantes, aux kamikazes et aux autres formes de terrorisme, mais sa guerre en Irak a créé le plus fort et le plus grand mouvement pacifiste antiguerre de toute l'histoire. En comparaison, le mouvement pacifiste contre la guerre du Vietnam était tout petit et négligeable. Le nouveau mouvement pacifiste est universel et destiné à devenir un puissant groupe de pression.

Étroitement liée à cela, on constate la mondialisation de la compassion envers les victimes – toutes les victimes. Jusqu'à une époque plutôt récente, chaque groupe qui avait une cohésion, qu'il s'agisse d'une nation, d'une culture, d'une classe sociale, d'une ethnie ou d'un groupe religieux, s'émouvait profondément des souffrances des siens, mais n'était pas touché par celles de l'ennemi ou des gens de l'extérieur. Cela créait de la cohésion au sein des groupes, mais rendait possibles la guerre et les conflits violents. Cela rendait les gens capables de suspendre leurs sentiments de sympathie envers les victimes pour s'unir dans une action violente contre quiconque était présenté comme bouc émissaire[6].

Mais aujourd'hui, de plus en plus de gens commencent à éprouver des sentiments de compassion envers toute victime, quelle qu'elle soit, quel que soit le monde auquel elle appartient[7]. Dans la pandémie de VIH/SIDA, nous devrions remarquer non seulement les horreurs sans précédent vécues par les gens, mais aussi la vague de compassion sans précédent envers les victimes de la pandémie. On peut en dire autant à propos du tsunami de décembre 2004. La réponse universelle de sympathie a été phénoménale. Mais plus impressionnante encore, en ce qui concerne la compassion, a été la campagne contre la pauvreté qui a explosé vers le milieu de 2005. Le nombre de personnes qui ont participé à des marches, la coopération entre les Églises, les chanteurs qui ont donné partout dans le monde des concerts pour le grand public et la force des pressions exercées sur les nations du G8, tout cela laisse entrevoir un avenir différent pour les victimes de la pauvreté partout dans le monde.

Comment ne pas voir l'importance que revêtent les initiatives de paix lancées un peu partout par des femmes dans des régions déchirées par la guerre? On pourrait donner en exemple les rencontres entre des femmes israéliennes et des femmes palestiniennes[8]. En tant que mères et épouses vivant au milieu de la violence, elles ont beaucoup en commun. Voilà ce que nous appelons une mondialisation de la compassion et de la paix. Comme l'affirme René Girard: «Sans doute notre monde n'a-t-il pas inventé la compassion, mais il l'a universalisée[9].»

## Le Forum social mondial

Il s'est produit quelque chose d'encore plus fort et plus efficace: la prise de conscience soudaine par presque tous ceux qui sont aujourd'hui engagés dans des combats pour la justice partout dans le monde, qu'ils luttent contre les mêmes structures de pouvoir.

Les protestations contre la mondialisation néolibérale se sont déroulées dans la rue et ont rassemblé indistinctement des mouvements et des organismes engagés dans le combat pour la justice économique, pour les droits humains, les droits des femmes et des enfants, de même que des militants écologistes, des militants religieux et beaucoup d'autres.

La première de ces manifestations de rue à faire la manchette s'est tenue à Seattle en 1999. Environ 60 000 représentants d'un large éventail d'organismes ont défilé à Seattle où se tenait la réunion annuelle de l'Organisation mondiale du commerce (OMC), un des organes de la mondialisation. Malheureusement, la manifestation est devenue violente. Ce fut apparemment le fait de certains protestataires provocateurs désireux d'attirer l'attention des médias. La même chose s'est produite les années suivantes à Prague, Gênes, Davos, Gleneagles et Hong Kong. La mondialisation de la résistance à la mondialisation néolibérale semble ne connaître aucun répit. Pendant ce temps, d'une manière aussi soudaine qu'inattendue, une institution parapluie a fait irruption sur la scène internationale, le Forum social mondial.

C'est de l'extérieur du cadre des Nations unies qu'est venue l'initiative du Forum social mondial (FSM). Il rassemble plusieurs des organismes et des mouvements qui avaient marché dans les rues, mais le plus important, c'est qu'il rassemble un grand nombre de mouvements populaires, de mouvements féministes, de mouvements d'autochtones et de paysans, de syndicats, de mouvements qui militent contre le réchauffement climatique et d'organisations qui combattent le sida. Il est la voix de la majorité silencieuse. Par exemple, le mouvement des Dalits représente les intérêts de 240 millions d'Indiens hors caste, les «intouchables». Et en raison du nombre élevé de femmes qui participent au FSM, qui ne représentent pas seulement des mouvements féministes, on peut dire qu'indirectement ou directement, le Forum parle pour la moitié de la population du globe.

Le FSM n'est pas une organisation internationale. Il ne suit pas non plus une idéologie ni une théorie politique unifiée. C'est un *forum* qui permet de mettre sur la table des points de vue et des expériences – et de s'écouter les uns les autres. L'unité du FSM n'est pas forcée, mais tous ceux et celles qui se rassemblent sous sa bannière se considèrent partie prenante du combat contre la mondialisation économique et militaire de *l'Empire*. Ce qui s'exprime au sein du FSM, c'est la mondialisation de la résistance à l'Empire. «Un autre monde est possible», voilà sa devise, adoptée en 2002[10].

Quand nous lisons les signes de notre temps dans les domaines politique et économique, ce que nous apercevons surtout aujourd'hui, c'est cette *mondialisation par le bas*. À côté de la mondialisation des mouvements antiguerre et pour la paix, à côté de la mondialisation de la compassion envers toutes les victimes, le Forum social mondial révèle la mondialisation du combat pour la justice. Il est impossible de prédire comment et quand l'Empire américain connaîtra sa fin, mais il est bien possible que dans un avenir pas très lointain, la lame de fond internationale de résistance au nom de la paix, de la compassion et de la justice arrive à miner et à démanteler les structures de pouvoir et de domination.

# CHAPITRE 4

## La science après Einstein

Depuis près de quatre siècles, la science moderne a dominé la pensée occidentale. Pendant presque toute cette période, cela constitua un problème majeur pour la foi. Or, cela est en train de changer. La nouvelle science et une nouvelle mentalité scientifique ouvrent largement la porte à des possibilités nouvelles pour la spiritualité et la foi en Dieu. Ce changement constitue un des vrais grands signes de notre temps.

### La mentalité scientifique d'hier

Les principaux architectes de la vision scientifique ont été Francis Bacon (1561-1626), René Descartes (1596-1650) et Isaac Newton (1642-1727). Il y en a eu bien d'autres, mais ces *hommes* méritent d'être appelés les *pères* de la science moderne.

Pour Bacon, la science relevait de *l'homme* conquérant et visait à maîtriser la nature. Les femmes étaient vues comme des éléments de la nature et ne pouvaient pas être du nombre des scientifiques conquérants de la nature.

Pour Descartes, le corps humain était simplement une machine. L'esprit de la pensée rationnelle, cependant, était quelque chose de tout à fait séparé – et supérieur : c'était l'âme de la machine.

Newton, pour sa part, voyait l'univers comme une seule grande machine. Il en parlait comme d'une horloge que Dieu avait créée, remontée et laissée ensuite à son tic-tac.

Selon cette manière de concevoir le monde, l'univers est un assemblage d'objets, dont les plus petits sont les atomes. Ils fonctionnent d'une manière mécanique et prévisible, à la manière des pièces dans une machine, ils sont régis par les lois rigoureuses de la physique, de la gravité et du mouvement et se conforment aux propriétés que Dieu a placées dans chaque atome. Cette vision du monde était qualifiée de scientifique, parce qu'elle se fondait sur la mesure, l'expérimentation contrôlée, les données empiriques – les «faits», comme on les concevait alors.

Cette vision mécaniste du monde a rendu possibles les grandes découvertes et inventions de la révolution industrielle. C'est grâce à l'étude attentive faite par Newton des lois de la gravité et du mouvement que la technologie a pu construire des machines de plus en plus sophistiquées.

Depuis le dix-septième siècle, cette vision mécaniste du monde a été la norme de toutes les entreprises scientifiques. John Locke considérait la société elle-même comme une machine, dont les individus isolés étaient les pièces, chacun poursuivant son intérêt égoïste et entrant en collaboration avec les autres seulement par le moyen de contrats sociaux. L'étude scientifique de la psyché humaine par Freud, et particulièrement de sa dimension inconsciente, aussi brillante fût-elle, était limitée par le cadre mécanique et matérialiste de sa pensée. Le socialisme scientifique de Marx, édifié sur son analyse rigoureuse du capitalisme et sur ses prédictions concernant son avenir, était très influencé par la compréhension mécaniste de ce qu'on entendait par «scientifique». Même l'étude scientifique de l'évolution menée par Darwin était limitée par l'idée – mécanique – que seule la sélection naturelle pouvait expliquer comment une espèce évoluait à partir d'une autre. La médecine occidentale a souffert de la même limite, puisqu'elle voyait le corps comme une sorte de machine sophistiquée.

En fait, ce type de mentalité scientifique a influencé la pensée de la plupart d'entre nous, particulièrement de ceux qui ont reçu une éducation scientifique typiquement occidentale. Il y a eu et il y a toujours des exceptions : les mystiques, les poètes, les artistes, certains croyants, les gens qui appartiennent à une culture pré-moderne et en règle générale, presque partout dans le monde, les femmes. Aux yeux des tenants de la vision mécaniste du monde, la pensée de ces groupes apparaissait comme non scientifique, superstitieuse, magique, mais plutôt inoffensive. Du point de vue des scientifiques, ces manières irrationnelles de penser ne contribuaient en rien au progrès de l'humanité.

Dieu était tout à fait absent de ce monde. Si Dieu existait, il devait appartenir à un autre monde, un monde spirituel ou surnaturel. D'où le clivage dans lequel la plupart d'entre nous ont grandi, ce dualisme qui sépare le monde matériel du monde spirituel, le corps de l'âme, la création du créateur.

Puis vint Albert Einstein (1879-1955).

## La nouvelle science

Ce n'est pas sans raison que le nom d'Einstein est devenu universellement synonyme d'intelligence exceptionnelle. Il était un génie inégalé. Ce qu'il a réussi à démontrer, et bien d'autres après lui durant les cent dernières années, c'est que cette vue mécaniste du monde que nous nommons science est tout simplement *non scientifique*. Et s'il a fallu du temps pour que les conséquences de ses découvertes, et d'autres découvertes semblables, soient appréciées, aujourd'hui la communauté scientifique mondiale, à peu d'exceptions près, a dépassé la vision mécaniste de la réalité.

Ce qui est vraiment important dans ce changement de paradigme qui a secoué le monde, c'est qu'il est *scientifique*. Un nombre incalculable d'expériences, de mesures méticuleuses, de solides démonstrations empiriques ont démantelé la vision mécaniste du monde. L'hypothèse mécaniste ne peut plus rendre compte des « faits » tels que les scientifiques les connaissent aujourd'hui.

Même si la majorité des gens n'en est pas encore là, cette nouvelle mentalité scientifique est là pour de bon. C'est la manière dont pratiquement tout le monde va penser dans un proche avenir. Elle va changer notre conscience comme rien ne l'a encore fait. Elle est aujourd'hui la promesse d'un avenir très excitant.

Mais qu'est-elle donc, cette nouvelle vision scientifique du monde ? Voyons d'abord quelques découvertes bien connues de la physique quantique.

## La physique quantique

Une des grandes découvertes d'Einstein est que l'énergie et la matière sont, selon les mots de Bill Bryson, «deux formes d'une même chose : l'énergie est de la matière libérée et la matière est de l'énergie en attente de se manifester[1]». Cette théorie n'avait aucun caractère approximatif. Einstein a vraiment mesuré la quantité de matière (sa masse) qui serait équivalente à une quantité particulière d'énergie. Cela s'est traduit par la célèbre formule : $E=mc^2$.

Cela était absolument inconciliable avec le modèle mécaniste de la physique, selon lequel l'énergie est censée être une activité ou un mouvement et la matière, une chose. Comment une chose pourrait-elle devenir mouvement et comment une activité pourrait-elle devenir une particule de matière ?

Mais ce n'était qu'un début. Einstein a également découvert que la lumière se comporte parfois comme une particule et parfois comme une onde. Les scientifiques mécanistes avaient déjà décrété que la lumière devait être une onde, concluant donc qu'il devait exister une sorte de substance dans laquelle les ondes lumineuses se déplaçaient. Cette substance hypothétique, ils l'appelaient «éther».

Pour les scientifiques aujourd'hui, cet éther n'existe pas, et la lumière n'est ni une onde ni une particule. La vérité, c'est que l'esprit humain est limité. Nous ne pouvons pas comprendre la lumière ; nous pouvons seulement la traiter *comme si* c'était une onde et, pour d'autres fins, *comme si* c'était une particule. En fait, elle n'est ni l'une ni l'autre; elle échappe à l'esprit et à l'imagination. Pour nous, la lumière est un *mystère*.

La lumière est une forme d'énergie et l'énergie est, bien sûr, elle aussi mystérieuse, quoiqu'un peu moins que l'atome. Quand Einstein et plusieurs autres scientifiques ont «ouvert» l'atome et analysé son «contenu» en parlant d'électrons, de protons, de neutrons et de nombreuses autres «particules», jusqu'aux quarks d'une taille infinitésimale, ils ont vite compris qu'ils n'avaient pas vraiment affaire à des particules ou à des ondes, ou à quelque autre objet reconnaissable. Ils avaient affaire à des structures et à des relations. Mais comment des structures et des relations peuvent-elles exister s'il n'y a rien qui entre dans ces structures ou qui puisse être relié?

Le mystère ne fit que s'épaissir quand le grand physicien Niels Bohr fit la découverte du saut quantique. Les électrons, que nous devons traiter comme des particules tournant sur une orbite, *sautent* parfois d'une orbite à une autre sans passer par l'espace qui sépare les deux orbites. Comment cela est-il possible?

Il existe un grand nombre d'autres énigmes qui défient toute explication, non parce que nous manquons d'informations ou d'indices, mais parce que dans le monde subatomique, les données empiriques se contredisent. Il semble qu'il n'y a là ni logique ni rationalité. Pour nous, c'est un monde vraiment très étrange.

La dernière théorie ou façon de décrire ce qui semble se produire dans le monde subatomique concerne le vide quantique. Quatre-vingt-dix pour cent de tout atome sont constitués d'un espace vide. Un vacuum. Il n'y a rien. Pas même l'hypothétique éther. Mais les électrons et toutes les autres «particules» qui semblent tournoyer dans l'atome sortent de ce néant pour y disparaître de nouveau. Pour reprendre les mots de l'astrophysicien et mathématicien Brian Swimme, «les particules élémentaires surgissent du vacuum lui-même: voilà la découverte toute simple et si impressionnante [...] la base de l'univers bouillonne de créativité[2] ». Un peu plus loin, Swimme se fait presque mystique : « J'aime parler "d'abîme nourricier" pour parler de ce mystère au fondement de l'être[3]. »

Parmi les physiciens quantiques qui ont étudié ce phénomène, celui qui est allé le plus loin, David Bohm, parle d'ordre *implicite* et d'ordre *explicite*. L'ordre implicite, c'est le vacuum créateur, la totalité intacte de l'univers, qui demeure invisible, car hors d'atteinte par nos sens. L'ordre explicite, pour sa part, désigne la multiplicité et la diversité des choses et des événements qui surgissent de l'ordre implicite et se présentent à nous sous la forme des réalités empiriques[4].

L'univers n'est pas ce que nous pensions. Il n'est pas une machine. Il est un mystère.

## Un univers en expansion

Einstein a fait une autre découverte extraordinaire, si extraordinaire qu'il a mis des années à y croire lui-même. Ses calculs l'avaient conduit à conclure que l'ensemble de l'univers ou bien se contracte, ou bien se déploie. Voilà qui en était trop, même pour Einstein. Mais quelques années plus tard, l'astronome Edwin Hubble (1889-1953) a démontré d'une manière irréfutable que l'univers est en expansion très rapide. Avant Hubble, nous ne connaissions qu'une seule galaxie, la nôtre, la Voie lactée, qui n'est pas en expansion, puisque les galaxies sont tenues ensemble par la force de gravité. Mais aujourd'hui, nous connaissons près de 140 milliards de galaxies, dont plusieurs ont été découvertes par Hubble. Et ces galaxies s'éloignent toutes les unes des autres, dans des directions différentes, à une vitesse qui s'accélère !

Ainsi, les calculs d'Einstein n'étaient pas erronés. Des années plus tard, il déclara que le plus grand impair de sa vie avait été d'étouffer ses conclusions.

Logiquement, l'étape suivante consistait à lire à rebours, à partir du présent, en remontant jusqu'à un point dans le temps et l'espace où l'expansion vers l'extérieur avait dû s'amorcer. On estime que ce que plusieurs appellent le *Big Bang* s'est produit il y a entre treize et quinze milliards d'années.

Des centaines de milliers de scientifiques, dont le plus célèbre est Stephen Hawkins, se sont mis au travail pour retracer les nombreuses étapes de cette évolution de l'univers depuis la grande explosion initiale d'énergie pure, en passant par le développement des protons, électrons, atomes, molécules d'hydrogène et d'hélium, étoiles, supernovæ (étoiles qui explosent), galaxies, planètes gravitant autour d'étoiles et, finalement, la terre et l'évolution de la vie dont nous sommes un exemple exceptionnel. Et quelle histoire nous livrent-ils!

Ce développement continu est décrit dans une abondante littérature. Brian Swimme et Thomas Berry l'ont résumé sous la forme d'une histoire palpitante dans leur livre *The Universe Story: A Celebration of the Unfolding of the Cosmos*. Ce nouveau récit de la création a déjà enflammé l'imagination de centaines de milliers de personnes. C'est ce que nous appelons la nouvelle cosmologie.

Après littéralement des millions d'expériences et de calculs, nous nous retrouvons aujourd'hui avec une nouvelle conception du monde, qui voit notre univers incroyablement vaste se déployer à une vitesse inimaginable, à partir d'un point plus petit que tout ce que nous pourrions nous représenter. Et si cela n'a pas suffi à nous époustoufler, nous pouvons tenter de saisir ce que les scientifiques veulent dire quand ils affirment qu'il n'y a pas d'espace en dehors de cet univers ni de temps avant le *Big Bang*, parce que le temps et l'espace sont créés à mesure que l'univers se déploie. Et si vous pouvez vous imaginer voyager à une vitesse impossible vers la lisière de l'univers, vous finiriez par vous retrouver à votre point de départ, en raison de ce qu'Einstein a appelé la courbure de l'espace.

Le biologiste J.B.S. Haldane note: «L'univers n'est pas seulement plus bizarre que tout ce que nous supposons. Il est plus bizarre que tout ce que nous *pouvons* supposer[5].»

## Des systèmes qui s'organisent eux-mêmes

Les biologistes ont depuis longtemps abandonné l'idée que les organismes vivants sont tout simplement comme des machines. Des médecins praticiens reconnaissent aujourd'hui qu'il est inefficace de traiter le corps humain comme un mécanisme séparé. Ils parlent de guérison globale ou holistique, soulignent l'importance de traiter toute la personne sans oublier son environnement social et physique.

On décrit aujourd'hui les organismes vivants comme des systèmes autorégulateurs. Ils s'organisent par eux-mêmes, se nourrissent par eux-mêmes, se guérissent par eux-mêmes, se multiplient par eux-mêmes, se protègent par eux-mêmes et entrent de façon créative en relation avec d'autres systèmes.

C'est ce qu'on appelait l'instinct chez les animaux, sinon chez les plantes. Nous parlons aujourd'hui de gènes, chacun portant ses instructions ou ses messages codés reliés les uns aux autres dans une spirale d'ADN, qu'on retrouve dans le noyau de chaque cellule vivante. Il faudrait environ mille livres de six cents pages chacun pour écrire les instructions contenues dans chacune des minuscules spirales d'ADN.

Qu'est-ce que cela signifie ? Comme le dit Fritjof Capra, « l'activité organisatrice des systèmes vivants, à quelque niveau que ce soit, est une *activité mentale* » (c'est moi qui souligne[6]). Tout ce qui vit est doté d'une forme ou d'une autre d'esprit. Esprit ne désigne pas ici une chose ou un objet, mais une forme particulière de processus. On ne peut séparer vivre et connaître.

L'esprit humain est toutefois différent. Davantage qu'un processus plus complexe, il nous apparaît encore plus mystérieux, sans doute parce qu'il nous est si proche. Nous l'appelons *la conscience*. Les psychologues et les mystiques ont essayé d'en dire quelque chose, mais c'est un phénomène si fondamental qu'il ne peut être expliqué en termes d'autre chose qui serait encore plus fondamental. On a déjà fait remarquer que la chose la plus fondamentale de l'existence n'est pas la matière, l'atome ou les quarks, mais notre propre conscience.

La conscience a été beaucoup étudiée. Nous pouvons connaître quelque chose de façon consciente ou inconsciente. Nous pouvons devenir conscients d'être conscients. Nous pouvons être conscients que nous sommes des personnes conscientes d'elles-mêmes, et il semble que nous puissions faire l'expérience d'être conscients, sans être conscients d'aucun objet en particulier[7].

Les découvertes intéressantes concernant la théorie du chaos contribuent à leur tour à transcender la vision mécaniste du monde. Il semble que des systèmes de différents types existent souvent dans un état de chaos ou, comme on dit, « au bord du chaos » ; puis surgit soudain, de façon imprévisible, ce qu'on appelle un « étrange attracteur » qui replace le chaos selon un ordre nouveau.

La prévisibilité était la pierre d'angle de la physique newtonienne et une des grandes avancées en technologie. Cela continue d'être vrai sur certains plans, mais, semble-t-il, pas toujours ni partout. Les scientifiques découvrent de plus en plus d'événements qui n'auraient jamais pu être prédits. Le mystère s'épaissit.

## Les holons

La science et la philosophie ont toujours fonctionné sur la base de ce qu'on appelle la causalité linéaire : A est la cause de B qui est la cause de C, et ainsi de suite. Mais si on s'y arrête un instant, tout événement est le fruit d'une multiplicité de causes, de conditions et d'influences, sans parler de ce qu'on appelle la rétroaction ou le *feedback*. On n'a qu'à penser au rôle de la température, de la pression, de l'écosystème et d'autres événements environnants pour réaliser qu'il ne peut y avoir une ligne de causalité qui serait indépendante et déconnectée de tout le reste. Il y a toujours un grand faisceau de causes et de conditions, et chacune de ces causes et de ces conditions est elle-même le résultat d'un autre faisceau de causes et de conditions, jusqu'à ce que nous puissions considérer l'ensemble de l'univers depuis le début du temps impliqué d'une certaine manière dans chaque événement particulier! Tout, sans exception, est relié à tout le reste.

L'univers n'est pas une collection d'objets : c'est un système de systèmes à l'intérieur de systèmes. Cela ne s'applique pas qu'aux organismes vivants. Toute réalité naturelle est à la fois un système et une partie d'un système, un tout et une partie d'un tout plus vaste. Pour désigner cela, on a inventé le mot «holon».

Le dernier clou dans le cercueil de la vision mécaniste du monde a peut-être été la découverte que le tout, n'importe quel tout, est plus grand que ses parties, et que c'est le tout qui détermine comment les parties vont se comporter. Une machine, comme une horloge, une voiture ou un avion à réaction, n'est pas un tout. Ce n'est rien de plus que la somme totale de ses parties fonctionnant ensemble. Mais les touts naturels, depuis les organismes vivants jusqu'aux écosystèmes et aux galaxies, fonctionnent différemment. Chacun d'eux est plus que la somme de ses parties.

Voilà en quel sens certains scientifiques parlent aujourd'hui de la terre comme Gaia. Elle n'est pas un organisme vivant comme une plante. Elle ne se reproduit pas, mais elle semble s'autoréguler. D'une manière encore mystérieuse, la terre comme un tout, comme un «soi», régule la température, l'impact des rayons du soleil, etc., afin de survivre et de continuer d'évoluer.

## La science et la religion

Voilà donc la pensée scientifique de l'avenir. Elle révolutionne déjà la relation entre la science et la religion. Elle va transformer radicalement toute véritable recherche de Dieu aujourd'hui et demain. D'obstacle qu'elle était, la science devient soudain une aide, une sorte de tremplin vers la spiritualité et la mystique. Ce n'est pas que la science puisse *prouver* quoi que ce soit au sujet de Dieu ou de la foi. Au contraire, la science reconnaît aujourd'hui ses propres limites. Aujourd'hui, c'est le scientifique qui affirme : «Nous ne

savons pas et, la plupart du temps, nous ne pourrons jamais savoir.
C'est un mystère.»

De leur côté, la religion, la spiritualité et la mystique seront
elles aussi révolutionnées par cette nouvelle mentalité scientifique. Par exemple, il n'y a qu'un monde, un seul univers. Il n'est
plus possible de penser Dieu, l'âme humaine et les autres esprits
comme les habitants d'un autre monde. De plus, l'univers est un
seul tout interrelié. Nous ne sommes pas des pièces détachées et
indépendantes. Le nombre des différentes espèces et des divers
systèmes défie l'imagination, mais ensemble ils forment un seul
tout. Et, plus important encore, nous, les humains, ne contrôlons
pas l'univers.

## Les signes en résumé

Jetant un regard sur l'ensemble des signes, il me revient cette
phrase célèbre de Charles Dickens dans *A Tale of Two Cities* :
«C'était l'époque la meilleure, c'était l'époque la pire.» Les signes
de notre temps sont extrêmement ambigus et déroutants. Nous
sommes entrés dans une ère pleine de promesses, mais remplie
aussi d'inimaginables dangers. De plus, nous ne nous situons pas
tous de la même manière. Certains sont déjà très loin en avant,
d'autres reculent, d'autres encore ignorent complètement où ils
vont... Difficile dans ces conditions de dresser un bilan d'où nous
en sommes comme famille humaine, à ce point-ci de notre évolution.
Une métaphore serait peut-être utile ici.

Nous sommes comme un paquebot géant qui a brisé ses amarres
et dérive vers le large. D'innombrables dangers nous menacent.
Peut-être nous dirigeons-nous tout droit vers un naufrage et notre
disparition. Certains voudraient revenir à la sécurité du port, mais
cela n'est plus possible. D'autres sont si distraits qu'ils ne se
rendent même pas compte que nous voguons à la dérive. D'autres
encore voudraient se jeter à l'eau et nager seuls jusqu'au rivage.
Mais nous en sommes maintenant trop éloignés, et il est désormais

impossible de faire cavalier seul. Nous sommes tous ensemble dans le même bateau.

De plus en plus nombreux, d'autres passagers cependant voient dans cette dérive vers la mer une occasion sans précédent de nous éloigner de l'esclavage et de la souffrance du passé et de nous mettre à la recherche de la terre promise de la liberté et du bonheur. Chaque jour, de nouvelles possibilités apparaissent à l'horizon. La soif de spiritualité est remplie d'espérance. Le désir de justice, de paix et de coopération suscite le courage. Les nouvelles voix qui se font entendre d'en bas et la mondialisation de la compassion envers les gens dans le besoin sont pleines de promesses. On reconnaît de plus en plus les dangers de l'individualisme. Et la nouvelle science nous fournit une carte qui nous indique où nous sommes, d'où nous venons et où nous pourrions être en train de nous diriger.

Les dangers et les menaces sont toujours là. Déjà le navire prend l'eau, et alors que certains tentent de réparer les brèches, d'autres en créent de nouvelles par leur aveuglement égoïste, ils ignorent les icebergs juste devant nous. La mer n'est pas agitée. La nature ne nous est pas hostile. C'est à bord que la tempête fait rage, entre les passagers, chacun poursuivant aveuglément ses projets personnels.

Mais qui est aux commandes du navire? Qui est en contrôle? Les forces du marché? Les militaires? Le grand Empire américain? Le hasard? Ou Dieu?

C'est dans ce contexte, à ce moment-ci de l'évolution de notre Univers, que nous sommes invités à examiner d'une manière nouvelle et à prendre au sérieux la sagesse spirituelle de Jésus de Nazareth.

# PARTIE II

# LA SPIRITUALITÉ DE JÉSUS

Ce qui retiendra notre attention dans les trois prochains chapitres, ce n'est ni la vie de Jésus ni son histoire, ni même ses enseignements, mais sa spiritualité. Jésus n'a apparemment pas beaucoup parlé de sa vie spirituelle mais, comme nous l'avons déjà indiqué dans l'introduction, nous pouvons en extrapoler certains éléments en lisant entre les lignes et accéder ainsi à ce qui a dû être une spiritualité d'une profondeur extraordinaire. Il nous faudra considérer ce que Jésus a fait, dit et enseigné, mais seulement afin d'apprécier la spiritualité qui devait être sous-jacente. Quel fut donc le secret de sa vie extraordinaire – et de sa mort? Qu'est-ce qui lui tenait fortement à cœur? En quoi est-il inoubliable? Qu'est-ce qui l'a rendu si profondément attachant et admirable aux yeux de certains – et si détestable pour d'autres?

Malgré les apparences, la tâche n'est pas impossible. Bien que Jésus n'ait lui-même rien écrit, nous disposons d'une énorme quantité d'informations sur Jésus, sur son époque et sur l'impression qu'il a laissée sur les gens. Aucune collection de livres n'a été autant étudiée en profondeur et dans le détail que les évangiles, et aucun personnage historique n'a été l'objet d'une attention aussi grande que Jésus. Nous puiserons en partie à ces recherches savantes et, d'une manière particulière, à l'expérience de ceux qui l'ont pris au sérieux et ont marché sur ses pas, les saints et les mystiques.

Le monde dans lequel Jésus a vécu était très différent du nôtre. Entre les gens de la Palestine du premier siècle et nous, un grand abîme a été creusé par le postmodernisme, la science et la technologie, notre individualisme, la mondialisation, la destruction de la planète et notre aliénation de la nature. Une des différences majeures réside dans le fait que pour Jésus et ses contemporains juifs, il était évident que Dieu était une personne. Cela ne l'est plus du tout pour nous aujourd'hui. Non sans raison, l'idée d'un Dieu personnel est difficilement concevable pour plusieurs. Nous y reviendrons aux chapitres 13 et 16. Pour le moment, nous parlerons du Dieu très personnel de Jésus sans explications et sans apologie. Sur ce plan aussi, notre époque a beaucoup à apprendre de Jésus.

# CHAPITRE 5

## Une révolution

Jésus était un paysan juif. C'est donc dans les Écritures hébraïques qu'il aurait puisé l'inspiration première de sa spiritualité. Le monde dans lequel il vivait était le monde juif, qui n'était pas pour autant fidèle à ce qu'il y a de meilleur dans ces Écritures. Nous ne pouvons pas tenir pour acquis que tout ce que nous trouvons dans les Écritures juives était compris et pratiqué dans la Palestine du premier siècle, pas plus que nous ne pouvons prétendre que les sociétés ou les institutions qui se réclament aujourd'hui du christianisme vivent selon le Sermon sur la montagne.

Après tout, on trouve dans les Écritures hébraïques une grande variété de visions du monde et de spiritualités couvrant plusieurs siècles. À l'époque de Jésus, comme à d'autres époques d'ailleurs, il existait des interprétations et des conceptions différentes de ce que voulait dire être Juif, ainsi que tout un éventail de «traditions humaines», comme Jésus les appelait (*Mc* 7, 8.13).

Même si c'était un monde juif, nous ne devons pas sous-estimer l'influence croissante de la culture grecque émanant des cités grecques environnantes. Encore plus importante était la mondialisation de l'Empire romain, qui influençait de manière sans cesse accrue la vie des gens. Les riches et les puissants, c'est-à-dire la famille d'Hérode et ses descendants, les grands prêtres, les anciens (les nobles) et les riches propriétaires terriens, adoptaient le style de vie et les valeurs du monde gréco-romain, menant pour la plupart une vie de luxe et de décadence[1].

Ce sont là des traits distinctifs du monde que Jésus a mis sens dessus dessous. En ce sens, sa vie, son message et sa spiritualité étaient révolutionnaires. Jésus n'était pas un réformateur. Il n'a pas proposé un ensemble d'améliorations aux croyances et aux pratiques religieuses de son époque, comme s'il rapiéçait un vieux vêtement. Il a mis aussi bien le monde juif que le monde païen sens dessus dessous. Cela n'implique pas pour autant que Jésus ait été un révolutionnaire typique au sens politique du terme. En effet, il ne voulait pas seulement remplacer les détenteurs du pouvoir par d'autres qui ne le détenaient pas encore. Il recherchait quelque chose de plus radical. S'il reprenait toute la gamme des valeurs de son époque, c'était pour les subvertir totalement. Plutôt qu'une révolution *politique*, ce à quoi il s'affairait, c'était une révolution *sociale*[2] qui exigeait une conversion spirituelle en profondeur.

Parler de révolution sociale, c'est parler d'un renversement des relations sociales au sein d'une société. Une révolution politique transforme les relations de pouvoir dans une société, en renversant un gouvernement pour le remplacer par un autre. Comme la plupart des Juifs opprimés de son temps, Jésus nourrissait l'espoir d'une libération politique du joug de l'oppression romaine. Mais il se voyait comme un prophète dont la mission première était d'amorcer une révolution sociale et spirituelle qui entraînerait plus tard le démantèlement des structures de pouvoir.

## Mettre le monde sens dessus dessous

Les paroles de Jésus, en particulier celles qui sont regroupées dans le Sermon sur la montagne, sont des paroles subversives à propos d'à peu près tout ce que ses contemporains tenaient pour évident. Il disait de présenter l'autre joue au lieu de se venger, d'aimer ses ennemis plutôt que de les détester, de faire du bien à ceux qui nous haïssent, de bénir ceux qui nous maudissent, de leur pardonner à tous soixante-dix fois sept fois (*Mt* 5, 38-43 ; *Lc* 6, 27-37 ; *Mt* 18, 22).

Cela aurait bien suffi à révolutionner les relations sociales entre les paysans auxquels il s'adressait, ainsi que les relations entre les différents groupes et classes de la société et même entre les religions et les nations. Pourtant, Jésus ne s'est pas arrêté là. Ce qu'il avait à dire au sujet des riches et des pauvres était encore plus révolutionnaire.

Tout le monde estimait que la fortune des riches était une bénédiction de Dieu et que c'étaient eux qui étaient les chanceux, dans la vie. Jésus enseignait exactement le contraire. «Heureux, vous les pauvres» (*Lc* 6, 20). En d'autres termes, ce ne sont pas les riches qui sont bénis ou chanceux, mais les pauvres. Cela ne signifie pas qu'il est bon d'être indigent et sans ressource. Il ne faut pas y voir non plus la promesse qu'un jour, les pauvres deviendront riches à leur tour. Cela veut dire : «Vous devriez vous considérer heureux de ne pas être riches et fortunés.» Ce sont les riches qui sont les malchanceux : «Malheureux, vous les riches» (*Lc* 6, 24). Ce sont eux qu'il faudrait prendre en pitié, parce qu'ils trouveront très difficile de vivre dans le monde qui vient (le royaume de Dieu), où tout sera mis en commun[3]. Les riches vont trouver très difficile de partager. Ils ressembleront à des chameaux tentant de passer par le chas d'une aiguille. La chance des pauvres, c'est qu'ils trouveront facile de partager.

Pour prendre la mesure de l'impact qu'a pu avoir un tel renversement de perspectives, nous pourrions imaginer aujourd'hui quelqu'un qui se promènerait en disant aux riches et à ceux qui jouissent d'un niveau de vie élevé qu'ils ne sont pas avantagés, mais au contraire qu'ils sont très malheureux. Pourquoi? Parce que si nous voulons que la race humaine survive, le seul moyen sera que les riches abaissent leur niveau de vie et partagent leur abondance avec d'autres. Les riches vont trouver cela très difficile.

Dans le même esprit, Jésus affirme que si les gens vous haïssent, vous excluent, vous insultent et disent du mal de vous, vous devriez vous réjouir, parce c'est ainsi que les prophètes ont toujours été traités. C'est quand les gens disent du bien de vous

que vous pouvez vous estimer malheureux (*Lc* 6, 22-23.26).
Autrement dit, oubliez votre réputation. Si les gens vous critiquent
et vous discréditent, ce pourrait être une bénédiction déguisée.

## Une dignité égale

Jésus était intraitable au sujet de l'égalité de tous les humains
sur le plan de la dignité et de la valeur. Il accordait aux aveugles,
aux estropiés et aux handicapés, aux exclus et aux mendiants la
même attention qu'aux personnes de haut rang et de statut social
élevé[4]. Il refusait de considérer les femmes et les enfants comme
des êtres sans importance ou inférieurs. Voilà qui mettait sens
dessus dessous une société où les statuts sociaux et les honneurs
étaient savamment ordonnés, d'autant plus que Jésus recommandait de descendre dans l'échelle sociale plutôt que de grimper pour
parvenir au sommet. Il enseignait à ses disciples à prendre la
dernière place, et un jour où ils se disputaient pour savoir lequel
d'entre eux était le plus important, il leur montra un petit enfant,
auquel la société d'alors ne conférait absolument aucun rang ni
statut, et il leur dit de s'efforcer d'être comme des enfants (*Mc* 9,
33-37 par.).

Entre autres choses, sa façon de voir fait descendre de leur
piédestal «les savants et les sages». Pour lui, ceux-ci n'exercent
aucun monopole sur la vérité. En fait, leur sagesse et leur intelligence peuvent les empêcher de voir la vérité. Assez souvent, le
petit enfant simple et sans éducation est plus sage que les gens
cultivés. «Je te loue, Père, dit Jésus, d'avoir révélé ces choses non
pas aux sages et aux savants, mais à de simples enfants» (*Lc* 10,
21, ma traduction).

Au temps de Jésus, on considérait *les femmes* comme de
simples enfants, sur le plan du statut et du savoir : c'était donc là
un message qu'elles pouvaient apprécier. Accorder aux femmes
exactement la même valeur et la même dignité qu'aux hommes
était pour Jésus une autre façon de mettre le monde sens dessus

dessous. L'évangile nous parle de Marie de Béthanie, que Jésus encouragea à s'asseoir à ses pieds, comme n'importe quel disciple (*Lc* 10, 38-42). Plus controversée encore est sa grande amitié avec Marie Madeleine, à qui il prodiguait son enseignement et avec qui il semble avoir discuté de bien des choses[5]. Et quoi de plus scandaleux que son habitude de se mêler si librement aux femmes, spécialement à celles qui étaient des prostituées reconnues (*Lc* 7, 39 ; *Mt* 11, 19) ? S'il y a une chose dont Jésus faisait peu de cas, c'était bien sa réputation.

Ce dont il faisait beaucoup de cas, par contre, c'était la manière dont la société traitait les prostituées et les femmes prises en flagrant délit d'adultère. Ce sont elles, et non leurs partenaires masculins, que la société blâmait et condamnait. Pourtant, ni la prostitution ni l'adultère ne sont possibles sans des hommes qui font des avances et fournissent l'argent. Pourquoi les femmes sont-elles toujours blâmées ? La position de Jésus est illustrée de façon magistrale dans le récit de la femme accusée d'adultère qu'il sauve des hommes qui veulent la lapider (*Jn* 8, 1-11[6]).

## Des histoires subversives

Dans son opuscule sur la théologie du récit, John Dominic Crossan a fait valoir que si *le mythe* est une histoire qui confirme le *statu quo* et en réconcilie les contradictions apparentes, *une parabole* est une histoire qui ébranle le *statu quo* et en révèle les contradictions[7].

Une déclaration subversive comme « Tout homme qui s'élève sera abaissé et celui qui s'abaisse sera élevé » (*Lc* 14, 11 ; 18, 14 ; *Mt* 23, 12) nous est rapportée dans une parabole, celle du pharisien et du collecteur d'impôts qui montent au Temple pour prier (*Lc* 18, 9-14).

Au temps de Jésus, les scribes et les pharisiens étaient très considérés. Avec les grands prêtres et les anciens, ils étaient les chefs religieux qui savaient ce qui plaît à Dieu et ce qui lui déplaît.

Les collecteurs d'impôts, pour leur part, étaient détestés de tout le monde et traités en exclus de la société. Il faut dire que le système fiscal était profondément injuste. Les pauvres étaient saignés sans merci par trois impôts : l'impôt des Romains, l'impôt d'Hérode et celui du Temple. Mais ce sont ceux qui étaient engagés pour collecter les impôts qui devaient faire face à la colère et au rejet des gens. Il ne fait aucun doute que les collecteurs exploitaient souvent la situation à leur profit. Jésus cependant manifestait de la sympathie et de la compréhension envers ces hommes qui, comme les prostituées, étaient toujours blâmés. Contre toute attente, c'est chez Zachée, le collecteur d'impôts mal famé de Jéricho, qu'il avait choisi de loger (Lc 19, 1-10).

La parabole du pharisien et du collecteur d'impôts renverse donc tout ce à quoi on s'attendrait normalement. Parce qu'il est fier et qu'il se vante, le pharisien n'est pas justifié aux yeux de Dieu : « Mon Dieu, je te rends grâces de ce que je ne suis pas comme les autres hommes. » À l'opposé, parce qu'il s'humilie, le collecteur d'impôts *est justifié* aux yeux de Dieu.

Tout le monde tenait pour acquis que les chefs religieux comme les scribes et les pharisiens, les grands prêtres et les anciens, seraient les premiers à entrer dans le royaume de Dieu. Jésus a osé affirmer que les prostituées et les collecteurs d'impôts entreraient dans le royaume de Dieu avant les chefs religieux (*Mt* 21, 31). Voilà qui avait de quoi bousculer les évidences de presque tout le monde, y compris celles des prostituées et des collecteurs d'impôts eux-mêmes. « Beaucoup de premiers seront derniers et les derniers seront premiers » (*Mc* 10, 31).

L'histoire du Samaritain qui vient en aide à un Juif qui s'est fait voler et blesser, alors qu'un prêtre juif et un lévite passent tout droit, sans s'arrêter (*Lc* 10, 30-37), chambarde tous les mythes entourant les Juifs et les Samaritains. Les premiers considéraient les seconds comme des hérétiques à demi païens. Or, Jésus dit à ses compatriotes juifs non seulement que leur amour du prochain devrait s'étendre aux Samaritains détestés, mais encore que le

Samaritain pourrait leur apprendre des choses à propos de l'amour du prochain !

Pour apprécier pleinement l'impact de cette histoire sur les contemporains de Jésus, on pourrait la reprendre sous une autre forme, celle d'un fondamentaliste musulman venant en aide à un soldat chrétien blessé, alors qu'un aumônier militaire chrétien et un travailleur social chrétien passent leur chemin. Impossible ? Et pourquoi ? Le sens des paraboles de Jésus, même aujourd'hui, ne serait-il pas de nous déstabiliser dans nos préjugés ?

Dans la parabole des ouvriers de la vigne (*Mt* 20, 1-16), Jésus bouleverse notre sens commun de la *justice*. Quand un employeur paie ceux qui ont travaillé une heure à la vigne autant que ceux qui y ont travaillé toute la journée, ne se rend-il pas coupable d'injustice ? Non, affirme Jésus. L'employeur a donné à ceux qui ont supporté la chaleur du jour le salaire convenu. Un denier était même un salaire très généreux pour une journée de travail. Quand ces ouvriers se plaignent, ce n'est pas parce qu'ils sont victimes d'injustice, mais parce que l'employeur s'est montré généreux envers les autres. Autrement dit, ce n'est pas une question de justice, mais d'*envie*. L'employeur avait choisi de payer le même salaire à ceux qui avaient travaillé peu de temps, parce que leurs besoins et ceux de leurs familles étaient les mêmes que ceux des autres.

Enfin, dans la parabole du fils prodigue (*Lc* 15, 11-32), le frère aîné lui aussi se sent traité injustement. Il a toujours fait son devoir, alors pourquoi son frère, qui a dépensé de façon inconsciente et a vécu dans la débauche, fait-il l'objet d'une grande fête, et pas lui ? Pour Jésus cependant, le frère aîné n'a pas été traité injustement ; il est simplement *jaloux*. Il veut être le préféré. Ce qu'il souhaite, ce n'est pas que son frère soit pardonné, mais qu'il soit puni.

## La relativisation de la Loi

Au temps de Jésus, la spiritualité était fondée sur la Loi, la Torah. Jésus a renversé cela aussi, non pas en rejetant la Loi, mais en la relativisant : « Le sabbat a été fait pour l'homme et non l'homme pour le sabbat » (*Mc* 2, 27). Autrement dit, les lois du sabbat, et donc toutes les lois de Dieu, sont conçues pour être à notre service, nous, les êtres humains. Nous n'existons pas pour servir ou vénérer la Loi. Cela serait une forme d'idolâtrie.

Par conséquent, Jésus se sentait parfaitement libre d'enfreindre la Loi lorsque son observance se faisait au détriment des gens, car le but de la Loi n'était certes pas de nuire aux gens. Pourtant, son comportement était vu comme outrageusement scandaleux, surtout quand il encourageait ses disciples à faire de même (*Mt* 12, 1-5).

Dans la culture religieuse de l'époque, la Loi ne désignait pas seulement les dix commandements, mais l'ensemble du système de pureté rituelle connu sous le nom de Code de sainteté. Tout – le temps, l'espace, les gens, les objets et la nourriture – était ordonné et organisé selon des degrés plus ou moins élevés de sainteté ou de pureté[8].

Jésus considérait les lois de pureté rituelle comme des traditions humaines qui déformaient les intentions de la loi de Dieu (*Mt* 15, 1-20 par.). « Ce n'est pas ce qui entre dans la bouche qui rend l'homme impur, mais ce qui sort de la bouche ; voilà ce qui rend l'homme impur » (*Mt* 15, 11). Non seulement ne faisait-il aucun cas de la distinction entre la nourriture pure et impure ni du lavage rituel des mains avant de manger, mais il touchait les cadavres, les lépreux et les femmes qui avaient leurs règles, toutes des choses taboues selon le Code de sainteté.

Ce qui était important pour Jésus, c'était les gens et leurs besoins. Tout le reste était relatif.

## Un Royaume à l'envers

À l'époque de Jésus, le peuple juif était en état d'alerte maximale dans l'attente de l'arrivée imminente d'un Messie qui restaurerait le règne ou royaume de Dieu attendu depuis si longtemps. Les attentes variaient considérablement au sujet du quoi, du quand, du où et du comment. Les spéculations allaient bon train. Dieu interviendrait-il miraculeusement? Les Romains connaîtraient-ils la défaite? Le Roi-Messie ferait-il une entrée triomphale dans Jérusalem à la tête d'une armée? Ou tout se passerait-il autrement?

Les Esséniens s'étaient retirés au désert pour se purifier, dans le but de se préparer à l'événement. Jean le Baptiste s'attendait à ce que le jugement de Dieu fonde sur Israël lui-même. Les gens du peuple, les gens simples, ordinaires, espéraient que Jérusalem serait libérée des Romains (*Lc* 1, 68.71.74; 2, 25.38) et en faisaient l'objet de leurs prières. À la fin de l'évangile de Luc, les deux disciples faisant route vers Emmaüs disent qu'ils avaient espéré que Jésus serait celui qui allait délivrer Israël (*Lc* 24, 21).

Ces attentes-là aussi, Jésus les a mises sens dessus dessous. Il voyait d'une manière très différente ce que pouvait signifier le règne de Dieu sur la terre, principalement parce qu'il avait une vision différente de Dieu. Pour lui, Dieu n'était pas comme ces grands empereurs ni comme ces grands seigneurs qui tiennent les gens sous leur pouvoir et leur font sentir leur domination (*Mc* 10, 42 par.). Il ne voyait même pas Dieu comme un despote bienveillant. Jésus en était venu à éprouver Dieu comme un père aimant, son *abba*. En conséquence, le règne de Dieu était pour Jésus davantage le «règne» du père aimant de la parabole, qui pardonne sans condition à son fils prodigue, qui se réjouit du retour de son enfant perdu, qui ne pense même pas à punir ou à rétribuer, qui ne veut rien entendre de la débauche et du gaspillage de son fils. Tout ce qu'il veut, c'est célébrer avec sa famille (*Lc* 15, 11-32).

La communauté ou société que Jésus espérait ressemblait davantage à une *famille* de frères et de sœurs ayant Dieu comme parent aimant[9]. Son image du règne ou royaume de Dieu était celle d'une maisonnée joyeuse et aimante, plutôt que celle d'un empire conquérant et oppresseur.

Ainsi, le règne de Dieu ne descendrait pas d'en haut; il monterait d'en bas, à partir des pauvres, des petits, des pécheurs, des exclus, des perdus qui peuplaient les villages de Galilée[10]. Ils deviendraient comme des frères et des sœurs qui prennent soin les uns des autres, s'identifient aux autres, se protègent mutuellement et partagent entre eux.

Cela ne doit pas laisser supposer que Jésus ait eu une vision conventionnelle de la famille. Voilà une autre chose qu'il a mise sens dessus dessous. Que peut-il y avoir de plus choquant que sa déclaration : « Si quelqu'un vient à moi sans *haïr* son père, sa mère, sa femme, ses enfants, ses frères, ses sœurs et même sa propre vie, il ne peut être mon disciple » (*Lc* 14, 26, ma traduction) ? Bien sûr, il voulait dire « *sans me préférer à*[11] ». En d'autres termes, on ne peut être membre du royaume de Dieu, qui est comme une famille, si on donne toujours sa préférence à sa famille conventionnelle.

Et c'est exactement ce que Jésus fait : il ne préfère pas sa propre famille. Quand on informe Jésus de la présence de sa mère et de ses frères venus le chercher, il répond : « "Qui sont ma mère et mes frères ?" Et parcourant du regard ceux qui étaient assis en cercle autour de lui, il dit : "Voici ma mère et mes frères. Quiconque fait la volonté de Dieu, voilà mon frère, ma sœur, ma mère" » (*Mc* 3, 33-35).

Et s'il dit de sa mère qu'elle est bienheureuse, ce n'est pas parce qu'elle est sa mère biologique, mais parce qu'elle « écoute la parole de Dieu et l'observe » (*Lc* 11, 27-28). Jésus veut dépasser les limites de la famille de sang ou de la famille des proches parents pour rejoindre la famille plus large du royaume de Dieu. Un amour exclusif pour les membres de sa famille immédiate serait une forme d'égoïsme collectif.

Cela ne veut pas dire que pour Jésus, toute la race humaine constitue ce royaume qui ressemble à une famille. Nous devons aimer tous les êtres humains, y compris nos ennemis, et les traiter tous comme nos frères et nos sœurs, mais la nouvelle communauté, c'est la famille de ceux et celles qui *s'aiment* les uns les autres. Si ton ennemi continue de te haïr et de te maudire, cette personne continue de s'exclure de la nouvelle famille de Dieu. En fait, des membres de ta propre famille de sang pourraient se retourner contre toi et te rejeter, malgré l'amour que tu leur portes. Voilà pourquoi Jésus entrevoit que la formation d'une nouvelle famille de Dieu pourrait diviser et entraîner des conflits au sein de nos familles conventionnelles restreintes (*Lc* 12, 51-53 par.).

Comme toutes les familles, la famille de Dieu se rassemblera autour de la table pour le repas. D'où la place centrale qu'occupent les repas dans la vie de Jésus; on parle parfois de sa «communauté de table». Ce qui en découle, c'est aussi le partage.qui caractérise toute vie familiale. Nous le voyons à cette bourse commune à Jésus et à ses disciples, et nous l'observons, plus tard, au sein de la première communauté à Jérusalem (*Ac* 2, 44-45; 4, 32-37). En effet, pour les premiers chrétiens, le Royaume était comme une famille; ils s'appelaient donc frères et sœurs, quelque chose qu'aucun autre groupe religieux de l'époque n'aurait fait[12]. Plus encore, il semble que ces premiers chrétiens se saluaient par un baiser sur les lèvres, ce qu'à cette époque seuls les membres d'une même famille auraient fait[13].

Voilà comment Jésus considérait le royaume de Dieu sur terre quand il s'est mis à en parler: non pas exclusivement un événement futur qu'on doit attendre passivement, mais une réalité présente. Il est déjà parmi nous. Nous n'avons à attendre ni signes ni présages (*Mt* 12, 38-39 par.). Nous pouvons détecter le doigt de Dieu dans ce qui arrive (*Lc* 11, 20). La communauté, ou famille, de Dieu est comme le levain ou la levure déjà à l'œuvre dans le monde (*Mt* 13, 33 par.). C'est une semence de moutarde qui va grandir et devenir quelque chose de beaucoup plus grand (*Mc* 4, 31-32 par.).

Ici encore, Jésus a renversé les attentes de ses contemporains. Ce que nous attendons est déjà là. Cela ne signifie pas que nous devons cesser d'espérer un monde meilleur. Mais il est important de réaliser que la semence ou l'embryon de ce monde à venir est déjà au milieu de nous[14].

## Un Messie à l'envers

Jésus hésitait beaucoup à faire parler de lui comme du Messie. Il décourageait ses disciples de le dire aux gens, parce qu'il n'était pas un Messie au sens où la plupart d'entre eux comprenaient ce terme (*Mt* 16, 20 par.). Il n'avait aucune intention de se faire servir par les gens et il ne voulait pas que ses disciples se voient comme des dirigeants qui se font servir par les autres. Il voulait que ce soit lui, le serviteur (*Mc* 10, 42-45 par.). Il est difficile d'imaginer à quel point ce renversement de la relation entre maître et serviteur a pu paraître étrange aux yeux de ses contemporains. L'évangéliste Jean le rend d'une manière très forte dans son récit qui montre Jésus lavant les pieds de ses disciples (*Jn* 13, 4-16).

Jésus n'a pas cherché à esquiver le rôle d'une importance cruciale qu'il était appelé à jouer. Oui, il allait prêcher, enseigner et mettre en place le royaume ou la famille de Dieu, mais ce serait en souffrant et en mourant pour cela. L'image qu'il se faisait du véritable Messie était celle du serviteur souffrant tracée dans le livre d'Isaïe (52, 13 – 53, 12).

Cela devait être le renversement le plus radical de tous. Jésus ne serait pas le Messie triomphant et conquérant qui, pour libérer son peuple, écraserait et éliminerait les oppresseurs d'Israël, les humilierait et en ferait des victimes. Son triomphe, il le connaîtrait par son arrestation, les coups qu'il recevrait, les humiliations qu'il subirait, et par sa crucifixion comme un esclave rebelle ou un criminel de droit commun, la mort la plus humiliante et la plus honteuse qu'on puisse imaginer à l'époque.

Il n'était pas le *vainqueur*, il était la *victime*. Et paradoxalement, cela se révélerait sa réalisation la plus grande. La vérité et la justice étaient du côté de la victime. En fait, c'est là que Dieu peut être trouvé – du côté des victimes du monde. C'est ce que Jésus n'a jamais cessé de dire.

Pour René Girard, le renversement des rôles de victime et de vainqueur est la réponse finale au problème de la violence. Au lieu de sacrifier quelqu'un comme bouc émissaire pour sauver le peuple, Jésus prend sur lui le rôle du bouc émissaire ou de l'agneau du sacrifice[15].

Du point de vue des gens qui l'entouraient, *Jésus a été un échec*. On l'a arrêté, accusé et exécuté pour trahison. Rien n'a retourné le monde de son époque d'une manière aussi radicale que de faire d'un tel échec un succès. Son consentement à l'échec a révolutionné la spiritualité de l'époque. Sa mort a été un triomphe.

Le consentement de Jésus à mourir pour les autres indiquait que lui était vivant et que ses bourreaux étaient morts. Ce paradoxe insoutenable était une part très importante de sa spiritualité. Il l'a exprimé sous la forme d'une énigme ou d'un paradoxe au sujet de la vie et de la mort, qu'on retrouve sous diverses formes dans chacun des quatre évangiles. On peut le résumer ainsi :

Qui veut sauver sa vie la perdra.
Qui perdra sa vie la sauvera[16].

Rien ne contredit davantage l'attitude conventionnelle par rapport à l'ego. Quand nous ne sommes pas disposés à donner notre vie pour les autres, nous sommes déjà morts. Quand nous sommes prêts à mourir pour les autres, nous sommes vraiment vivants. Ou quand nous ne sommes pas disposés à lâcher prise par rapport à notre ego, nous sommes morts. Mais si nous sommes prêts à lâcher prise, nous commençons à vivre d'une manière surabondante. Voilà pourquoi, peu après la crucifixion, Marie Madeleine, puis les autres disciples, ont fait l'expérience de Jésus comme très vivant – comme ressuscité des morts.

## À l'endroit

J'ai décrit la critique radicale de Jésus en affirmant qu'il mettait le monde sens dessus dessous. Il serait plus exact de dire qu'il remettait le monde *à l'endroit*. Ce vers quoi Jésus tournait les regards, c'était un monde sans les distorsions et les illusions de l'ego : l'orgueil, l'envie, la jalousie, l'égocentrisme, la suffisance, l'absence d'amour et l'isolement les uns des autres, tant comme individus que comme groupes.

Pour Jésus, ce monde à l'endroit était le monde de Dieu, l'irruption du royaume ou de la famille de Dieu. En fait, ce vers quoi Jésus tournait les regards, c'était *le monde réel*. Pour notre sagesse conventionnelle, un amour gratuit et qui n'est pas centré sur l'ego n'est pas naturel, parce que c'est l'intérêt personnel qui fait tourner l'économie et motive les gens à réaliser de grandes choses. Pour Jésus, cela n'est pas le monde réel. C'est un monde à l'envers qui doit être remis à l'endroit.

Pour beaucoup de ses contemporains, le monde réel révélé par Jésus a dû sembler difficilement réalisable, insensé et non approuvé par l'autorité légitime. Paul en parle comme de la sagesse paradoxale de Dieu :

> Les Juifs demandent des miracles et les Grecs recherchent la sagesse ; mais nous, nous prêchons un Messie crucifié, scandale pour les Juifs, folie pour les païens… Car ce qui est folie de Dieu est plus sage que les hommes (*1 Cor* 1, 22-23.25).

À cette époque, Jésus a fait irruption sur la scène de Palestine avec une conscience nouvelle, une sagesse que les Écritures qualifieraient de sagesse de Dieu. Mais d'où cet homme de Nazareth tirait-il donc cette sagesse ?

# CHAPITRE 6

## Prophète et mystique

Les contemporains de Jésus se perdaient en conjectures au sujet de son identité, mais quoi qu'ils aient pensé de lui, ils s'accordaient pour le considérer comme un prophète (*Mc* 8, 27-28 par. ; *Lc* 7, 16). Certains ont pu voir en lui un faux prophète, mais il était clair qu'il parlait et agissait comme un prophète. Et il ne fait aucun doute que c'est ainsi que Jésus lui-même se voyait (*Lc* 4, 24). Nulle part ne voyons-nous qu'il ait repris quiconque parlait de lui comme d'un prophète. L'inspiration première de la spiritualité de Jésus était donc celle des prophètes bibliques.

### Franc-parler

Les prophètes sont des gens qui parlent franchement quand les autres se taisent. Ils critiquent leur société, leur pays ou leurs institutions religieuses. On n'appelle pas prophètes ceux qui dénoncent les nations étrangères ou les autres religions. Les véritables prophètes sont des hommes et des femmes qui se tiennent debout et qui dénoncent franchement les pratiques de leur peuple et de leurs chefs, alors que les autres demeurent silencieux.

Cela engendre inévitablement des tensions, voire jusqu'à un certain point des conflits entre le prophète et l'ordre établi. Les Écritures juives nous font voir des prophètes s'opposer violemment à des rois et parfois aussi à des prêtres. Jésus était douloureusement conscient de cette tension ou de ce conflit rapportés par les traditions prophétiques. « Heureux êtes-vous lorsque les hommes vous haïssent, lorsqu'ils vous rejettent et qu'ils insultent et proscrivent votre nom… C'est en effet de la même manière que leurs pères traitaient les prophètes » (*Lc* 6, 22-23 par.). Pour lui, ceux qui avaient tué les prophètes du passé étaient les ancêtres ou les prédécesseurs des scribes et des pharisiens de son temps (*Mt* 23, 29-35).

C'est entre l'autorité et l'expérience que se logent cette tension ou ce conflit. Les prophètes authentiques n'appartiennent pas à la structure d'autorité de la société ou de l'institution religieuse dont ils font partie. À la différence des prêtres et des rois, ils ne sont jamais institués, ordonnés ou oints par les autorités religieuses. Ils sont plutôt l'objet d'un appel spécial qui vient directement de Dieu et c'est de leur expérience de Dieu que découle leur message : « Ainsi parle le Seigneur Dieu ».

Nous avons vu avec quelle audace et quelle radicalité Jésus dénonçait les thèses et les pratiques de l'*establishment* social et religieux de son temps. Il mettait vraiment leur monde sens dessus dessous. Le conflit ainsi créé est devenu si intense qu'ils ont fini par le tuer pour le faire taire.

Quiconque veut pratiquer à son tour la spiritualité qui fut celle de Jésus doit apprendre son franc-parler et se disposer à en assumer les conséquences.

## Lire les signes des temps

Les prophètes sont habituellement des gens capables de prédire l'avenir, mais pas à la manière des diseurs de bonne aventure. Les prophètes ont appris à lire les signes de leur temps. S'ils sont capables de voir où nous allons, c'est qu'ils concentrent leur attention sur les tendances politiques, sociales, économiques, militaires et religieuses de leur époque jusqu'à en acquérir une conscience aiguë.

Savoir lire les signes de son temps a sûrement constitué une composante centrale de la spiritualité de Jésus.

Tout d'abord, comme plusieurs prophètes juifs, Jésus a dû voir à l'horizon les armées menaçantes d'un puissant empire, nommément l'Empire romain. Les prophètes savaient bien ce qu'est une puissance impériale. Selon les époques, le peuple d'Israël avait subi le joug des Égyptiens, des Cananéens, des Assyriens, des Babyloniens, des Perses et des Grecs. Les prophètes mettaient toujours en garde contre la tentation de collaborer avec ces structures de pouvoir et promettaient qu'elles subiraient toutes un déclin et une chute, ce qui se produisit effectivement. Les prophètes voyaient là le doigt de Dieu.

Pour Jésus, ce n'était qu'une question de temps avant que les armées romaines se sentent suffisamment provoquées pour venir attaquer et détruire Jérusalem. «Quand vous verrez Jérusalem encerclée par les armées, sachez que l'heure de sa dévastation est arrivée» (Lc 21, 20). «Oui, pour toi des jours vont venir où tes ennemis établiront contre toi des ouvrages de siège; ils t'encercleront et te serreront de toute part; ils t'écraseront, toi et tes enfants au milieu de toi; et ils ne laisseront pas en toi pierre sur pierre» (Lc 19, 43-44).

Pour la majorité des Juifs, la destruction du Temple de Jérusalem équivalait à la destruction de leur culte, de leur culture et de leur nation. Jésus ne se préoccupait absolument pas de l'avenir du Temple, mais il s'inquiétait de celui des habitants de la ville, particulièrement des femmes et des enfants qui souffriraient tant aux mains des Romains (Lc 19, 44; 21, 21-24). Mais comme les prophètes juifs avant lui, Jésus savait lui aussi que tous les empires passent. «Jérusalem sera foulée aux pieds par les païens [Romains] jusqu'à ce que soit accompli le temps des païens[1]» (Lc 21, 24).

Ce qui n'a sûrement pas échappé à Jésus, c'est la spirale de violence dans laquelle les paysans de Galilée étaient pris. Des études récentes nous ont permis de mieux connaître la société paysanne dans laquelle Jésus a vécu et ont révélé qu'il aurait lui-même été un paysan. En effet, les artisans comme les charpentiers et les pêcheurs étaient aussi des paysans[2]. Les paysans étaient pauvres, mais ils étaient également exploités et opprimés, pas seulement par les Romains, mais aussi par la famille d'Hérode et les riches propriétaires terriens. Ils supportaient un fardeau fiscal si lourd qu'ils se retrouvaient tôt ou tard criblés de dettes. À mesure que leur état critique s'aggravait, une spirale de violence se développait[3] : les paysans et les artisans essayaient bien de résister à l'exploitation, mais il s'ensuivait une répression violente, qui générait à son tour de la révolte, donnant naissance à encore plus de répression.

En lisant les signes des temps avec les yeux d'un paysan de Galilée, Jésus a dû voir que cette spirale de violence ne réservait aucun espoir pour les pauvres et les opprimés. Ces gens étaient sans pouvoir et tout à fait impuissants. Serait-ce en référence aux paysans de Galilée que nous pouvons lire qu'il voyait les foules comme «harassées et prostrées comme des brebis qui n'ont pas de berger» (*Mt* 9, 36)?

L'expérience de l'insécurité donnait naissance à des flambées de ferveur religieuse sous la forme de nouveaux mouvements, de nouvelles sectes et de nouvelles idées. Les gens voulaient à tout prix savoir ce que Dieu allait faire et ce que Dieu voulait qu'ils fassent. Bien que différente de la soif de spiritualité d'aujourd'hui, il s'agissait bien d'une recherche désespérée de Dieu.

En observant les douleurs et les souffrances des paysans et des autres gens pauvres, qui s'appauvrissaient chaque jour et récla-maient à grands cris leur pain quotidien, choqué par l'hypocrisie et la bonne conscience de tant de chefs religieux, ému de ce que tant de personnes sincères soient perdues et brisées, Jésus semble avoir décidé que ce dont les gens avaient le plus besoin, c'était de guérison. Et il voyait des signes que cela était déjà en train de se produire.

Quand les disciples de Jean le Baptiste vinrent lui demander ce qui arrivait, Jésus leur répondit :

> Allez rapporter à Jean ce que vous entendez et voyez : les aveugles retrouvent la vue et les boiteux marchent droit, les lépreux sont purifiés et les sourds entendent, les morts ressuscitent et la Bonne Nouvelle est annoncée aux pauvres (*Mt* 11, 4-5).

Le succès du travail de guérison effectué parmi les pauvres et la nouvelle encourageante de l'amour de Dieu que Jésus lui-même apporte aux paysans et aux mendiants sont un signe éclatant que quelque chose de nouveau est en train de se produire. C'est ce que le prophète Isaïe avait prédit (29, 18-19 ; 35, 5-6 ; 61, 1-2) et cela augure bien pour l'avenir. Et ce n'est pas seulement Jésus qui fait cela. Ses disciples, de même que d'autres personnes qui n'appartiennent pas à leur cercle, s'affairent à cet important travail (*Lc* 9, 49-50 par.).

Dans ces signes porteurs d'espoir, et possiblement dans plusieurs autres, Jésus voit le doigt de Dieu. Et si vraiment c'est Dieu qui est à l'œuvre, « alors le règne de Dieu vient de vous atteindre » (*Lc* 11, 20 par.). Autrement dit, le règne de Dieu a commencé.

## Le messager de Dieu

Comme la plupart des prophètes, Jésus parlait pour Dieu, ou en son nom. En fait, il semble qu'il y ait mis plus d'assurance et d'audace que tout autre prophète. Il ne fait pas précéder son message d'une formule comme « Ainsi parle le Seigneur Dieu ». Il introduit son message tout simplement par : « Moi, je vous dis ».

Mais où Jésus puisait-il donc cette assurance inébranlable de pouvoir parler d'une manière si directe au nom de Dieu ? « D'où lui viennent cette sagesse et ces miracles ? » (*Mt* 13, 54), demandent ses contemporains. Après tout, Jésus n'est-il pas qu'un paysan d'un village insignifiant de Galilée appelé Nazareth ?

Les prophètes ne font pas seulement l'expérience d'un appel spécial de la part de Dieu. Ils se sentent aussi dans une proximité spéciale avec lui, qui leur permet de comprendre ce que Dieu «sent» et «pense» par rapport à ce qui se passe ou à ce qui se passera à l'avenir[4]. Ce qui leur permet de parler au nom de Dieu, c'est leur expérience mystique d'union avec Dieu.

De la lecture des évangiles se dégage l'impression générale que Jésus était pleinement un homme d'action : il prêchait, enseignait, guérissait et confrontait les chefs religieux et politiques. Ce que nous ne percevons pas toujours, c'est que derrière ces activités, et comme à leur fondement, la prière continuelle et la contemplation profonde faisaient partie de sa vie.

Un des souvenirs les plus durables que Jésus semble avoir laissés à ses disciples est qu'il était souvent absorbé dans la prière. Ils l'ont souvent vu en prière. Il lui arrivait de s'éloigner juste un peu pour prier (*Mt* 26, 36 ; *Lc* 22, 41 ; 11, 1). Ils racontaient qu'une fois, alors qu'il priait, ils l'avaient vu changer d'apparence, le visage resplendissant (*Mt* 17, 2 par.).

Jésus semble avoir été à l'affût de toutes les occasions de s'éloigner vers un endroit calme et isolé pour prier et réfléchir. «Au matin, à la nuit noire, nous dit saint Marc, Jésus se leva, sortit et s'en alla dans un lieu désert ; là, il priait» (1, 35 ; voir aussi 6, 46 et *Lc* 4, 42). Luc précise qu'il le faisait régulièrement (5, 16). Il nous dit qu'avant de choisir ses douze apôtres, Jésus passa toute la nuit en prière (*Lc* 6, 12). Jésus recommandait de prier dans l'intimité de sa chambre, parce qu'il ne supportait pas ceux qui «aiment faire leurs prières debout dans les synagogues et les carrefours afin d'être vus des hommes» (*Mt* 6, 5), qu'il appelait hypocrites. Nous pouvons être certains qu'il passait beaucoup de temps à prier derrière des portes closes.

## Les années contemplatives

Jésus était d'abord et avant tout un contemplatif. Sa vie publique bien remplie semble avoir débuté autour de trente ans et n'a pas duré plus de trois ans. On a coutume de parler de sa «vie cachée» pour désigner la vie qu'il avait menée jusque-là. Cachée ou pas, je suis sûr que la prière, la contemplation et un discernement déchirant en faisaient partie. Comment expliquer autrement qu'il ait été capable d'agir avec une telle clarté et une telle assurance durant sa brève vie publique? Il était pleinement humain et, comme tout être humain, il avait grandi et s'était développé au fil des ans. C'est bien ce qu'écrit Luc: «Jésus progressait en sagesse et en taille» (2, 52; voir aussi 2, 40).

Un jour, il a dû apprendre à lire et à écrire, sans aucun doute à la synagogue. Luc nous le montre dans le Temple écoutant les savants théologiens du temps, les scribes, et les questionnant (2, 41-50). Il a dû passer des années, de nombreuses années, à s'efforcer d'une manière ou d'une autre de saisir le sens des Écritures, à interpréter les signes des temps et à discerner ce que lui-même pourrait être appelé à devenir et à faire.

Pendant qu'il priait, après avoir été baptisé dans le Jourdain (*Lc* 3, 21-22 par.), il a fait une expérience particulièrement importante de l'amour et de l'appel de Dieu. Il a senti que l'Esprit de Dieu était descendu sur lui comme une colombe et qu'il avait été choisi pour être prophète, ou serviteur, ou fils de Dieu d'une manière très spéciale.

On nous raconte que Jésus a passé quarante jours au désert. Le chiffre quarante est symbolique et fait écho aux quarante ans passés au désert par les esclaves hébreux. Il est bien possible que Jésus ait passé plus de quarante jours dans un endroit désertique. Quoi qu'il en soit, il semble avoir parlé de ce temps comme d'un temps de tentation où il fut confronté à la volonté de Dieu et à la nature de son appel (*Lc* 4, 1-13; Mt 4, 1-11[5]). Devait-il passer sa vie à trouver du pain pour nourrir les affamés (changer les pierres en pain)? Devait-il prendre le pouvoir et gouverner Israël et les royaumes du monde, comme le lui promettait Satan? Devait-il plutôt faire quelque chose de sensationnel, comme attirer l'attention en se jetant dans le vide depuis le pinacle du Temple en espérant que les anges l'attrapent?

Peut-être pouvons-nous voir ici la lutte de Jésus contre son ego. Nous l'avons vu, l'ego est cette fausse image de nous-mêmes à laquelle nous pouvons nous identifier, ou que nous pouvons rejeter comme une tentation. Se pourrait-il que Satan soit la représentation prémoderne de ce que nous appelons aujourd'hui notre ego?

Nous pouvons aussi supposer que durant ces années plus contemplatives, Jésus s'occupait à lire les signes de son temps. Comme je l'ai montré dans *Jésus avant le christianisme*, quand Hérode a fait arrêter Jean le Baptiste, Jésus a quitté le désert et le fleuve Jourdain et a cessé de baptiser pour entreprendre en Galilée un ministère de prédication et de guérison absolument nouveau, se consacrant en priorité aux pauvres, aux pécheurs et aux malades, «les brebis perdues de la maison d'Israël[6]». Comment l'expliquer sinon comme le fruit d'une réinterprétation des signes de son temps faite dans la contemplation? Ce que Jésus voyait poindre, c'était un temps nouveau, qui serait très différent de celui de Jean le Baptiste[7].

Quoi qu'il en soit, à mesure qu'il grandissait en sagesse et en taille durant les années qui ont précédé le début de sa vie publique, Jésus est devenu de plus en plus conscient de son union avec Dieu. Et bien qu'il nous soit évidemment impossible de reconstituer ce développement de sa conscience, nous avons quelques indices de ce que sa vie contemplative et mystique a pu signifier.

## La vie mystique de Jésus

Jésus était un mystique. Les mots «mystique» et «mysticisme» ne sont pas des mots bibliques, mais ils désignent très bien l'expérience que les prophètes bibliques semblent avoir vécue. Les écrits des mystiques nous aident à comprendre les expériences religieuses des prophètes, et tout particulièrement la conscience exceptionnellement profonde que Jésus avait de ne faire qu'un avec Dieu. Tous les mystiques parlent d'une expérience d'être unis à Dieu ou de ne faire qu'un avec lui.

Jésus ne faisait qu'un avec Dieu d'une manière tout à fait unique. Pendant des siècles, les discussions théologiques et les définitions doctrinales et dogmatiques se sont penchées sur le sujet[8]. Ce n'est pas ce qui nous intéresse ici. Ce que nous cherchons, ce sont des indices sur la manière dont Jésus pouvait faire l'expérience de ne faire qu'un avec Dieu.

Les spécialistes aujourd'hui décriraient l'expérience de l'union de Jésus avec Dieu en termes de son expérience d'*abba*, le fait d'éprouver Dieu comme étant son père très aimant[9]. D'autres mystiques décrivent leur expérience en termes de mariage et d'union sexuelle, ou parlent de donner naissance au Fils de Dieu, ou de se perdre pour se fondre en Dieu ou au cœur de l'Absolu. Pour Jésus, il s'agissait d'une expérience d'exister au cœur d'une relation père-fils ou parent-enfant.

Tous les mystiques se plaignent du caractère inadéquat de nos mots ou de nos images pour rendre compte de l'union avec Dieu. Rien ne pourra jamais rendre compte de l'expérience de l'union avec Dieu, qui dépasse les mots et les images. Nous avons pourtant besoin de mots et de métaphores, tout inadéquats soient-ils, pour parler de ce qui constitue sans doute la plus profonde des expériences humaines. Jésus l'a fait en parlant à Dieu et en parlant de Dieu comme de son *abba*.

Un des souvenirs les plus forts que les disciples de Jésus ont conservés de lui est qu'il utilisait le mot familier *abba* pour s'adresser à Dieu plutôt que tout autre mot religieux consacré[10], et qu'il leur avait appris à faire de même. C'était là quelque chose de si frappant et original que dans le Nouveau Testament, le mot araméen employé par Jésus a parfois été conservé à côté de son équivalent grec, comme dans «*abba* Père» (*Mc* 14, 36; *Ga* 4, 6; *Rm* 8, 15). Comme manière de s'adresser à Dieu et de parler de lui, c'était vraiment unique[11].

N'oublions pas que nous nous efforçons ici de comprendre la spiritualité de Jésus. À cet égard, la signification de l'usage du mot *abba* ne vient pas de ce qu'il soit masculin ou surtout employé par des enfants, mais de ce qu'il exprime une *intimité*. Jésus parle de Dieu comme d'un parent aimant qui embrasse, serre dans ses bras et protège son enfant. Et cet amour, comme celui de tout bon parent, est chaleureux, inconditionnel et absolument digne de confiance. Certains sont portés à associer ces caractéristiques davantage à une mère attentive qu'à un père[12], bien qu'il ne manque pas aujourd'hui, ni dans le passé d'ailleurs, de pères chaleureux et attentifs.

Plus révélatrice encore que son utilisation du mot *abba* est la manière dont Jésus a décrit le père aimant dans la parabole du fils prodigue. Ce père se réjouit du retour de son enfant perdu, il ne pense même pas à le sanctionner ou à le punir et ne veut rien entendre des débauches et du gaspillage de son fils. Le pardon inconditionnel est la réaction spontanée de cet *abba*.

Jésus se voyait lui-même comme le fils qui apprenait en imitant son Père. Il a appris à pardonner inconditionnellement, tout comme Dieu le fait. Il a appris à être plein de compassion, comme son Père est plein de compassion (*Lc* 6, 36). Puisque son Père fait briller le soleil et tomber la pluie aussi bien sur les injustes que sur les justes, Jésus a appris à aimer justes et injustes, y compris ses ennemis et ceux qui le persécutaient (*Mt* 5, 44-45 par.).

C'est parce que nous n'avons pas encore fait l'expérience de Dieu comme *abba* que nous trouvons difficile de prendre Jésus au sérieux et de vivre comme il a vécu. C'est l'expérience de Dieu comme *abba* qui est à la source de la sagesse de Jésus, de sa clarté, de sa confiance et de sa liberté radicale. *Sans cela, il est impossible de comprendre pourquoi et comment il a fait ce qu'il a fait*[13].

## La tradition mystico-prophétique

Jusqu'à tout récemment, on a eu tendance à séparer le spirituel du politique, la prière du travail pour la justice, la mystique de l'action prophétique. Ceux qui avaient soif de spiritualité semblaient ne pas être assoiffés de justice. La politique et la lutte pour la libération étaient considérées comme complètement mondaines et absolument pas spirituelles. À l'opposé, ceux que la passion de la justice et de la liberté enflammait voyaient souvent dans la prière et la mystique une fuite individualiste de la réalité.

Les exceptions remarquables ne manquent heureusement pas. Plusieurs personnes ont bien vu que la prière et la justice sont les deux faces d'une même médaille, tels Thomas Merton, Dorothy Day, Oscar Romero, Helder Camara, Dorothee Soelle, Mahatma Gandhi et tant d'autres se réclamant de différentes traditions religieuses, tant en Afrique du Sud qu'ailleurs. Ce qui nous intéresse ici, c'est que d'une manière extraordinairement simple, la prophétie et la mystique étaient une seule et même chose dans la vie et la spiritualité de Jésus.

Nous en parlons aujourd'hui comme de la tradition mystico-prophétique[14]. Ce terme est utilisé de plus en plus souvent dans la théologie et la spiritualité chrétiennes, non seulement pour tenter de surmonter l'antagonisme qui a existé entre les deux jusqu'à tout récemment, mais aussi comme manière de reconnaître que traditionnellement, du moins dans la tradition judéo-chrétienne, une telle division ou un tel antagonisme n'existe pas. Les prophètes étaient des mystiques, et les mystiques étaient des prophètes. L'idée même que quelqu'un pourrait être prophète et revendiquer la justice et le changement social sans une forme d'expérience d'union avec Dieu était impensable, tout comme l'était l'idée qu'on pourrait être un vrai bon mystique sans devenir un critique cinglant des injustices de son temps. Nous oublions souvent que les mystiques, depuis Basile le Grand jusqu'à Catherine de Sienne, ont dénoncé avec vigueur en leur temps les injustices des riches, des puissances politiques et des chefs religieux.

Ces gens avaient pris Jésus au sérieux et, comme lui, étaient enracinés dans la spiritualité mystico-prophétique.

## L'autorité institutionnelle

J'ai toujours eu l'impression qu'il y avait deux histoires de l'Église chrétienne : celle de l'institution, avec ses papes, ses luttes de pouvoir, ses schismes, ses conflits et ses divisions, ses chasses aux hérésies et sa bureaucratie, et une autre, parallèle, celle des martyrs, des saints et des mystiques, avec leur profond attachement à la prière, à l'humilité, à l'oubli de soi, avec leur liberté et leur joie, leur audace et leur amour profond à l'égard de tous et de tout. C'est cette dernière que nous désignons sous le nom de tradition mystico-prophétique. Quant à la première, j'ai choisi de l'appeler la tradition de l'autorité institutionnelle.

Il a toujours existé une certaine superposition des deux, mais dans l'ensemble, ces deux histoires ou traditions ont couru de manière parallèle, non sans une certaine dose de tension et de conflit. Nous avons vu comment les prophètes juifs étaient à couteaux tirés avec l'autorité religieuse et politique ; on peut en dire autant des saints et des mystiques. Un coup d'œil, même superficiel, au *All Saints* de Robert Ellsberg révèle avec quelle régularité les saints et les mystiques se sont trouvés en conflit, ou du moins en relation très tendue, avec l'*establishment* religieux de leur époque[15].

Comme les prophètes, les mystiques ne sont pas désignés par une autorité religieuse pour jouer leur rôle de mystique. L'autorité des saints, des mystiques et des prophètes a toujours reposé sur leur sainteté ou leur proximité avec Dieu, sur leur expérience. Et l'autorité institutionnelle a toujours trouvé difficile de composer avec une telle liberté d'esprit.

Une autre caractéristique remarquable de la tradition mystique est le nombre très élevé de femmes qui s'y rattachent, des femmes qui ont longuement écrit sur leurs expériences mystiques et qui ont joué le rôle de conseillères auprès d'hommes et de femmes de toute condition. Qu'il suffise de mentionner ces grandes mystiques que furent Catherine de Sienne, Thérèse d'Avila, Hildegarde de Bingen, Julienne de Norwich, Mechtilde de Magdebourg et

Catherine de Gênes. De son côté, l'institution est restée massive-
ment patriarcale. Les détenteurs de l'autorité ont été – et sont
toujours – des hommes.

Ce qu'il nous faut noter chez Jésus, c'est que dans le conflit
entre la tradition mystico-prophétique et l'autorité institutionnelle
au sein du judaïsme de son temps, il a été un représentant par
excellence de la tradition mystico-prophétique. Il n'était ni prêtre
ni scribe. Il n'était qu'un laïc et même un simple paysan. L'autorité
institutionnelle était représentée par les scribes et les pharisiens,
les grands prêtres et les anciens, les sadducéens et le Sanhédrin.

Il serait pourtant erroné de penser que Jésus rejetait d'emblée
l'institution religieuse de son temps. Il respectait l'institution
comme telle, «la chaire de Moïse» (*Mt* 23, 2), et on peut même dire
qu'il a aimé tous ceux qui en faisaient partie. Mais il rejetait absolument la manière dont on s'en servait et dont on en abusait pour
opprimer les gens (*Mt* 23, 3-4). C'est là le rôle des prophètes et des
mystiques dans toutes les religions et traditions spirituelles de
tous les temps et de tous les lieux, depuis qu'il existe quelque
forme d'autorité religieuse que ce soit.

On peut faire mauvais usage aussi bien de la tradition mystico-
prophétique que de l'autorité institutionnelle. On peut utiliser
cette dernière pour dominer et opprimer, alors que des charlatans
peuvent se présenter comme des prophètes, des mystiques et des
saints.

Jésus n'était pas un anarchiste, au sens où il aurait pensé
qu'on pouvait se passer de toute structure d'autorité. Mais il voulait remettre à l'endroit l'ensemble de l'*establishment* religieux de
son temps. C'est ce qu'il avait en tête quand il a commencé à édifier
la famille-royaume de Dieu comme un nouvel Israël, avec la nouvelle structure qu'étaient les douze apôtres[16]. Il semble avoir voulu
une structure ressemblant davantage à celle d'une famille, une
structure égalitaire dans laquelle ceux qui détiennent l'autorité
l'exercent au service des autres. Quand les Douze se sont mis à se
disputer pour savoir lequel d'entre eux était le plus grand, il leur

a commandé de ne pas ressembler aux dirigeants qui font sentir le poids de leur autorité sur les autres et qui les dominent, mais à des serviteurs qui veulent servir plutôt que d'être servis (*Mc* 10, 42-45 par.[17]). La spiritualité mystico-prophétique concerne aussi ceux qui se retrouvent en position d'autorité.

## Une spiritualité mystico-prophétique à la portée de tous

Quiconque veut prendre Jésus au sérieux doit être prêt à devenir prophète et mystique. Dans l'histoire d'Israël avant Jésus, quelques rares individus seulement étaient prophètes. Jésus veut rendre l'esprit de prophétie accessible à tous. Tout le monde peut et doit lire les signes des temps, tout comme tout le monde peut lire le ciel et prévoir le temps qu'il fera demain (enfin, jusqu'à un certain point !) (*Mt* 16, 1-4).

Et puis, nous pouvons tous devenir assez courageux pour parler résolument comme les prophètes. C'est ce que les premiers chrétiens ont expérimenté après la mort de Jésus. L'effusion de l'Esprit, à la Pentecôte et après, fut une effusion de l'esprit de prophétie. Comme Pierre le dit dans le livre des Actes des apôtres, citant le prophète Joël : « Il arrivera dans les derniers jours [...] que je répandrai de mon Esprit sur toute chair, vos fils et vos filles seront prophètes, vos jeunes gens auront des visions, vos vieillards auront des songes » (*Actes* 2, 17 ; *Joël* 3, 1).

Nous pouvons nous aussi devenir des mystiques. Comme nous l'avons vu, prophétie et mysticisme vont de pair. L'union mystique avec Dieu n'est pas une expérience réservée à quelques personnes très spéciales et privilégiées. Il est vrai que tous n'ont pas les mêmes chances d'examiner cette possibilité. Mais Jésus ne pensait pas qu'il était le seul à pouvoir vivre une intimité avec Dieu comme son *abba*. Dieu est le *abba* et le Père de tous : « Mon Père et votre Père » (*Jn* 20, 17), « Notre Père » (*Mt* 6, 9 par.). Nous pouvons tous et toutes faire l'expérience, dans une certaine mesure, de l'intimité avec Dieu, comme nous le verrons.

Le grand théologien du vingtième siècle Karl Rahner avait prédit : « Le chrétien du futur sera mystique ou il ne sera pas[18]. » Cette phrase a souvent été citée. Comment nous y arriverons est une autre question.

# CHAPITRE 7

## Une spiritualité de la guérison

Jésus était un guérisseur. Selon Marcus Borg, «dans toute la tradition juive, personne n'est le sujet d'autant de récits de guérison que lui[1]». Jean le Baptiste n'était pas un guérisseur. Quand Jésus a quitté Jean et le désert, il est revenu en Galilée et est devenu un guérisseur[2]. Pourquoi?

Certains chrétiens sont plutôt embarrassés par les guérisons de Jésus. Nous ne savons pas vraiment quoi faire des guérisons miraculeuses rapportées par les évangiles. Est-il encore possible de croire aux miracles aujourd'hui[3]? Sans compter que nous ne voudrions pas assimiler Jésus à la plupart de ceux qui, aujourd'hui, guérissent par la foi. Et pourtant, comment pourrions-nous ignorer le fait historique que Jésus était un guérisseur?

La première chose à souligner au sujet du ministère de guérison de Jésus est peut-être qu'il visait une guérison de l'être tout entier.

### Une guérison de l'être tout entier

Notre distinction moderne entre guérison physique et guérison psychologique ou spirituelle est inconnue de la Bible, tout comme des traditions africaines. Même quand les symptômes apparaissent clairement sur le corps ou dans le corps, c'est de manière holistique que celles-ci comprennent la maladie et la guérison, ce que les médecins occidentaux commencent à redécouvrir aujourd'hui.

Ainsi, l'activité curative de Jésus a donc dépassé de beaucoup les guérisons miraculeuses rapportées par les évangiles. Son habitude de traiter les gens comme faisant l'objet d'un pardon inconditionnel, comme libérés de toute culpabilité ou de tout péché, avait un puissant effet curatif sur ceux à qui on avait répété à tort et à travers qu'ils étaient coupables. On peut facilement imaginer comment cette révélation pouvait conduire quelqu'un au bord des larmes. Nous le voyons bien chez la femme qui pleure tellement qu'on peut dire qu'elle a «lavé» les pieds de Jésus de ses larmes (*Lc* 7, 38). «Tes péchés ont été pardonnés», lui dit-il. «Ta foi t'a *guérie*. Va en paix» (*Lc* 7, 48.50, ma traduction). Il est important de noter que le mot traduit ici par «guérie», *sesoken* (qui peut se traduire aussi par «rétablie», «ramenée à la santé» ou «sauvée»), est utilisé dans les évangiles pour désigner aussi bien ce que nous appellerions une guérison physique que ce que nous appellerions une guérison spirituelle.

Le caractère holistique de l'activité curative de Jésus apparaît très clairement dans l'histoire du paralytique que l'on fait passer par le toit (*Mc* 2, 2-12 par.). Jésus le guérit en lui disant d'une manière assez inattendue: «Tes péchés sont pardonnés», puis «Lève-toi et va dans ta maison». Cet homme souffrait manifestement d'un sérieux complexe de culpabilité qui paralysait tout son corps. Après avoir été assuré par un prophète comme Jésus que ses péchés avaient été pardonnés et qu'il n'avait plus aucune raison de se sentir coupable, il a pu se lever et marcher[4].

On peut difficilement exagérer l'effet curatif de la prédication et de l'enseignement de Jésus. En remettant le monde à l'endroit, il a dû apporter un soulagement incalculable à ceux et celles qui se sentaient écrasés et défavorisés par le système de l'époque. Tant dans ses paraboles que dans ses enseignements directs, Jésus essayait d'ouvrir les yeux de ses contemporains pour qu'ils *voient* le monde différemment, pour qu'ils le *voient* tel qu'il est vraiment – à l'endroit – et, surtout, pour qu'ils *voient* Dieu comme notre Père qui aime et qui pardonne, notre *abba*.

C'est par la métaphore de la «vision» que Jésus exprimait cette conscience. «La lampe du corps, c'est l'œil, disait-il. Si donc ton œil est *sain*, ton corps tout entier sera dans la lumière» (*Mt* 6, 22 par.). Par contre, certains ne voient pas clairement parce qu'ils ont une poutre dans leur œil (*Mt* 7, 3). Et il est bien vrai que de voir les choses telles qu'elles sont vraiment, cela rend libre. Cela guérit.

La bonne nouvelle du royaume ou de la famille de Dieu, où tous seront égaux et où tout sera partagé, et les débuts de sa réalisation dans les communautés qui se formaient déjà autour de Jésus et dans ces repas joyeux qui faisaient la réputation de Jésus ont dû être accueillis avec une énorme gratitude et soulever un grand élan d'espérance. Voilà qui était de nature à guérir des siècles de blessures, de ressentiment, d'insécurité et d'angoisse. Quelle paix et quel réconfort cette bonne nouvelle a-t-elle dû apporter à un peuple inquiet!

Ce que nous devons cependant observer, c'est que toutes les activités de guérison de Jésus étaient fondées sur une vision spirituelle d'une nature particulière.

## Une spiritualité de la guérison

Le point de départ de la spiritualité de Jésus, l'expérience de Dieu comme *abba*, suppose la conscience que Dieu est un Père aimant *pour tous les êtres humains*. Dieu pardonne d'une manière inconditionnelle à tous les hommes, à toutes les femmes et à tous les enfants. Voilà avec quelle conviction Jésus s'approchait des gens de son époque.

Bien qu'il ait porté une critique radicale sur la société de son temps, Jésus ne jugeait jamais. Personne n'a jamais été blâmé, accusé ou condamné par lui. Nous ne le voyons jamais moraliser, désigner des boucs émissaires ou culpabiliser quelqu'un. Son attitude envers ceux que l'on traitait de «pécheurs» contrastait fortement avec celle des autres chefs religieux. Ces derniers jugeaient et condamnaient les prostituées, les collecteurs d'impôts, ceux qui ne jeûnaient pas ou ne suivaient pas les règles concernant les aliments et les ablutions, ou encore ceux qui ne respectaient pas le sabbat ou les autres commandements.

En renversant les présupposés de son temps, Jésus rejetait toute forme légaliste et moralisante de religion. Aujourd'hui encore, il se trouve des gens pour ne voir dans la religion qu'un ensemble de lois et de principes moraux sanctionnés par Dieu. Dieu édicterait des lois, nous jugerait selon elles et attribuerait dans la vie future les récompenses et les sanctions appropriées. On retrouve la même culture du blâme chez des gens qui ne sont pas du tout religieux. Chaque fois qu'il y a un problème, les gens ont tendance à chercher quelqu'un sur qui rejeter la faute. Ils cherchent un bouc émissaire[5].

## Ceux qui sont malades et ceux qui sont perdus

Selon Jésus, ce dont les gens avaient besoin, ce n'était pas d'être condamnés mais plutôt d'être guéris. Pour lui, les êtres humains n'étaient pas des pécheurs et des coupables, mais des gens blessés, des gens brisés, malades, confus et dominés par la peur. Ceux que les scribes et les pharisiens appelaient pécheurs étaient à ses yeux des malades qui ont besoin de médecin. «Ce ne sont pas les bien-portants qui avaient besoin de médecin, mais les malades ; je suis venu appeler non pas les justes, mais les pécheurs» (*Mc* 2, 17 par.).

Pour décrire l'état des gens, pour exprimer à quel point ils étaient dans le besoin, Jésus recourait aussi à une autre métaphore : ils étaient *perdus*. L'homme que nous appelons le fils prodigue est désigné, dans la parabole elle-même, fils «perdu», tout comme la brebis «perdue» et la pièce de monnaie «perdue» (*Lc* 15, 1-32). Le père de la parabole ne voit pas chez son fils un homme pécheur, coupable, prodigue, et méritant d'être puni. Comme il le dit à son fils aîné : « Ton frère que voici était mort et il est vivant, il était perdu et il est retrouvé » (*Lc* 15, 32).

On peut difficilement exagérer à quel point les gens étaient perdus ou brisés. Comme nous l'avons vu, les paysans étaient prisonniers d'une spirale de violence en raison d'une taxation sans cesse croissante ; ils étaient de plus en plus endettés, manquaient de pain et de toute sécurité alimentaire, et leurs maladies et leurs souffrances psychologiques empiraient. Avec les mendiants, les prostituées et les collecteurs d'impôts, on les faisait se sentir impurs, coupables, punis par Dieu et vulnérables aux attaques d'esprits mauvais. Ils étaient perdus, comme des brebis sans bergers, les brebis perdues de la maison d'Israël (*Mt* 10, 6 ; 15, 24 ; voir aussi *Lc* 19, 10).

Mais les pauvres n'étaient pas les seuls à vivre dans l'insécurité et l'angoisse. Les scribes, les pharisiens et les riches étaient tout aussi perdus, bien qu'ils auraient résisté à l'admettre. Ils étaient prisonniers de leur ego, de leur bonne conscience et de leur hypocrisie. Ils étaient responsables de la terrible souffrance de tant d'autres personnes, mais au fond d'eux-mêmes, ils étaient gravement malades.

Ce qui ressort très clairement des récits des évangiles et d'autres textes, c'est que Jésus était animé d'une grande compassion envers toute personne dans le besoin, quelle que soit la nature de sa souffrance et de sa blessure. Il n'avait qu'une passion : apporter à tous la guérison.

## Au-delà de la culpabilité et des blâmes

Quand on demande à Jésus si les Galiléens « dont Pilate avait mêlé le sang à celui de leurs sacrifices » étaient de plus grands pécheurs ou plus coupables que les autres Galiléens, il répond non, catégoriquement non (*Lc* 13, 1-3). Et quand on l'interroge sur la culpabilité possible des personnes qui sont mortes dans l'écroulement d'une tour à Siloé, là encore Jésus refuse de parler de culpabilité

(*Lc* 13, 4-5). Il était courant à l'époque de penser que les accidents tragiques étaient envoyés par Dieu pour punir les gens de leurs péchés ou des péchés de leurs parents. Dans l'évangile de Jean, on demande à Jésus si c'est à cause des péchés de ses parents qu'un homme est né aveugle (*Jn* 9, 1-2). La réponse est toujours la même : non. Invariablement, Jésus refuse de montrer du doigt pour blâmer quelqu'un ou le déclarer coupable.

Toutefois, cela ne veut pas dire que Jésus ne condamne pas l'injustice, l'oppression, l'égoïsme et le péché. Parlant aux scribes et aux pharisiens, il condamne d'une manière non équivoque leur orgueil, leur arrogance, leur hypocrisie, leur bonne conscience et leur aveuglement. Mais il ne montre du doigt personne en parti-culier, il ne fait pas de bouc émissaire, personne à blâmer pour les problèmes d'Israël. Il continue de discuter avec les scribes et les pharisiens, de manger avec eux et de leur enseigner, bref, il continue de les aimer *en tant que personnes*.

Le plus étonnant peut-être, c'est que Jésus n'ait pas non plus blâmé ou condamné des Romains en particulier. Ceux-ci étaient incontestablement des ennemis. Jésus savait avec quelle cruauté ils opprimaient le peuple et il pouvait entrevoir qu'ils ne feraient aucun quartier le jour où ils viendraient détruire la ville de Jérusalem. Mais il pratiquait ce qu'il enseignait : il aimait ses ennemis. Après tout, les Romains avaient eux aussi besoin de gué-rison et de salut. Nous voyons donc Jésus guérir le fils d'un cen-turion romain. Et à la fin, quand les soldats romains se moquent de lui et le crucifient, son unique réponse est une prière : «Père, pardonne-leur, car ils ne savent pas ce qu'ils font» (*Lc* 23, 34[6]).

### Deux sortes de jugement

D'une part, Jésus dit : «Ne vous posez pas en juges, afin de n'être pas jugés» (*Mt* 7, 1). D'autre part, il affirme, à propos des signes des temps : «Jugez par vous-mêmes» (*Lc* 12, 57). Nous avons ici clairement affaire à deux sortes de jugement. Le premier consiste à déclarer quelqu'un coupable ; le second, à analyser le bien et le mal, le vrai et le faux dans une situation particulière.

Jésus portait sur ce monde un regard critique radical. Nous parlerions aujourd'hui d'une analyse sociale critique. Il remettait le monde social à l'endroit. Mais cela ne le rendait ni amer ni plein de ressentiment. Il ne blâmait, ne condamnait ou ne haïssait aucune personne en particulier, quoi qu'elle ait fait. Mais ce qu'il faisait, c'était de la confronter à elle-même. Que tout un chacun se confronte chacun à soi-même.

Une histoire illustre cela de façon éloquente, celle du jeune homme riche (*Mc* 10, 17-25 par.). Jésus condamnait sans réserve un système qui enrichissait les riches et appauvrissait les pauvres[7], qui permettait aux riches d'ignorer les pauvres (*Lc* 16, 19-21) et de croire qu'ils pouvaient servir à la fois Dieu *et* Mammon (*Lc* 16, 13 par.). Pour lui, ces gens ne pourraient pas plus entrer dans la nouvelle famille de Dieu qu'un chameau passer par le chas d'une aiguille (*Mc* 10, 25 par.).

Mais quand Jésus rencontre un riche jeune homme qui cherche très clairement à servir à la fois Dieu et Mammon, on nous raconte comment il « se prit à l'aimer » (*Mc* 10, 21). Il ne l'a pas attaqué, ne l'a pas blâmé, ni accusé, ni humilié ou condamné à l'enfer. Jésus s'est soucié de lui en tant que personne. Il l'a incité à vendre tout ce qu'il possédait et à en donner le fruit aux pauvres. Mais le jeune homme s'est révélé incapable d'accepter cette exigence et est reparti triste – mais pas condamné pour autant.

Jésus se comportait de la même manière quand il avait affaire à des scribes et à des pharisiens en particulier. Il accepte avec joie l'invitation à dîner de Simon le pharisien (*Lc* 7, 36[8]), et au scribe qui déclare que le plus important est le commandement d'aimer Dieu et son prochain, il dit : « Tu n'es pas loin du royaume de Dieu » (*Mc* 12, 34).

Le respect avec lequel Jésus abordait toute personne était sans limites. Il traitait chacun comme un être unique et aimable, qu'il s'agisse d'un mendiant aveugle, d'un épileptique ou d'un centurion romain. Il portait une attention spéciale aux besoins des femmes et des enfants : la veuve de Naïn qui avait perdu son fils unique (*Lc* 7, 11-13), la pauvre veuve qui avait versé sa dernière pièce dans le tronc des offrandes (*Mc* 12, 41-44 par.), la femme affligée d'hémorragies (*Mt* 9, 20-23), les femmes de Jérusalem qui, disait-il, devraient pleurer sur elles et sur leurs enfants plutôt que sur lui (*Lc* 23, 28) et, anticipant le jour où les armées romaines attaqueraient la ville, les enfants (*Lc* 19, 44), les femmes enceintes et celles qui allaitaient (*Lc* 21, 23).

Toute personne était unique et importante pour Jésus. Voilà pourquoi il pouvait parler d'en laisser là quatre-vingt-dix-neuf pour partir à la recherche de celle qui était perdue (*Lc* 15, 3-6).

## Un pardon inconditionnel

Jésus avait une foi inébranlable en un Dieu qui aime tout le monde inconditionnellement et qui pardonne donc inconditionnellement les péchés de chacun. Ce n'est pas tant qu'il se soit présenté avec l'autorité de pardonner les péchés[9]. Il ne pardonnait pas les péchés lui-même. Il disait plutôt aux gens que Dieu leur pardonnait inconditionnellement leurs péchés et que, par conséquent, leurs péchés étaient déjà pardonnés[10]. Il ne disait pas : « Je te pardonne. » Il disait : « Tes péchés sont pardonnés » (*Mt* 9, 2 par. ; *Lc* 7, 48).

Mais Jésus n'avait pas besoin de répéter cela à tous ceux et celles qu'il rencontrait. Son attitude, sa manière de les traiter, l'attention qu'il leur accordait et la manière dont il aimait partager des repas avec eux, peu importe qui ils étaient ou ce qu'ils avaient fait, tout cela était plus éloquent que tous les discours. C'était une imitation de l'image de Dieu qu'il avait présentée dans la parabole du fils perdu. Le pardon inconditionnel du père n'avait pas eu besoin d'une déclaration solennelle telle « Mon fils, je te pardonne » ou « Tes péchés sont pardonnés ». Son accueil à bras ouverts, sa joie si évidente et la grande fête qu'il organisa pour son fils parlaient plus fort que ne l'auraient pu des mots de pardon.

Ce pardon universel et inconditionnel est magnifiquement illustré dans l'histoire de la femme qu'un groupe d'hommes étaient sur le point de lapider pour adultère (*Jn* 8, 3-11[11]). Jésus reconnaît tout de suite l'hypocrisie de ceux qui blâment, accusent et condamnent la femme. Après tout, il faut deux personnes pour commettre l'adultère. De toute façon, qui n'a absolument rien à se reprocher ? Qui va jeter la première pierre et ouvrir le bal de la violence collective, faisant de la femme le bouc émissaire du péché de tout le monde ? À la fin, une fois que tous ses accusateurs ont disparu, Jésus dit : « Moi non plus, je ne te condamne pas. »

Cela ne veut pas dire que pour Jésus, personne n'est jamais coupable. Bien sûr, nous le sommes tous, nous sommes tous plus ou moins responsables de nos actes. Mais ce n'est pas de cela qu'il s'agit. En ce qui concerne Jésus, quelle que soit la mesure de culpabilité de quelqu'un, c'est là une occasion non de condamner, mais de pardonner[12].

## Guérir les relations

C'est par-dessus tout *en aimant les gens* que Jésus les guérissait. Il aimait chacun et s'identifiait pleinement à tous. Voilà pourquoi il pouvait dire : « Ce que vous faites à l'un de ces plus petits qui sont mes frères et mes sœurs, c'est à moi que vous le faites » (*Mt* 25, 40.45, ma traduction).

Dans certains cas, cela allait jusqu'à une véritable proximité et intimité. On se représente souvent Jésus comme un homme seul. En réalité, toutes les données nous le montrent comme quelqu'un qui n'était ni éloigné ni distant, vivant dans une espèce de splendide isolement. Non seulement s'identifiait-il à toute personne qu'il trouvait sur sa route, mais il a connu plusieurs amitiés intimes.

L'amitié intime n'est pas une rivale de l'amour universel envers tout être humain, à moins qu'elle ne se transforme d'une manière ou d'une autre en amitié exclusive. Les amitiés de Jésus ne furent jamais exclusives. Être plus proche de certaines personnes que d'autres tient simplement aux limites humaines de temps et d'espace. Il est matériellement impossible d'entretenir tout le temps des relations intimes avec tout le monde. De plus, nous avons toujours certains points en commun avec certaines personnes plutôt qu'avec d'autres.

L'amitié de Jésus avait un très grand effet curatif sur les personnes qui étaient proches de lui et inversement, comme nous le verrons, leur amour pour lui n'était pas sans effet sur lui-même.

Pierre, Jacques et Jean étaient clairement plus proches de Jésus que ne l'étaient les autres apôtres. Il les emmenait sur la montagne pour prier (*Lc* 9, 28 par.) et au moment de son agonie au jardin de Gethsémani, ce sont ces mêmes amis qu'il a voulu avoir avec lui (*Mc* 14, 33 par.). Il entretenait avec Pierre une relation affectueuse mais orageuse, ce qui a dû exercer sur l'impétueux disciple une influence profonde de guérison et de transformation.

Et puis, il y avait les amis de Jésus à Béthanie : Marthe, Marie et Lazare. Chacun à sa façon était proche de lui. Mais c'est avec Marie Madeleine que Jésus a entretenu l'amitié la plus révélatrice et la plus intime. On l'a confondue avec la prostituée qui «lava» les pieds de Jésus, et aussi avec Marie de Béthanie ; cette confusion date du Moyen-Âge. Aujourd'hui, comme aux premiers siècles de l'Église, Marie Madeleine se détache comme une femme remarquable par elle-même. Elle est devenue l'objet de beaucoup d'intérêt, d'études et de controverses. Les théologiennes féministes en particulier nous ont ouvert les yeux sur la suppression patriarcale du rôle qu'elle a joué dans la vie de Jésus et dans l'Église primitive[13].

Marie Madeleine aimait Jésus d'un amour profond et inébranlable. Elle n'a pas craint de se tenir au pied de la croix avec Marie, sa mère, alors que pratiquement tous les autres disciples s'étaient

enfuis (*Mc* 15, 40 ; *Mt* 27, 55-56 ; *Jn* 19, 25). Elle a suivi ceux qui
avaient descendu le corps de Jésus de la croix pour voir où ils le
déposeraient (*Mc* 15, 47 par.). Puis, quand le sabbat fut terminé,
au petit jour, elle était au tombeau pour embaumer son corps, prête
à faire face à quiconque chercherait à l'en empêcher. C'est elle qui
découvrit le tombeau vide (*Jn* 20, 1 par.). Selon l'évangéliste Jean,
elle resta près du tombeau et, les larmes aux yeux, continua de
chercher le corps de Jésus. Parmi les disciples de Jésus, elle fut la
première à avoir l'expérience qu'il était ressuscité et vivant, et ce
fut sa vocation d'aller l'annoncer aux autres (*Jn* 20, 11-18). Voilà
le fondement de son titre d'apôtre des apôtres.

Quoi qu'on pense du récit de la controverse qui l'oppose à Pierre
dans l'évangile de Marie et d'autres textes à son sujet[14], on a gardé
d'elle le souvenir très clair d'une femme forte avec des qualités de
leadership, qui avait été une amie très proche de Jésus. Mais il
n'existe aucun indice pour suggérer qu'ils aient pu être mariés.

L'amour dont ces amis et d'autres ont entouré Jésus l'a sûrement influencé. Pouvons-nous aller jusqu'à dire qu'il l'a guéri ?
L'affirmer serait supposer que Jésus était lui aussi victime de blessures et de ruptures, ce que rien ne nous indique. Ce qui est sûr
en tout cas, c'est que pour Jésus, l'amour que les autres lui
portaient était une nouvelle manifestation de l'amour infini de
Dieu. En plus de son expérience mystique plus immédiate d'être
aimé, Jésus a dû aussi éprouver l'amour de Dieu grâce à la
médiation des gens et de la nature.

Par-dessus tout, Jésus a dû être influencé par l'amour de sa
mère, Marie. L'amour d'une mère n'est pas seulement spécial, il
est irremplaçable. La vie de Jésus était si exempte de blessures,
de ruptures et d'égoïsme, et il était si unique dans sa manière de
ne faire qu'un avec Dieu que nous pouvons conclure qu'enfant, il
avait été aimé d'une manière inconditionnelle par Marie et Joseph.
Ce fut sûrement là pour lui la toute première manifestation de la
profondeur de l'amour que lui portait son *abba* ou parent divin.

## La puissance de la foi

En constatant les guérisons qui se multipliaient autour de lui, Jésus y voyait le fruit de la foi. Il ne disait pas : « Je t'ai guéri » ni même « Dieu t'a guéri », mais « Ta foi t'a guéri » (*Mc* 5, 34 par. ; *Lc* 17, 19 ; voir aussi *Mt* 9, 28-29). Autrement dit, il n'y a derrière ses guérisons ni formule magique ni baguette magique. Ce type de guérison est une manifestation de la puissance de la foi[15]. Mais quelle est cette foi qui peut déplacer les montagnes (*Mt* 17, 20 par.) ?

C'est tout d'abord une foi en Dieu. Moins une foi en l'existence de Dieu ou même en sa puissance que, comme Jésus le comprenait, une foi en Dieu comme Père qui aime et qui pardonne. La foi est une forme particulière de conscience, la conscience de Dieu ou du divin en tant que puissance aimante et bienveillante envers nous. Voilà pourquoi la foi dont parle Jésus inclut la *confiance*. C'est parce qu'il mettait toute sa confiance en Dieu que Jésus a été capable de faire ce qu'il a fait. Et la vie des autres a été transformée quand ils ont appris à leur tour à faire confiance à Dieu.

Le problème avec la majorité des guérisseurs par la foi d'aujourd'hui, c'est que lorsque quelqu'un n'est pas guéri de la manière attendue, ils en viennent à le blâmer. Ils amènent la personne à penser que c'est de sa faute, qu'elle est coupable de ne pas croire suffisamment pour être guérie. Naturellement, cela ne fait qu'empirer l'état de la personne. La foi dont parle Jésus suppose la confiance que Dieu fera ce qui est le mieux, ce qui ne correspond pas toujours à ce que nous voulons. La foi véritable demande à Dieu que sa volonté soit faite.

Le secret du succès de Jésus comme guérisseur, c'est sa foi extraordinairement puissante. Il faisait confiance à Dieu sans aucune hésitation et sans réserve. Il pouvait donc inviter les autres avec assurance à faire confiance à Dieu à leur tour. Il encourageait les gens à croire que l'impossible pouvait arriver et il les fortifiait et les libérait. On peut en voir un exemple frappant dans la manière dont il provoquait les boiteux, les paralytiques et les estropiés par un ordre tout simple : « Lève-toi et marche. » Fortifiés par sa foi confiante, ces gens prenaient conscience que soudain, ils pouvaient se lever et marcher. Dans de telles circonstances, il semble que des miracles se produisent et que la vie des gens soit transformée. La guérison devient réalité.

Pouvons-nous imiter cette dimension de la vie de Jésus ? Nous avons tous besoin de guérison, aussi bien comme personnes que collectivement. Mais alors, comment devenir guérisseurs les uns pour les autres ?

# PARTIE III

# LA TRANSFORMATION PERSONNELLE AUJOURD'HUI

Après avoir analysé les signes de notre temps et présenté la spiritualité de Jésus à son époque, nous nous tournons maintenant, dans cette troisième partie, vers une spiritualité concrète pour aujourd'hui. Quels pas précis devons-nous faire – si nous ne l'avons pas déjà fait – pour vivre aujourd'hui comme Jésus a vécu en son temps?

Il faut du temps pour guérir. Il n'existe ni raccourcis ni remèdes miracles. Sans doute une guérison, ou une conversion, peuvent-elles se produire d'une manière soudaine et spectaculaire, mais il faut des années pour transformer la totalité d'une personne ou d'une société, bien des années, peu importent le sérieux de notre engagement ou l'intensité de nos efforts. Jésus invitait au repentir, à la conversion, mais ce qu'il a laissé en héritage à ses disciples, c'est un chemin, une route, un itinéraire. Sans doute est-il capital de changer de voie, mais il faut ensuite avancer plus loin.

Il est révélateur que, avant même qu'on commence à les appeler chrétiens, à Antioche (*Ac* 11, 26), les disciples de Jésus se soient d'abord désignés eux-mêmes, et aient été désignés par les autres, comme *les adeptes de la Voie* (*Ac* 9, 2 ; 19, 9.23 ; 22, 4 ; 24, 14.22); d'ailleurs, cette première appellation dura encore quelque temps. J'ai parlé de la spiritualité de Jésus, mais il nous faut reconnaître que, comme la plupart des spiritualités, celle-ci est une affaire de transformation sociale et personnelle. Un voyage.

Toutes les spiritualités, particulièrement les spiritualités mystiques, sont structurées comme des voyages, avec des étapes ou des stades qui varient selon les personnes en fonction de l'époque, du lieu et du contexte social où elles vivent. Jésus ne semble pas avoir parlé d'étapes précises ou de stades, mais à en croire ses paraboles de la graine de moutarde et du levain, il était pleinement conscient qu'il fallait parler en termes de croissance et de développement. Lui-même «progressait en sagesse et en taille» (*Lc* 2, 52). Et comme nous l'avons vu, son retour en Galilée après son séjour au désert a marqué une nouvelle étape dans sa vie et sa spiritualité.

Comme toutes les autres formes de vie, notre vie spirituelle *évolue*. Elle évolue en interaction avec les autres, avec notre environnement et avec les événements historiques, et tantôt elle saisit adroitement les occasions qui se présentent, tantôt elle les rate. Le travail intérieur de transformation personnelle ressemble davantage à une œuvre d'art créative qu'à un voyage organisé étape par étape suivant un itinéraire bien balisé. Il n'existe aucun sentier qui soit fixé d'une manière immuable, comme certains auteurs spirituels semblent l'avoir suggéré. Il s'agit plutôt de ce que Maître Eckhart appelle «une voie sans voie».

Dans cette troisième partie, nous inspirant de Jésus lui-même, nous proposons quelques-uns des changements ou déplacements qu'il nous faudra envisager dans notre route vers une plus grande maturité, une conscience plus profonde et une liberté radicale. Sur ce chemin ou des chemins analogues de transformation personnelle, nous ne serons pas seuls à marcher. La seule manière d'avancer, c'est ensemble, main dans la main, en nous aidant et en nous soignant les uns les autres. Mais c'est par soi-même que tout commence.

# CHAPITRE 8

## Dans le silence et la solitude

Le premier obstacle à surmonter est l'occupation effrénée. Aujourd'hui, tant de gens, qu'ils soient cadres, politiciens, prêtres, ménagères, étudiants ou militants, se plaignent d'être débordés. Ça nous arrange de penser que nous n'y pouvons rien, que c'est tout simplement parce qu'il y a trop à faire. Mais à l'exception des salariés qui ont très peu de prise, voire pas du tout, sur le nombre d'heures qu'ils doivent consacrer au travail, il est tout simplement faux de dire que nous ne pouvons rien faire pour remédier à notre occupation effrénée.

Peu importe que notre but soit de faire de l'argent ou de changer le monde, ou tout simplement de faire comme les autres, nous sommes devenus vraiment obsédés par la multitude des choses à faire. Nous sommes surmenés. Nous nous sentons obligés de travailler fort. On dit : « Le temps, c'est de l'argent. » « Ne perdez pas de temps. » Combien de retraités vous diront qu'ils sont plus occupés que jamais ? Nous aimons que les gens nous croient occupés, même quand nous ne le sommes pas. Et la culpabilité nous guette si nous ne travaillons pas très fort ou restons à ne rien faire.

Mais pourquoi cette obsession ? Serait-ce que nos vies sont vides et que nous avons besoin d'occupations pour les remplir ? Aurions-nous peur de n'avoir rien à faire ? Nous contentons-nous de suivre le mouvement et de suivre la foule ? À moins que nous croyions vraiment que ce soit par le travail intense et l'activisme inlassable que le monde sera sauvé ?

En vérité, l'occupation effrénée est la distraction suprême. Elle nous distrait de la pleine conscience de nous-mêmes et du monde *réel*. Elle nous distrait de la conscience de Dieu. L'occupation effrénée nous laisse égarés dans ce monde à l'envers que Jésus a voulu remettre à l'endroit. Être continuellement débordé est un peu comme être somnambule. Quels que soient la générosité de nos intentions ou le caractère désintéressé de notre travail, l'occupation acharnée peut nous rendre comme Don Quichotte et nous faire combattre des moulins à vent plutôt que des dangers et des menaces véritables.

Si nous voulons nous réveiller, devenir plus conscients et faire face aux réalités de l'existence, alors il nous faut une certaine dose de silence et de solitude, comme ce fut le cas pour Jésus.

## Jésus au désert

Durant les années de ce que nous appelons sa «vie publique», Jésus fut un homme très occupé. De grandes foules le suivaient, faisant des pieds et des mains pour l'approcher (*Mc* 5, 24.31) dans l'espoir d'être guéries ou d'entendre une parole de sagesse. Marc nous dit que ses disciples et lui n'avaient même pas le temps de manger. Cherchaient-ils à s'éloigner vers un lieu tranquille pour prendre un peu de repos que les foules les suivaient; avec sa sollicitude habituelle, Jésus leur accordait de nouveau son attention (*Mc* 6, 31-34 par.). Et pourtant, il semble qu'il ait éprouvé *un besoin très profond de silence et de solitude.*

Comme nous l'avons vu plus haut, Jésus revenait aussi souvent que possible au désert. Par «désert», il ne faut pas s'imaginer un lieu chaud et sablonneux où la végétation est très rare. Le mot grec *her_mos* désigne un lieu désert ou isolé, un endroit tranquille. C'est dans un tel lieu que Jésus s'était retiré quarante jours et quarante nuits (et peut-être beaucoup plus longtemps). C'est là qu'il se rendait très tôt le matin pour prier (*Mc* 1, 35). Avec ses disciples, il lui arrivait de monter sur une montagne pour être seul (*Mc* 9, 2 par.; 3, 13 par.; *Jn* 6, 2). Selon Luc, quand il eut besoin de temps pour réfléchir au choix des douze apôtres, il passa la nuit sur la montagne (*Lc* 6, 12). Parce que c'était un endroit désert.

Voulons-nous suivre Jésus? C'est d'abord et avant tout au désert que nous devons le suivre. Si nous n'arrivons pas à réserver dans nos vies des plages pour le silence et la solitude, ni vous ni moi ne pourrons jamais entrer aujourd'hui dans l'esprit de la Voie de Jésus. Les occasions de le faire varieront d'une personne à l'autre. Dans une famille avec des bébés ou de jeunes enfants, peut-être n'est-ce que tard le soir, ou quand les enfants sont à l'école, ou en s'arrêtant dans une église au retour du travail, que nous pourrons trouver le temps. Notre désert ou le lieu où nous nous retirons peut être tout simplement une pièce tranquille de la maison ou un banc dans un parc. Pour ceux et celles qui vivent seuls ou au sein d'une communauté religieuse, les occasions seront différentes. Et il faudra peut-être beaucoup de créativité et d'imagination à ceux qui habitent des cabanes encombrées ou des bidonvilles surpeuplés.

L'idéal serait de pouvoir se ménager chaque jour un moment de paix et de tranquillité. Mais si ce n'est pas possible, nous pourrions chercher à réserver un temps plus long une fois ou deux par semaine, peut-être durant le week-end. Bien qu'une retraite annuelle soit en principe une pratique précieuse, cela est vraiment insuffisant. Des périodes régulières de solitude et de silence sont indispensables.

La spiritualité de Jésus est dans une large mesure en lien avec notre manière d'être en rapport avec les autres : c'est l'amour du prochain. C'est même très souvent dans notre attitude envers les gens que nous faisons l'expérience de notre relation à Dieu. Nous nous y attarderons plus loin. Mais, comme Jésus et tous les saints et mystiques, nous devons faire une place dans notre vie à la *solitude*.

Le psychologue contemporain Anthony Storr a écrit un ouvrage intitulé *Solitude*[1], dans lequel il fait valoir que de chercher le bonheur et l'accomplissement de soi uniquement dans les relations, comme le font la plupart des gens, est une erreur. Tous les génies et vrais sages de l'humanité ont tiré profit de périodes prolongées de solitude. Nous avons besoin de passer du temps seuls si nous voulons vraiment réfléchir, nous découvrir nous-mêmes et chercher Dieu.

De même, dans l'univers de bruit incessant d'aujourd'hui, nous avons besoin de *silence*. Il nous faut trouver une manière de nous débrancher de temps en temps du flux continuel de mots, de sons et d'images qui nous bombardent jour et nuit. Plus encore, nous avons besoin de silence intérieur, nous devons interrompre le courant intérieur des pensées, des images et des émotions. Sans cela, aucune spiritualité authentique et aucune transformation spirituelle ne sont possibles.

## La méditation silencieuse

La méditation telle qu'on l'entend aujourd'hui n'est pas une activité mentale qui consisterait à penser à Dieu ou à Jésus, mais un exercice qui vise à calmer le corps, l'esprit et le cœur. C'est une façon d'atteindre le silence intérieur.

Notre esprit et notre cœur sont agités. Nos têtes sont encombrées de pensées et d'émotions : des souvenirs, des projets, des craintes, des soucis, des désirs, de la colère et des contrariétés. Nous nous repassons mentalement ce qui est arrivé récemment : ce que nous avons dit, ce qu'on nous a dit, ce que nous aurions dû dire et ce que nous dirons la prochaine fois. Nous nous affairons vraiment beaucoup. En fait, même quand nous réussissons à nous accorder un moment de paix, notre esprit et notre cœur restent envahis par le caractère bruyant et l'agitation frénétique de notre vie. Nous arrivons peut-être à faire silence autour de nous, mais pas en nous.

Le pire, c'est que nous semblons être incapables de contrôler ce fouillis de pensées et d'émotions. Au contraire, ce sont nos pensées et nos émotions qui nous contrôlent et nous mènent. Nous

ressemblons à un bouchon de liège qui danse sur une mer orageuse. Plus nous nous efforçons de rester calmes ou de faire le vide
en nous, plus les choses reviennent à l'assaut et monopolisent
notre attention. Chaotiques, nos pensées et nos émotions nous
poussent à faire des choses que nous ne voudrions pas vraiment
faire et à dire des choses que nous savons parfaitement que nous
ne devrions pas dire.

La méditation est une manière de faire le vide dans notre
esprit pour y mettre un peu d'ordre et de tranquillité. C'est moins
impossible qu'il y paraît. En effet, il existe une façon de faire uti-
lisée avec succès depuis des siècles, aussi bien dans le christianisme que dans les religions orientales.

Les premiers ermites chrétiens en Égypte et en Syrie se reti-
raient au désert, comme Jésus l'avait fait, pour chercher Dieu.
Pour eux, la première étape était l'*hesychia*, le silence du cœur. Ils
y arrivaient essentiellement en répétant ce qu'ils appelaient la
prière de Jésus : *Seigneur Jésus Christ, prends pitié de moi*. En
associant cette formule au rythme de leur respiration, ils cher-
chaient à atteindre le calme du cœur et de l'esprit. Comme exercice
spirituel, l'*hesychia* est pratiqué dans l'Orthodoxie chrétienne
jusqu'à ce jour. Certains mystiques occidentaux l'adoptèrent et
l'adaptèrent, entre autres Jean Cassien, un écrivain du quatrième
siècle qui exerça une influence considérable sur la spiritualité
occidentale.

Le moine bénédictin John Main, décédé en 1984, a popularisé
une forme analogue de méditation où l'on utilise un ou deux mots
d'une manière répétitive, ce qu'il appelle un *mantra*, mot sanscrit
utilisé dans les religions orientales. Plusieurs d'entre nous ont
trouvé que c'était extrêmement efficace pour apaiser l'esprit et
faire entrer le cœur dans le silence.

Plusieurs autres chrétiens ont trouvé la paix intérieure en
pratiquant ce qu'on appelle en anglais «centering prayer[2]», traduit
par les uns «prière de recueillement», par d'autres «oraison du
silence intérieur», «prière de consentement», «prière de silence»…

Dans ce cas, la phrase répétée est appelée *mot sacré*, mais la pratique est très semblable.

Les adeptes des religions orientales vivent une expérience identique pour calmer et vider leur esprit par une pratique de la méditation silencieuse, où l'on se concentre sur le rythme d'un mantra, ou de sa respiration, ou les deux. Dans le yoga, on se concentre sur de lents mouvements rythmiques et le contrôle de sa respiration, tout en fixant son esprit sur un mot, un objet ou un son comme *Om*. Dans le bouddhisme, et particulièrement dans le bouddhisme zen, le principal exercice religieux est la méditation ou *zazen* (s'asseoir tranquille), et là aussi on se concentre sur sa respiration. De leur côté, les mystiques musulmans, les soufis, pratiquent la répétition de mots ou de phrases accompagnée parfois d'exercices particuliers de respiration.

Ce que toutes ces pratiques ont en commun, c'est de concentrer l'attention sur un point : un mot, un son ou sa propre respiration. C'est cette concentration, ce regard vers le «centre» qui aide à vider complètement l'esprit. «Dans la pratique méditative des grandes religions, écrit William Johnston, on progresse en allant au-delà de la pensée, au-delà des concepts, des images, du raisonnement, et on entre ainsi dans un état de conscience plus profond ou dans une conscience accrue caractérisée par un profond silence[3].»

Thomas Merton dit un jour : «Essentiellement, contempler c'est écouter en silence[4].» Comme le prophète Élie le découvrit dans sa grotte sur la montagne, Dieu n'est ni dans le vent d'ouragan ni dans le tremblement de terre ou le feu, mais dans le silence d'une brise légère (*1 R* 19, 11-13). On peut encore évoquer ce mot de Maître Eckhart : «Rien ne ressemble plus à Dieu que le silence[5].»

Nous ne savons pas comment Jésus priait et méditait quand il se retirait au désert ou dans un lieu de silence et de solitude. Ce que nous savons, cependant, c'est que ce comportement dénote une vie intérieure de calme total et de tranquillité parfaite. Jésus ne montre aucun signe d'agitation émotive ni de sentiments ou de pensées incontrôlables. Il est en paix avec lui-même, avec Dieu et avec le monde. Tout ce qui est de nature à nous aider, même partiellement, à trouver ce calme et cette tranquillité contribue de manière précieuse à vivre comme Jésus a vécu.

## La relaxation

On recommande en général de méditer vingt minutes deux fois par jour. Cela est certes utile, mais pas absolument nécessaire. Il n'est pas sage de faire de la méditation une obligation supplémentaire qui viendrait accroître le sentiment de culpabilité chaque fois que nous ne pouvons la faire. Nous faisons ce que nous pouvons. Il faut certes une certaine forme de régularité et de discipline, mais la rigidité ne ferait qu'empêcher l'exercice de devenir ce qu'il devrait être, une expérience agréable et reposante.

Le mantra ou mot sacré que nous choisissons n'a pas besoin d'avoir une signification particulière. Ce n'est qu'un point d'ancrage qui nous permet d'oublier ou d'ignorer le fouillis chaotique de nos pensées et de nos émotions. Et si nous nous apercevons que nous avons encore dérivé vers nos préoccupations et nos distractions, nous ramenons tranquillement notre attention à la répétition du mantra.

La méditation silencieuse est censée relaxer l'esprit et le cœur. Mais cela n'est possible que si nous faisons aussi quelque chose pour relaxer le corps. L'exercice spirituel de la méditation serait largement inefficace s'il n'incluait pas d'une manière ou d'une autre le relâchement de notre tension musculaire.

La vie d'aujourd'hui est extrêmement stressante. La précipitation et la rivalité, les menaces et les dangers, les craintes et les soucis sont tout simplement incessants. Notre corps est en état d'alerte maximale jour et nuit. Le stress en lui-même n'est pas mauvais pour nous. Quand nous faisons face à un danger, nos muscles se tendent pour être prêts à l'affronter ou à le fuir. Quand le danger est passé, nos muscles se détendent. Mais si ce qui nous stresse ou nous place en état d'alerte est constant et continu, nos

muscles restent continuellement tendus et raides. Et c'est malsain.
Non seulement le corps commence à se détériorer, mais la tension
affecte aussi notre comportement et notre paix intérieure.

Il existe mille manières de relaxer le corps, depuis les massages
et les séances d'entraînement jusqu'à la pratique des sports. Mais
pour ce qui nous concerne ici, il suffit de s'asseoir bien droit pendant la méditation et de relaxer les muscles de son visage et de
ses épaules, là où se logent la plupart des tensions. Tendez les
muscles de votre visage, particulièrement ceux de la mâchoire,
puis relâchez-les en la laissant retomber, vous sentirez tout de
suite la différence. De même, la tension musculaire nous fait
rentrer la tête dans les épaules. En relâchant ces muscles, nos
épaules retombent et se détendent.

Il existe bien d'autres façons de relaxer son corps, son esprit
et son cœur. Certains recourent à la musique. Dans les chants
africains, on répète inlassablement quelques mots. Certains catholiques recourent à la prière répétitive du chapelet. Mais aucun
doute ne peut subsister sur la puissance et l'efficacité de la
méditation silencieuse.

Nous vivons dans un monde qui réclame des résultats. En
raison de la vision du monde scientifique et mécaniste dont nous
héritons, nous risquons de n'être intéressés que par l'efficacité et
les résultats concrets d'un exercice. Plus encore, les gens veulent
des résultats rapides, des solutions instantanées. Tout cela relève
de ce que l'on pourrait appeler la pensée instrumentale ou l'utili-
tarisme. Si ce n'est pas utile, jetez-le.

La méditation donne certes des résultats, mais pas sur-le-champ,
et ils sont difficilement mesurables. Plusieurs personnes utilisent
aujourd'hui la méditation exactement comme ils recourent à
d'autres formes de relaxation : dans le but de reprendre le travail
régénérés et pleins d'énergie. Mais nous ne résoudrons pas
le problème de l'occupation effrénée simplement en prenant des
temps d'arrêt, pour revenir travailler d'une manière aussi frénétique que d'habitude. Il faut quelque chose de plus. Le temps que

nous passons à méditer en silence peut nous apprendre à quel point il est important de ralentir, de perdre du temps en ne faisant absolument rien, même pas penser. Les gens occupés doivent apprendre l'art de ne rien faire, l'art d'être, tout simplement.

## Au moment présent

L'habitude de consacrer du temps au silence et à la solitude, et particulièrement à la pratique de la méditation silencieuse, nous aide à vivre dans le moment présent, l'ici-maintenant. Quand nous vidons notre esprit des pensées et des émotions se rapportant au passé et à l'avenir, il ne reste plus que le silence du moment présent.

Selon Matthieu (6, 25-34) et Luc (12, 22-31), Jésus enseignait à ses disciples à ne pas s'inquiéter du lendemain, de ce qu'ils auraient à manger ou pour se vêtir. Il leur disait qu'ils devraient plutôt chercher avant tout le royaume ou la famille de Dieu qui, comme nous l'avons vu plus tôt, est une réalité présente, même si c'est d'une manière aussi modeste qu'une graine de moutarde. Jésus a déplacé l'attention d'une conception du Royaume comme réalité future à une vision du Royaume comme réalité actuelle ici et maintenant.

Une chose est très claire : Jésus lui-même a vécu dans le moment présent. Il a dû faire l'expérience de Dieu comme *abba* dans son moment présent. Plus encore, c'est sûrement pour cela qu'il se levait tôt le matin pour trouver un endroit isolé où il pourrait prier dans la solitude et le silence.

La plupart d'entre nous vivons dans le passé ou dans l'avenir. Ce qui s'est produit hier nous distrait. Nos émotions et nos pensées ressassent ce qui s'est produit récemment ou parfois même ce qui est arrivé il y a longtemps. Nous pouvons également embellir ce passé. Nous voudrions parfois revenir au bon vieux temps, alors que tout était sûr et certain. Mais le passé n'existe plus. Il n'est pas réel.

D'autres vivent dans le futur, dans le monde qu'ils espèrent avoir un jour, le type d'Église ou d'entreprise qu'ils espèrent créer, le genre de personne qu'ils aimeraient être. Ou bien ils s'inquiètent, comme le dit Jésus, de ce qu'ils se mettront sur le dos et de ce qu'ils mangeront demain. Ce sont là des mondes imaginaires. Ils n'existent pas encore. La seule chose qui existe, c'est l'ici-maintenant, le moment présent.

Il est précieux de connaître le passé, parce qu'il nous aide à comprendre où nous en sommes aujourd'hui. De même, il est précieux de planifier en vue de l'avenir, parce que cela peut nous aider à décider ce que nous devons faire maintenant. Mais la seule chose qui existe vraiment, c'est l'ici-maintenant. Cela signifie que le seul lieu où nous pouvons rencontrer le Dieu vivant et faire l'expérience de sa présence, c'est l'ici-maintenant. Voilà pourquoi tous les auteurs spirituels insistent sur l'importance de vivre le moment présent[6].

La transformation personnelle commence quand nous suivons Jésus au désert en consacrant du temps au silence et à la solitude. Ce sera notre temps pour la méditation silencieuse, mais pas seulement pour cela. Nous avons aussi besoin de lire, de réfléchir, de prier et de permettre à l'esprit de Jésus de pénétrer au plus profond de notre être. Nous nous retirons au désert pour entendre ce que Jésus a à dire et pour commencer à voir le monde tel qu'il est vraiment. C'est un temps privilégié pour arriver à mieux nous connaître, pour lire les Écritures et les signes de notre temps et pour écouter la voix de la nature. Tout cela prend du temps.

Mais vivre le moment présent ne signifie pas se retirer dans son moment présent *privé*. Dieu n'est pas présent ici et maintenant seulement dans ma vie personnelle, mais aussi dans la vie de chacun et de tout l'univers. Le silence et la solitude doivent nous conduire à la conscience du moment présent que vit le monde actuel. Si nous lisons les signes de notre temps, c'est afin de vivre dans l'ici-maintenant de notre univers en pleine expansion – et Dieu ne peut être trouvé nulle part ailleurs.

Je ne veux pas laisser entendre que c'est *seulement* dans le silence et la solitude que nous pouvons faire cela. L'interaction avec les autres peut nous apprendre beaucoup. Mais même les idées que nous acquérons grâce à nos interactions avec les gens et avec la terre ont besoin d'être intégrées à notre vie durant des périodes de contemplation vécues dans le silence et la solitude.

C'est ce que Jésus a fait, c'est ce que nous devons faire nous aussi.

# CHAPITRE 9

## Apprendre à se connaître

Selon l'évangile de Thomas, Jésus a dit : «Qui connaît le Tout, en étant privé [de la connaissance] de soi-même, est privé du Tout» (67). Quelle déclaration saisissante! Difficile de dire les choses d'une manière plus radicale et décisive!

Tous les mystiques, auteurs spirituels, thérapeutes, philosophes ou conseillers conviennent de l'importance fondamentale de la connaissance de soi. Le psychologue Neville Symington, pour n'en citer qu'un, dit de la connaissance de soi qu'elle constitue «la première pierre de la santé mentale[1]». Thérèse d'Avila prétend qu'«un jour d'humble connaissance de soi vaut mieux que mille jours de prière». Maître Eckhart affirme on ne peut plus clairement : «On ne peut connaître Dieu sans d'abord se connaître soi-même[2].» Ce que dit Jésus, c'est que si on ne se connaît pas, alors *on ne connaît rien*.

Jésus était un poète et un artiste qui peignait des images mentales pour communiquer avec les gens. Par rapport au sujet qui nous intéresse ici, il fait bien voir tout le ridicule qu'il y a à ne pas se connaître, en brossant le tableau de quelqu'un qui se proposerait d'enlever une paille de l'œil de son voisin tout en ignorant la grosse poutre qui se trouve dans le sien. C'est là une caricature destinée à faire rire de bon cœur, tout comme l'image tout aussi ridicule d'un chameau tentant de passer par le chas d'une aiguille. Quand on a une telle poutre dans l'œil, *on ne peut rien voir*.

Voici le texte :

Qu'as-tu à regarder la paille qui est dans l'œil de ton frère ?
Et la poutre qui est dans ton œil à toi, tu ne la remarques
pas ? Comment peux-tu dire à ton frère : « Frère, attends. Que
j'ôte la paille qui est dans ton œil », toi qui ne vois pas la
poutre qui est dans le tien ? Homme au jugement perverti,
ôte d'abord la poutre de ton œil ! Et alors tu verras clair pour
ôter la paille qui est dans l'œil de ton frère (*Lc* 6, 41-42).

Jésus va droit au cœur du problème. Il est facile de voir que
les autres ont des plages d'aveuglement, mais il nous arrive de ne
pas avoir l'honnêteté de reconnaître les nôtres, de ne pas reconnaître que nous avons une poutre dans l'œil. Pour Jésus, cela
s'appelle : hypocrisie.

## L'hypocrisie

Jésus ne trouvait rien de plus détestable que l'hypocrisie. Il aimait
les gens, mais les manifestations d'hypocrisie avaient le don de
l'enrager, particulièrement quand elles venaient des chefs religieux de son temps. « Hypocrites ! » s'écrie-t-il à plusieurs reprises.
L'interpellation ne s'adresse pas seulement aux scribes et aux pharisiens. La spiritualité de Jésus enjoint à chacun de nous de se
regarder et de reconnaître sa propre hypocrisie, la poutre qui se
trouve dans son œil.

Être hypocrite, c'est prétendre être ce que nous ne sommes
pas. C'est présenter au monde une fausse image de soi. L'hypocrisie a à voir avec ce qui est faux dans nos vies. Avec les mensonges
et les contradictions qui nous habitent. Avec notre malhonnêteté
et notre manque de sincérité. Avec notre aveuglement. Si je m'imagine que je ne suis pas aveugle et qu'il n'y a pas de poutre dans
*mon* œil, alors c'est que je suis doublement aveugle, que je ne vois
pas mon propre aveuglement (voir *Jn* 9, 39-41).

Jésus met en garde contre l'étalage de notre vertu devant les autres, à la manière de ceux qui prient, jeûnent et font l'aumône en public pour être vus et admirés par les gens (*Mt* 6, 1-18). Ce sont des hypocrites. Comme nous devenons facilement des sépulcres blanchis (*Mt* 23, 27)! Comme il est facile que les mots qui sont sur nos lèvres soient en contradiction avec ce qui est dans notre cœur (*Mc* 7, 5-6)! À quel point notre comportement est-il motivé par le désir de faire de l'effet, de cultiver notre image ou notre réputation? Jésus dirait très brutalement que cela n'est qu'hypocrisie.

Pour lui, ceux qui prétendent ne pas savoir lire les signes des temps alors qu'ils savent parfaitement lire dans le ciel les signes annonçant le temps qu'il fera demain sont des hypocrites (*Lc* 12, 56). Si nous consacrons du temps à analyser le rendement de nos actions sur les marchés boursiers, mais ignorons les dures réalités de notre temps, c'est que nous sommes devenus hypocrites. Si nous essayons de prendre quelqu'un en défaut par une question adroite tout en faisant semblant d'être vraiment intéressés par la réponse, alors nous sommes aussi hypocrites que ceux qui sont venus poser à Jésus une question piège au sujet de l'impôt (*Mc* 12, 15). Nous sommes encore hypocrites quand nous critiquons les autres qui font exactement ce que nous faisons, comme ceux qui critiquaient Jésus parce qu'il guérissait le jour du sabbat, alors qu'eux-mêmes violaient le sabbat en détachant leur bœuf ou leur âne pour l'amener boire (*Lc* 13, 15).

Ce qui est en jeu ici, c'est l'honnêteté et la vérité. L'hypocrisie est un mensonge grossier, une contradiction. Jésus était authentique, vrai, sincère, d'une totale transparence. Voilà pourquoi son œil était clair; il pouvait voir les mensonges et la fausseté dans le monde autour de lui. Voilà pourquoi il a pu remettre le monde à l'endroit et nous montrer le *vrai* monde. La levure ou le levain que les pharisiens incorporaient à la pâte était hypocrisie et mensonge (*Lc* 12, 1). Le levain du Royaume que Jésus répandait était véracité et sincérité (*Lc* 13, 20-21 par.).

Aujourd'hui, alors qu'un des signes de notre temps est la crise de l'individualisme et l'explosion de l'égoïsme, apprendre à nous connaître vraiment est une question d'une extrême urgence. La soif de spiritualité ne pourra jamais être pleinement étanchée tant qu'elle demeurera individualiste et égocentrique. Nous avons aujourd'hui tellement de connaissances sur l'infiniment grand et l'infiniment petit. Nous en savons même beaucoup plus maintenant sur le cerveau et le psychisme humain. Pourtant, la plupart du temps, nous ne nous connaissons même pas nous-mêmes. Nous continuons de cultiver une fausse image de nous en nous imaginant que nous sommes séparés du reste de l'univers et supérieurs à tous les autres êtres. En tant qu'individus, nous restons trop souvent aveugles par rapport à nos motivations, nos rationalisations, notre hypocrisie et la réalité de notre être véritable. Il en résulte qu'on peut dire de nous, dans une très large mesure, que nous ne connaissons rien.

Comment alors pouvons-nous apprendre à vraiment faire face à la vérité sur nous-mêmes?

## L'ego

La poutre dans mon œil, c'est mon ego, mon moi égoïste. Ce qui m'empêche de voir la vérité sur moi-même et sur les autres, c'est mon ego. C'est même l'ego qui m'empêche de voir la vérité en ce qui le concerne. Notre ego nous rend tous hypocrites.

Bien que la manière dont l'ego de chacun est structuré soit légèrement différente, il est possible de dresser une classification générale des types de personnalité. L'ennéagramme en est une. Les neuf «ennéa-types» décrivent différentes compulsions et obsessions, différentes formes d'égocentrisme. L'ennéagramme énumère aussi les forces de chaque type de personnalité. Ces dernières années, grâce à des livres et à des cours consacrés à l'ennéagramme, plusieurs milliers de personnes se sont ouvert les yeux sur leurs façons habituelles de se comporter[3].

Ainsi, devenir plus conscients de notre ego et de ses agissements constitue le début de la connaissance de soi. Nous devons commencer à pratiquer l'observation de nos comportements en différentes circonstances, sans nous juger, ni nous blâmer, ni nous chercher des excuses, afin d'identifier nos compulsions et nos obsessions. Nous devons commencer à regarder en face aussi authentiquement que possible nos motivations, y compris nos motivations secrètes ou contradictoires. Notre comportement peut même apparaître irrationnel à l'occasion. Si nous étions honnêtes avec nous-mêmes, nous pourrions découvrir que nous sommes presque tous au moins légèrement névrosés. Pour certains d'entre nous, nos obsessions peuvent se révéler gravement névrotiques. C'est alors que nous avons besoin de l'aide des autres, un conseiller ou un thérapeute, par exemple.

En allant plus loin dans le processus de la connaissance de soi, nous découvrirons que nous cultivons une variété d'images de nous-mêmes. Certaines sont vraies, d'autres sont fausses. Il peut nous être donné de reconnaître que l'une ou l'autre de ces images n'est pas authentique, mais il peut aussi nous arriver à d'autres moments de croire nos propres mensonges et de nous identifier à une fausse image de qui nous sommes.

Il peut être utile d'observer notre ego à l'œuvre, nous suggérant de nous complaire dans des sentiments d'orgueil et de supériorité ou au contraire d'humiliation et d'infériorité, d'autosatisfaction ou d'apitoiement sur soi. Ce sont toutes là de fausses images, entièrement égocentriques et hypocrites. Elles ne sont pas notre être véritable.

L'ego est un illusionniste rusé. Il essaie de nous cacher ce qu'il fait. Il arrive que l'ego soit si convaincu de sa supériorité qu'il ne sente même pas le besoin de s'en vanter publiquement. Il prend la position de la fausse modestie[4] : « Je te rends grâce de ce que je ne suis pas comme les autres hommes. » Nous touchons alors le comble de la contradiction et de l'hypocrisie : s'enorgueillir de son humilité.

Il serait utile d'avoir une caisse de résonance ou un miroir, une personne qui peut nous aider à voir la poutre dans notre œil. En plus du recours à l'expertise d'un thérapeute ou d'un conseiller quand c'est nécessaire et possible, l'auto-observation patiente et honnête pendant un long laps de temps, particulièrement durant les périodes de silence et de solitude, peut nous conduire à des révélations assez extraordinaires sur nous-mêmes.

## Le complexe de culpabilité

À mesure que nous prenons conscience de notre égoïsme et de notre hypocrisie, nous pourrions être tentés d'avoir extrêmement honte de nous-mêmes, au point même de développer un complexe de culpabilité. Plus nous découvrons les motivations secrètes ou contradictoires derrière nos relations les plus précieuses, nos réalisations les plus grandes et nos idéaux les plus élevés, plus nous risquons de désespérer de devenir un jour vraiment désintéressés et aimants.

Plusieurs personnes sont minées par un complexe de culpabilité. C'est une des attitudes les plus irrationnelles et les plus contradictoires de l'ego. Certains se détestent et se blâment pour tout ce qui ne va pas dans leur vie. Un nombre étonnant de femmes se reprochent d'avoir été victimes de viol ou d'agression, et les enfants victimes de sévices sexuels s'imaginent souvent que c'est de leur faute.

Une des sources de ces sentiments de culpabilité est le surmoi. Le surmoi, ce sont tous les «je devrais» qui résonnent en nous. C'est cette voix intérieure qui nous dit que nous devrions faire ceci et éviter cela. Il y a des gens qui prennent leur surmoi pour la voix de leur conscience ou la voix de Dieu. En réalité, le surmoi, qui est le fruit de notre conditionnement culturel, social ou religieux, agit comme un ego qui domine notre ego, d'où son nom. Apprendre à se connaître, c'est devenir plus conscient de ses sentiments de culpabilité, de son conditionnement social et de son surmoi.

Je ne nie pas qu'il existe d'authentiques sentiments de culpabilité et une voix authentique de la conscience, mais comme nous le verrons, il s'agit là de manifestations de notre être véritable. Il est important de nous rappeler sans cesse que notre ego n'est pas notre véritable moi. Notre moi égocentrique est une fausse image de qui nous sommes. Il repose sur l'illusion que nous sommes des êtres séparés, indépendants et autonomes.

## La chair

L'apôtre Paul était douloureusement conscient de ce que nous appelons aujourd'hui l'ego, mais il appelait cela la chair (*sarx*). Voilà qui a entraîné d'énormes malentendus, parce que ce mot évoque pour nous des images de désir sexuel, d'excès et de gloutonnerie. Mais quand Paul dresse la liste des œuvres de la chair, on y trouve l'hostilité, le conflit, la jalousie, la colère, la rivalité, la division, les dissensions, l'envie, la vanité et l'esprit de compétition (*Ga* 5, 19-21.26). Aujourd'hui, nous dirions les œuvres de l'ego. Les désirs dont parle Paul, comme la fornication, l'impureté et l'ivrognerie, sont aussi des œuvres de l'ego, non pas parce qu'ils sont des désirs, mais parce que ce sont des désirs égoïstes ou excessifs.

Il n'y a rien de mal avec le désir comme tel. Avec tout désir, quel qu'il soit. C'est l'usage que l'ego fait du désir pour des fins égoïstes qui crée problème. Nos désirs nous ont été donnés comme des présents pour nous permettre de vivre la vie en abondance. Mais notre égoïsme égocentrique fausse et déforme nos désirs d'échanges sexuels, d'amour, de nourriture et de boisson, de confort, de paix et d'unité.

C'est cela que Paul appelait la chair. Comme la plupart d'entre nous, il a été aux prises avec elle, comme nous le voyons en *Rm* 7, 14-24. Il éprouvait dans son ego la présence d'une autre loi qui lui faisait faire des choses qu'il ne voulait pas faire. Il en vint à la conclusion suivante: «Si ce que je ne veux pas, je le fais, ce n'est pas moi qui agis, mais le péché [l'ego] qui habite en moi» (v. 20).

Ce qu'il appelle sa chair, ou la loi du péché en lui, nous pourrions l'appeler ego. Ce qui permet de dire que le problème réside moins dans le désir que dans l'égoïsme. Mais pendant des siècles, des ascètes bien intentionnés ont crucifié leurs désirs, croyant que le désir était la même chose que cette chair qui les égarait.

Apprendre à se connaître aujourd'hui, cela inclut apprendre à reconnaître ses désirs pour ce qu'ils sont, à bien entrer en contact avec ses sentiments, avec ses émotions comme l'amour, la compassion, la tristesse, la dépression, la peur, la colère, le ressentiment ou la frustration. Nous devons devenir conscients de nos états d'âme changeants et des blessures qui peuvent résulter des coups durs du passé. Nous savons bien maintenant que toute tentative de réprimer nos sentiments, nos désirs et nos émotions est nuisible. Ils ne sont pas nos ennemis. Ce qui importe, c'est de ne pas laisser notre ego en faire un mauvais usage au service de buts égoïstes.

Mais il ne faut pas se contenter d'observer nos sentiments. Nous devons parfois les *sentir*. L'auteur spirituel contemporain Henri Nouwen nous confie une conviction très précieuse pour bien nous occuper des émotions liées à nos blessures. Il écrit :

> Ce qui est très difficile, c'est de vivre à fond nos blessures plutôt que de les penser à fond. Il vaut mieux pleurer que s'inquiéter, sentir profondément ses blessures que les comprendre, les prendre avec soi dans le silence que d'en parler.
>
> Nous devons sans cesse choisir si nous porterons nos blessures dans notre tête ou dans notre cœur. Dans sa tête, on peut les analyser… mais aucune guérison définitive n'a de chance de sortir de là. Il faut que nous permettions à nos blessures de descendre dans notre cœur. Alors on peut les vivre à fond et découvrir qu'elles ne vont pas nous détruire. Notre cœur est plus grand que nos blessures[5].

Cela ne doit pas nous accabler. L'important, c'est de commencer à découvrir notre *être véritable* ou ce que Nouwen appellerait notre cœur.

## L'être véritable

Il est absolument impossible de conquérir simplement son ego ou de l'anéantir, comme plusieurs ascètes ont cherché à le faire. Ces efforts ne font que le renforcer, parce que c'est par l'ego que l'on combat et que l'on conquiert. On ne peut le détruire. Mais on peut le mettre sur la touche et le transcender. On peut enlever la poutre de son œil.

L'image que Jésus utilisait pour parler de l'être véritable, c'est l'image de l'œil clair, l'œil libre de poutre ou de tout obstacle. « Ôte la poutre de ton œil ! et alors tu verras clair » (*Lc* 6, 42). « La lampe de ton corps, c'est l'œil. Quand ton œil est sain, ton corps tout entier est aussi dans la lumière ; mais si ton œil est malade, ton corps aussi est dans les ténèbres » (*Lc* 11, 34). Notre être véritable est enfoui sous notre ego ou notre faux moi. Sous la poutre.

Mais comment enlever cette poutre ? Comment mettre l'ego sur la touche ? Comment devenir désintéressé et décentré de soi ?

Cela commence par être pleinement conscient de son ego et de toutes ses machinations et fourberies. L'étalage d'assurance de l'ego sert à masquer la réalité de ses peurs, de ses inquiétudes, de ses soucis et de son insécurité. L'étape suivante consiste à reconnaître qu'il s'agit là d'une fausse image de soi, une illusion. Finalement, il faut s'en dissocier, prendre du recul de son égocentrisme et en rire. En faire un objet. Une fois qu'on a réussi à faire de cette fausse image de soi un objet que l'on tient à distance, on peut cesser de s'identifier à elle. Pour reprendre un terme utilisé dans certaines traditions spirituelles, on devient « le témoin » qui regarde cette fausse image, puis la rejette. « Cela, ce n'est pas moi. J'en suis témoin. » Le témoin, voilà mon être véritable.

C'est ce que Jésus a fait au désert, nous l'avons vu. Il a refusé de s'identifier aux fausses images de lui-même que lui proposait Satan, cet illusionniste rusé représentant son ego. Les fausses images prennent la forme d'une tentation (*Mt* 4, 1-11 par.).

Il faut des années de réflexion tranquille à la plupart d'entre nous pour y parvenir. Nous sommes continuellement tirés vers l'arrière pour revenir nous identifier à notre ego. Nous sommes tentés d'agir ou de penser d'une manière égoïste, et nous nous laissons prendre. Mais au moment où nous reconnaissons ce que nous avons fait, nous pouvons nous arrêter, rire de nous-même et revenir à la position de témoin. Au fond, cela ressemble beaucoup à la pratique de la méditation à l'aide d'un mantra. Nous sommes distraits encore et encore, mais inlassablement nous revenons à notre mantra. Par-dessus tout, nous ne devrions pas nous sentir coupables ni nous blâmer pour nos rechutes. Elles sont prévisibles.

En même temps, nous allons commencer à percevoir les signes de notre être véritable. Quand nous commençons à éprouver un vif désir de connaître la vérité sur nous-même, peu importe jusqu'où cette vérité pourrait être humiliante, c'est là notre être véritable qui apparaît. Quand nous pouvons rire des singeries de notre ego, c'est notre être véritable qui rit. Quand nous éprouvons d'authentiques sentiments de compassion pour les gens dans le besoin, ça aussi, c'est notre être véritable. Quand nous commençons à éprouver une vraie reconnaissance pour les nombreux dons que nous recevons de la vie, nous pouvons être tout à fait certains que cela ne vient pas de notre ego. L'ego est absolument incapable de gratitude.

Éprouver de vrais sentiments de peine et de regret en prenant conscience de notre responsabilité et de notre culpabilité relatives aux torts que nous pouvons avoir infligés à d'autres, voilà une autre manifestation de notre être véritable. Il y a encore d'autres signes, comme les prochains chapitres le montreront.

Il est important de nous rappeler que nous ne pouvons pas arriver à nous connaître simplement en lisant sur le comportement humain. Nous avons besoin de temps de solitude et de silence pour approfondir nos réflexions. Et bien que nous puissions avoir besoin de l'aide d'autres personnes, c'est finalement durant nos périodes de calme que nous arriverons à enlever la poutre de notre œil, à guérir de notre longue nuit d'aveuglement et à commencer à voir le monde comme il est et comme Jésus le voyait : à l'endroit.

# CHAPITRE 10

## Un cœur reconnaissant

Jésus voyait en tout l'amour de Dieu. Ce n'est pas seulement lors d'expériences exceptionnellement intenses, mais passagères et occasionnelles, qu'il était habité par la conscience que Dieu était son *abba* aimant. Il était continuellement conscient que Dieu passait et agissait avec amour et sollicitude dans les événements de la vie quotidienne. Pour lui, Dieu était quelqu'un qui nourrissait les oiseaux, habillait les fleurs des champs et veillait sur chaque être humain (*Mt* 6, 26-30 par.). Il voyait et reconnaissait «le doigt de Dieu» dans les signes de son temps, particulièrement dans les étonnantes manifestations de guérison et de joie (*Lc* 11, 20). Tout cela était l'œuvre de Dieu, l'œuvre d'un Dieu chaleureux, aimant et très proche.

Concrètement, cela signifie que Jésus était conscient que tout dans la vie est un don de Dieu, une grâce. Rien n'indique que pour lui quelque chose allait de soi. Il était profondément reconnaissant pour tout. Sa vie devait être riche de prières d'action de grâce. Une seule a traversé le temps jusqu'à nous : «Je te rends grâce, Père [...] d'avoir révélé cela non pas aux sages et aux intelligents, mais aux tout-petits» (*Lc* 10, 21 – ma traduction[1]). Nous avons toutes les raisons d'en déduire qu'il a prié à bien d'autres moments pour rendre grâce à Dieu pour ses dons et ses bienfaits. Jésus avait un cœur reconnaissant. La gratitude était sa manière de répondre à l'amour de Dieu.

## Ceux qui savent dire merci et les autres

Jésus appréciait tant les gens qui savaient manifester de la reconnaissance! Cela se reflète d'une manière saisissante dans le récit que nous présente Luc de la femme qui a «lavé» de ses larmes les pieds de Jésus (*Lc* 7, 36-50²). Celle-ci était venue frotter ses pieds avec un onguent parfumé en signe de gratitude pour la bonne nouvelle que tous ses péchés étaient pardonnés. Elle devait avoir souffert d'un terrible sentiment de culpabilité. Et maintenant, elle ne pouvait s'arrêter de pleurer. Ses larmes abondantes tombaient jusque sur les pieds de Jésus. Elle a essayé de les essuyer avec ses cheveux, et elle n'a finalement pu résister à l'impulsion de lui baiser les pieds.

Si elle pleurait tant, ce n'était pourtant ni de tristesse ni de peine, pas même de repentir. Si elle n'arrivait pas à contrôler ses larmes, c'est qu'elle était submergée par la joyeuse reconnaissance d'avoir été l'objet d'un si grand pardon. Elle savait à quel point elle était redevable à Dieu et à Jésus. De son côté, Simon le pharisien, chez qui tout cela se passait, n'éprouvait pas le même amour reconnaissant, parce qu'il ne pensait pas qu'il avait tellement besoin d'être pardonné et ne se sentait pas particulièrement redevable à Jésus ou à Dieu.

Jésus a éprouvé de la compassion à l'égard de la femme et a pleinement apprécié ses gestes extravagants d'amour reconnaissant. Il avait devant lui une personne au cœur vraiment reconnaissant.

Par contre, peu de choses irritaient autant Jésus que le manque total de gratitude et de reconnaissance. Sa parabole du serviteur impitoyable (*Mt* 18, 23-34) le montre bien. Cet homme avait bénéficié de la remise d'une dette colossale, environ dix millions de dollars ou six millions d'euros en monnaie d'aujourd'hui. Cette somme est délibérément exagérée. Quel esclave ou quel serviteur pourrait avoir contracté une pareille dette envers son maître? Ici encore, nous avons affaire à une caricature risible.

Ce serviteur vraiment très chanceux rencontre alors un compagnon, serviteur comme lui, qui lui doit quelques centaines de dollars. Il refuse sèchement d'annuler sa dette ou d'en repousser l'échéance. Le manque total de gratitude et de reconnaissance de cet homme qui a tant reçu est incroyable. Voilà comment Jésus voyait tout être humain qui ne voulait pas pardonner à son prochain. Le refus de pardonner démontre une ingratitude inouïe envers Dieu qui est si bon pour chacun de nous.

L'ingratitude est un fruit de l'ego. L'égocentrisme de l'ego l'empêche d'être vraiment reconnaissant envers qui que ce soit, y compris Dieu. L'individualiste attribue sa réussite à son propre travail. Il a réussi tout seul, et considère donc qu'il ne doit rien à personne. Reconnaître que quelque chose est un don gratuit, ne serait-ce pas admettre qu'il dépend de quelqu'un d'autre[3] ? Pour lui, il n'y a pas de cadeau gratuit. Il n'y a pas de cadeau désintéressé.

Au pire, l'ego voit dans l'autre un objet à posséder, à utiliser et à exploiter. Une menace potentielle ou un compétiteur. Et au mieux, l'ego estime que tout est un dû.

Au contraire, la personne au cœur reconnaissant apprécie la gratuité de tout dans la vie. Rien n'est tenu pour acquis. Mon existence elle-même est un don. Je ne me la donne pas à moi-même. En aucune manière n'ai-je pu gagner ou mériter mon existence humaine. Tout ce que *j'ai* est un cadeau. Les autres me sont envoyés comme des bienfaits, même si parfois le bienfait se cache sous des apparences contraires.

La gratitude est une façon différente de se situer par rapport à tout ce qu'il y a dans la vie. Elle nous permet de voir le monde à l'endroit. Un cœur reconnaissant révèle l'être véritable. Rien ne réussit davantage à mettre l'ego sur la touche qu'un cœur reconnaissant.

Selon l'auteur spirituel Ronald Rolheiser, « être un saint, c'est être propulsé par la gratitude, rien de plus, rien de moins[4] ». Et selon le théologien de la libération Gustavo Guttierez, un seul type de personnes transforme spirituellement le monde : celles qui ont un cœur reconnaissant[5].

## Prières d'action de grâce

Si nous voulons nous transformer personnellement dans l'esprit de Jésus, nous devrions travailler à développer un cœur reconnaissant. Et pour cela, la pratique qui moule et façonne le plus efficacement le cœur pour le rendre reconnaissant consiste à prier quotidiennement des prières d'action de grâce. Il s'agit seulement d'une prière occasionnelle de remerciement, quand quelque chose d'exceptionnellement bon vient de nous arriver. Nous devons prier régulièrement, sur une base quotidienne, dire des prières d'action de grâce. «Priez sans cesse, rendez grâce en toute circonstance» (*1 Th* 5, 17-18.) Si nous voulons développer un cœur reconnaissant, nous devons remercier Dieu jour et nuit, dès que nous en avons l'occasion et durant toute notre vie.

Il ne suffit pas non plus de prières de reconnaissance pour tout en général, d'une manière indistincte. Nous devons formuler des prières de remerciement précises, pour des choses précises : ma santé, ma vue, mon esprit, mon expérience de vie. Nous pouvons aussi faire des prières de reconnaissance pour nos parents et amis, pour toutes ces personnes et événements qui nous ont formés au fil des ans. La liste est infinie.

N'avons-nous pas tendance à dresser des listes, du moins mentalement, de tous les sujets dont nous avons à nous plaindre, des choses dont nous estimons avoir besoin ou que nous désirons, de tout ce que nous n'avons pas ? Rien d'étonnant à ce que les prières d'intercession, où l'on demande ceci ou cela à Dieu, soient tellement plus populaires que les prières d'action de grâce ! L'intercession a certes sa place, mais à tout prendre, ne devrions-nous pas consacrer plus de temps à formuler notre gratitude pour les innombrables dons dont nous avons été gratifiés ? Selon David Steindl-Rast, l'auteur de *Gratefulness, the Heart of Prayer,* prier c'est «vivre dans la reconnaissance[6]». Et Maître Eckhart a dit un jour : «Si ta seule prière est *Merci*... cela suffit.»

Mais l'ego est un illusionniste rusé, avons-nous dit. Il peut utiliser même nos prières d'action de grâce pour arriver à ses fins.

## Des prières désintéressées

La prière d'action de grâce peut devenir égoïste. Si je remercie Dieu pour tout ce que *j'ai* et pour tout ce qui *m'a* été donné, sans manifester aucune gratitude pour ce qui a été donné aux autres, alors je vais finir par être complètement égoïste. Merci, Dieu, de ce que j'ai suffisamment de nourriture alors que d'autres n'en ont pas. Merci, Dieu, de ce que je suis en bonne santé alors que d'autres autour de moi sont souffrants. Merci, Dieu, de ce que je vis en sécurité ; les autres ? je ne sais pas vraiment. Merci, Dieu, de ce que je suis sincère et compatissant, à la différence de la plupart des autres. N'est-ce pas là la prière du pharisien dans la parabole ? «Mon Dieu, je te rends grâce de ce que je ne suis pas comme les autres hommes, qui sont voleurs, malfaisants, adultères, ou encore comme ce collecteur d'impôts» (*Lc* 18, 11). Ce que nous voyons là, ce n'est pas la prière d'un cœur reconnaissant, mais bien l'égoïsme et l'orgueil d'un ego surdimensionné.

Un cœur reconnaissant remercie Dieu pour *tout* ce qui est bon dans sa vie et dans celle des autres. Il peut sembler difficile de rendre grâce à Dieu pour les autres qui ont la chance d'être bourrés de talents, riches en réalisations de toute sorte et en amis, que moi je n'ai pas. Mais c'est là le test de la véritable gratitude. Tout le reste n'est qu'envie et jalousie.

Comme il est facile de remercier Dieu pour ce que nous avons, tout en enviant les autres qui ont plus que nous ou qui possèdent certaines choses que nous aimerions avoir ! Et s'il arrive qu'on préfère quelqu'un d'autre à moi, comme il est facile de me sentir jaloux au lieu de remercier Dieu de ce que l'autre est maintenant aimé et reconnu ! Un cœur vraiment reconnaissant se réjouit du bonheur de tout le monde.

Un cœur reconnaissant lira les signes des temps en étant attentif à ce qui est bon pour tous et pas seulement pour lui-même. Mon être véritable saura être reconnaissant pour le mouvement de l'esprit qui pousse les gens en pleine postmodernité à chercher une nouvelle spiritualité. Mon être véritable se réjouira avec tous ceux et celles qui bénéficient de la mondialisation du combat pour la justice. Nous pouvons apprendre à être profondément reconnaissants pour le développement de la compassion et de la paix partout dans le monde. Quand une personne vraiment reconnaissante découvrira que d'autres qui vivent en dehors du cercle de sa religion peuvent lui enseigner quelque chose au sujet du dépassement de l'ego, elle s'en réjouira. Nous remercions Dieu pour tout cela.

Par-dessus tout, nous remercions Dieu pour les découvertes de la nouvelle science, pour notre univers en expansion et pour le mystère de tout cela, qui donnera un si grand avantage à la prochaine génération par rapport à la nôtre. Nous pouvons même remercier Dieu de ce que la conscience du caractère destructeur de l'individualisme et du fait que nous nous dirigeons tout droit vers l'extinction ne fait que grandir. Bien qu'il s'agisse de phénomènes négatifs, cette conscience, cette reconnaissance pourraient bien se révéler une véritable bénédiction.

## La transformation personnelle

La prière d'action de grâce transforme en profondeur. Quand nous la pratiquons chaque jour, pendant un certain temps et d'une manière qui inclut toutes les autres personnes, notre attitude envers la vie se transforme. Nous nous mettons à apprécier davantage la vie, les gens, et Dieu lui-même. Cela peut parfois même prendre la forme d'un changement de personnalité.

Quand nous apprenons à tout voir dans la vie comme un don gratuit, nous ne nous promenons plus le visage long comme ça, comme si la vie était une corvée où un problème n'attend pas l'autre. Au lieu de nous lamenter continuellement, d'être pessimistes et toujours insatisfaits, nous devenons heureux, satisfaits et reconnaissants pour ce que nous avons. Au lieu d'être cyniques et de ne voir que le négatif dans les personnes et les événements, nous apprenons à apprécier la bonté autour de nous.

Un cœur profondément reconnaissant peut aussi changer notre attitude à l'égard de Dieu. Je cesse de *penser* que Dieu est bon ou de le *croire* parce que c'est ce qu'on m'a dit. Je commence à *ressentir* que Dieu est bon et qu'il m'aime – et qu'il aime tout le monde.

## Entourés par le mal

Le grand défi consiste cependant à développer et à conserver un cœur reconnaissant quand la souffrance intolérable et le mal nous entourent. Nous ne remercions pas Dieu pour ce qui va mal dans le monde. Quand nous sommes entourés de tant de peines et de souffrances, de si grandes tragédies et d'une cruauté sans nom, comment pouvons-nous continuer de prier en rendant grâce de façon joyeuse ?

Il existe un réel danger que pour arriver à conserver notre joyeuse gratitude nous minimisions la souffrance et le mal présents dans le monde, quand il ne s'agit pas de l'ignorer purement et simplement. Comme il nous est difficile de tenir ensemble les splendides cadeaux de la vie et les horribles souffrances endurées au quotidien par la plupart des gens ! Il n'est pas vraiment utile de dire que la souffrance est une bonne chose pour nous ou que du bien peut en sortir, ou encore que la bonté des dons de Dieu l'emporte sur la souffrance. Il pourrait même y avoir pire : dire aux victimes opprimées, dominées ou maltraitées qu'elles devraient tout simplement accepter leur sort et remercier Dieu pour ce qu'elles ont.

Par ailleurs, il serait stérile de devenir amer et cynique au sujet de notre monde souffrant, de désespérer et d'entourer de haine les gens cruels et dépourvus de compassion. Nous ne pouvons pas laisser le mal du monde détruire en nous l'esprit d'humble reconnaissance.

Si nous voulons être vrais et sincères, comme Jésus, nous devons regarder bien en face toute l'horreur de la souffrance humaine et laisser la cruauté inimaginable de tant de nos frères et sœurs humains nous indigner. Jésus ne se faisait aucune illusion à ce sujet et rien n'indique qu'il ne l'ait jamais minimisée. Il était submergé par la compassion envers tous ceux qui souffrent de quelque manière que ce soit et avait en horreur la cruauté et la méchanceté sous toutes ses formes. Pourtant, il avait aussi le cœur à la joie et à la reconnaissance.

La compassion et la reconnaissance ne sont pas du tout incompatibles. Quand nous nous laissons émouvoir par des sentiments de sympathie et de compassion envers les autres, nous imitons Jésus. En réalité, ce que nous éprouvons alors est quelque chose de l'ordre du divin. Jésus était compatissant parce que son Père était compatissant, et il enseignait à ses disciples à être compatissants à leur tour parce que Dieu est compatissant (*Lc* 6, 36).

La compassion est l'un des plus importants dons de Dieu. Nous pouvons donc rendre grâce à Dieu pour nos sentiments de compassion sans diminuer en aucune manière la réalité de la souffrance qui a suscité d'abord nos sentiments de compassion. Nous ne rendons pas grâce à Dieu pour la souffrance, mais nous sommes heureux de voir des gens qui s'éveillent progressivement à la douleur et aux souffrances des autres et à la réalité de la cruauté humaine. La cruauté humaine, bien sûr, est ce qui arrive quand nous, humains, n'avons absolument aucune compassion, quand nous perdons tout sentiment à l'endroit des autres, quand l'ego règne en maître.

La compassion s'exprime dans la prière d'intercession et dans l'action. Les prières d'intercession sont valables en ce qu'elles nous permettent d'exprimer notre sollicitude et notre inquiétude pour les autres ainsi que notre reconnaissance de notre dépendance de

Dieu. Mais si la compassion est vraie, alors la prière ne se substi-
tuera jamais à l'action. Nous nous sentirons poussés à agir, et à
agir avec audace, partout où nous le pouvons.

La *confiance* est un autre facteur important dans le développement et le maintien d'un cœur reconnaissant au milieu du mal.
Jésus mettait toute sa confiance en Dieu. Il était rempli d'espérance et le demeurait malgré toutes les douleurs et toutes les souffrances, toute la cruauté et tout le mal, tous les échecs et toutes les
déceptions. À notre tour, nous deviendrons capables de développer
et de maintenir un cœur reconnaissant non seulement quand nous
reconnaissons que toute vie est un don, mais aussi quand nous
apprenons à placer notre confiance en Dieu. Car Dieu est à l'œuvre
dans notre monde aujourd'hui et il le sera à l'avenir.

Reste le problème de notre propre douleur, de notre propre
souffrance. Nous ne pouvons nous sentir joyeusement reconnaissants envers Dieu quand nous sommes en colère à cause de nos
souffrances, quand l'apitoiement sur nous-mêmes nous submerge.
Pourquoi Dieu permet-il que cela m'arrive ? Ça, c'est notre ego qui
parle. Mais alors, comment faire face aux maladies douloureuses,
aux accidents tragiques, aux pertes et à l'échec ? Comment, comme
Jésus, accepter de souffrir ?

Comme nous le verrons bientôt, la réponse réside dans l'expérience mystique de ne faire qu'un avec Dieu, avec nous-même, avec
les autres et avec l'univers[7].

# CHAPITRE 11

## Comme un petit enfant

Jésus a mis bien des choses sens dessus dessous, mais aucune n'a été aussi étonnante et inattendue que sa présentation d'un enfant plutôt que d'un adulte comme modèle à imiter et dont nous pourrions apprendre. L'image qu'il a mise de l'avant comme idéal à poursuivre n'était ni celle d'un grand héros, d'une personnalité très forte et très puissante, d'une superstar, ni même celle d'un vieux sage ou d'une vieille sage ou celle d'un contemplatif à la manière du Bouddha. Quand il a voulu montrer l'image de la vraie grandeur qu'il incarnait lui-même, il a choisi celle d'un petit enfant. Pour Jésus, la transformation personnelle ne vise rien d'autre que de devenir comme un enfant. Pourquoi ?

### L'humilité

Un jour que ses disciples discutaient vivement pour savoir lequel d'entre eux était le plus grand, Jésus prit dans ses bras un petit enfant (*Mc* 9, 36-37 par.) et leur expliqua que ce sont les plus petits et les moins importants parmi les membres de la société qu'il considérait les plus grands (*Lc* 9, 48). Il faut savoir que dans la société et la culture de son époque, l'enfant n'avait aucun rang et ne jouissait d'aucun statut. Il n'était rien du tout. Ce que cela implique, c'est que Jésus et ceux qui veulent le suivre sont des «moins que rien», tout au bas de l'échelle sociale[1]. Pour Jésus, l'enfant est un modèle d'humilité radicale (*Mt* 18, 3-4). Ceux qui veulent le suivre devront devenir aussi humbles que les petits enfants.

Il est toutefois important de reconnaître qu'il ne suffit pas de décider de devenir humble pour le devenir. Ce n'est pas à force de détermination et de volonté qu'on peut devenir humble. Plus on essaie, moins on a de chance d'y arriver, car ce genre d'effort serait le travail de l'ego. Ce qu'on peut faire cependant, c'est devenir plus *conscient* de son orgueil, de son manque d'humilité, en un mot de son ego.

L'humilité concerne la vérité. Elle est la reconnaissance de la vérité sur soi-même. S'imaginer être supérieur aux autres alors qu'on ne l'est pas, ou inférieur aux autres alors qu'on ne l'est pas, c'est cultiver une fausse image de soi. Reconnaître la vérité sur soi-même, c'est aussi reconnaître que toutes les comparaisons en termes de supériorité ou d'infériorité sont futiles. La compétition et la rivalité sont le travail de l'ego.

Puisque l'ego est une fausse image de soi, la meilleure façon de le mettre sur la touche ou sur la voie d'évitement est de devenir plus conscient de soi-même en toute vérité, sans se comparer et sans se mesurer sur le mode de la compétition. Autrement dit, c'est en devenant plus conscient de son être véritable qu'on devient humble comme un enfant. L'enfant était pour Jésus l'image parfaite de l'être véritable.

Jésus aimait les enfants. Cela est bien attesté, et c'est ce qui fonde son choix de l'enfant comme modèle. Un jour où ses disciples voulaient éloigner de lui des enfants parce que les adultes étaient occupés à des affaires très sérieuses et importantes, Jésus s'indigna et le leur reprocha : «Laissez les enfants venir à moi, ne les empêchez pas» (*Mc* 10, 13-14 par.). Des parents poussaient leurs enfants vers l'avant, dans l'espoir que cet étonnant homme de Dieu les bénisse ou même simplement qu'il les touche. Mais Jésus voyait beaucoup plus dans ces enfants quelque chose de vraiment très admirable et aimable. Il voyait en eux quelque chose du royaume-famille. «Le royaume de Dieu est à ceux qui sont comme eux» (*Mc* 10, 14-16 par.).

Ce n'est pas seulement parce qu'ils étaient des «moins que rien» qu'on ne remarquait même pas et qu'on négligeait que Jésus aimait les enfants. Il les aimait parce qu'ils ne sont pas hypocrites. À ce stade de leur vie, ils sont encore ouverts et sincères et, d'une manière vraiment remarquable, ils font encore spontanément *confiance*.

## La confiance enfantine

Dans l'évangile de Thomas, Jésus est frappé par la confiance et la satisfaction des nourrissons dans les bras de leur mère : «Jésus vit des petits qui tétaient. Il dit à ses disciples : Ces petits qui tètent ressemblent à ceux qui entrent dans le royaume de Dieu» (22a). Jésus parle ici sans doute des nourrissons, mais l'attitude de confiance dans les parents se prolonge habituellement tout au long de l'enfance, jusqu'à ce qu'elle soit peu à peu érodée à mesure que l'enfant grandit.

Dans le sein de leur mère et tout de suite après leur naissance, les bébés ont «la confiance fondamentale[2]». C'est un instinct naturel, préconceptuel et involontaire. Ils sentent qu'ils font un avec leur environnement et n'ont aucune raison de se méfier de qui ou de quoi que ce soit. Peu à peu, à mesure qu'ils deviennent plus indépendants et vivent sous une forme ou une autre leurs premières expériences de rejet, réel ou vécu comme tel, les enfants apprennent à se méfier des autres et du monde qui les entoure. L'ego isolé prend les commandes, agressif, craintif, méfiant et désireux de contrôler son environnement.

Jésus savait reconnaître chez les enfants, et en particulier chez les nourrissons, cette sorte de confiance totale et inconditionnelle qu'il avait en Dieu, son Père *abba*. En ce sens, Jésus ressemblait à un enfant d'une manière exceptionnelle. Ce n'est évidemment pas l'image habituelle qu'on se fait de lui. On lui a accolé des titres de gloire qui l'exaltent bien au-dessus de tout ce que nous associons aux enfants. On le décrit comme le Roi des rois, le Sauveur souverain, tout-puissant et omniscient. Le décrire comme ressemblant à un enfant n'implique toutefois pas qu'il ait été faible, immature, inexpérimenté ou naïf. Cela signifie que c'est dans sa confiance enfantine envers Dieu qu'il puisait sa force et son assurance.

Nous pouvons le constater à son incroyable intrépidité. Jésus n'avait pas peur des scribes et des pharisiens. Il n'appréhendait pas ce qu'ils penseraient ou diraient à son sujet. Il ne craignait pas ce qu'ils pourraient lui faire, ni eux, ni les grands prêtres, ni le Sanhédrin, Hérode ou Pilate. Et il ne manquait aucune occasion d'encourager ses disciples et ses amis en leur disant : « N'ayez pas peur. Ne vous inquiétez pas. Faites confiance à Dieu » (*Mt* 6, 25-34 ; 10, 19.26-31 par.). Si d'autres maîtres dressent de longues listes d'interdits, ce qui comptait plutôt pour Jésus, semble-t-il, c'est que les gens ne soient pas paralysés par la peur.

Il serait erroné de croire que Jésus ne connaissait pas la peur quand il était exposé à des situations dangereuses. L'évangile nous dit que sa sueur est devenue comme des caillots de sang à Gethsémani quand il a compris qu'il allait être arrêté, torturé et crucifié (*Lc* 22, 44). Mais sa peur ne l'a pas paralysé. Jésus ne lui a pas permis de lui dicter son comportement. Il a fait confiance à son Père, comme en fait foi sa prière bien connue : « Non pas ce que je veux, mais ce que tu veux » (*Mc* 14, 36 par.). La crainte est naturelle et même indispensable en situation de danger, mais comment nous décidons de nous comporter dans ces situations est autre chose. Jésus a pu composer avec sa peur grâce à sa confiance absolue en Dieu.

Jésus est guidé par d'autres motifs encore quand il propose l'enfant comme modèle. Il nous invite à revenir non seulement à l'humilité et à la confiance totale de notre enfance, mais aussi à notre sens de l'émerveillement et de l'enjouement.

## Le sens de l'émerveillement

Le sens de l'émerveillement est une des qualités les plus remarquables d'un enfant sain. Pour lui, tout est nouveau et surprenant. Nous avons tous vu un enfant fasciné par un phénomène naturel qui, pour nous, va de soi. La plupart d'entre nous ont été témoins de l'émerveillement et de la fascination qui se lisent sur le visage d'un enfant qui aperçoit la mer pour la première fois. Le spectacle des vagues qui se lancent à l'assaut de la plage avant de se retirer doucement est presque incroyable pour l'enfant. Il s'enfuit devant la vague montante et fait le chemin inverse quand elle se retire. C'est comme si la mer le taquinait. Pour un enfant qui n'a pas, d'une manière ou d'une autre, été privé de son enfance, la vie est magique et tout est miracle.

En grandissant et en allant à l'école, nous apprenons à composer avec les exigences concrètes du monde dans lequel nous vivons et nous perdons généralement notre sens de l'émerveillement. Nous commençons à tenir les choses pour acquises. La pensée instrumentale prend le dessus et nous devenons terre-à-terre et pragmatiques. Notre sens de l'émerveillement n'est plus utile. Il ne nous habilite pas à faire quoi que ce soit. Alors nous le supprimons et poursuivons notre route. Einstein a dit un jour que faire cela, c'est mourir. « La plus belle expérience que nous puissions faire est celle du mystère. Quand quelqu'un demeure étranger à cette émotion et ne peut plus s'arrêter pour admirer et rester là le souffle coupé, il est pratiquement mort. » Certaines personnes ne perdent jamais leur sens de l'émerveillement, d'autres le retrouvent plus tard dans leur vie : les artistes, les poètes, les mystiques, les amants de la nature et les génies scientifiques comme Einstein.

En lisant entre les lignes des évangiles, il m'apparaît avec une extrême clarté que Jésus avait un sens très aigu de l'émerveillement. La beauté des fleurs des champs le charmait : pour lui, leur splendeur dépassait celle du roi Salomon dans ses plus beaux atours (*Mt* 6, 28-29 par.). Il était en admiration devant le fait que les oiseaux du ciel trouvent leur nourriture sans avoir à semer, à moissonner et à entreposer la récolte dans des silos (*Mt* 6, 26 par.). Il observait le miracle du blé qui pousse silencieusement et invisiblement alors que le fermier dort. « D'elle-même la terre produit d'abord l'herbe, puis l'épi, enfin du blé plein l'épi » (*Mc* 4, 28). Et il voyait la main mystérieuse de Dieu dans toutes ces merveilles de la nature. Jésus était un mystique, mais aussi un poète[3].

Il avait sûrement remarqué que chez les enfants, le sens de l'admiration est intact. Ne serait-ce pas une des choses qu'il aimait chez eux : le fait que tout dans la vie les fascine ? Ne serait-ce pas une des raisons pour lesquelles il choisit l'enfant comme symbole d'une authentique spiritualité ? Ne serait-ce pas ce qu'il voulait dire quand il parlait d'accueillir le Royaume comme un petit enfant (*Mc* 10, 15 par.), c'est-à-dire avec admiration et étonnement ?

## S'émerveiller aujourd'hui

De plus en plus de gens retrouvent leur sens de l'émerveillement qui avait été réprimé. La nouvelle science, qui passe d'une vue mécaniste du monde à une nouvelle vision selon laquelle l'univers est plein de mystères, suscite un profond sentiment d'émerveillement et de fascination chez presque tous ceux et celles qui en prennent connaissance[4]. Nous avons vu au chapitre 4 quelques-uns des phénomènes étonnants et merveilleux découverts chaque jour par les scientifiques.

L'émerveillement, il convient de le noter, n'est pas une manière de penser ou de connaître. Comme tel, l'émerveillement n'apporte pas de nouvelles connaissances ou de nouvelles compréhensions. C'est en voyant quelque chose, en l'entendant ou en en entendant parler qu'ensuite on se retrouve bouche bée, saisi et subjugué. L'émerveillement n'est pas non plus une forme particulière de sentiment ou d'émotion. C'est une expérience profonde mais aussi, et c'est bien plus important, une forme de conscience[5].

On ne peut déclencher à volonté l'émerveillement, ni y arriver au prix d'un travail soutenu ou d'un effort résolu. Tout ce qui est possible, c'est de *lui permettre* de nous saisir. Devant une forme ou l'autre du mystère, qu'il s'agisse d'un phénomène naturel ou d'un phénomène humain, on peut se laisser aller et permettre à l'émerveillement de s'emparer de soi. Ce qui se produit alors, c'est qu'on est emporté par la conscience du mystère. Ravi.

Nous venons de le dire : en lui-même, notre sens de l'émerveillement *ne sert à rien*. Il n'apporte aucune contribution directe à notre succès dans la vie, ni à notre croissance morale, ni à quelque autre but que nous pourrions nous être fixé, toutes choses qui relèvent de la pensée instrumentale et de la planification. La valeur de l'émerveillement réside en ce qu'il surgit de notre être véritable et non de notre ego ou faux moi. L'émerveillement n'est d'aucun secours pour l'ego dans la poursuite de ses buts égoïstes. De fait, l'ego ne peut absolument pas contrôler notre sens de l'émerveillement. Tout ce qu'il peut faire, c'est le réprimer.

Tous les mystiques ont insisté pour dire que leur expérience de Dieu n'était pas de l'ordre du savoir ou de l'intelligence. Elle va au-delà. Elle est une sorte d'inconnaissance ou d'obscurité. Et pourtant, c'est une réalité bien réelle, une véritable forme de conscience. Il semblerait donc que la conscience mystique soit étroitement liée à l'étonnement et à l'admiration. Le mystique se tient étonné devant le mystère de l'amour de Dieu.

Une part importante de notre travail intérieur de transformation personnelle serait de nous permettre d'être soulevés par l'émerveillement aussi souvent que possible. Un bon point de départ est la nature, depuis les fleurs en bouton jusqu'aux oiseaux qui construisent leur nid. La nouvelle science nous fournit d'innombrables raisons d'être captivés et émerveillés. Contentons-nous de deux exemples. Les informations que contiennent nos gènes reliés dans un seul brin d'ADN à l'intérieur de chacune de nos cellules rempliraient un millier de livres de six cents pages chacun ! Et comme notre corps se compose de milliards de cellules, faites le compte ! Notre cerveau est plus complexe que tout ce que la technologie humaine a pu mettre au point. Il contient 100 milliards de centres nerveux, chacun d'entre eux comportant jusqu'à 120 000 connexions ! N'est-ce pas pure merveille ?

La technologie humaine elle-même peut être sujet d'émerveillement. Un ordinateur est un miracle d'ingéniosité humaine. Et que dire de cette merveille qu'est le langage humain? Comment réussissons-nous à établir tous ces liens et à interpréter toutes ces nuances et inflexions pour comprendre une seule phrase? Quant au visage humain, n'est-il pas une merveille d'expressivité? Finalement, ne pouvons-nous pas commencer à tout voir dans l'univers comme un miracle et un mystère?

## L'enjouement et la joie

Finalement, j'aimerais tourner notre attention vers une autre qualité que nous associons à l'enfance: l'enjouement, le rire et le plaisir. Les enfants savent s'amuser en faisant semblant. Ils font semblant d'être des adultes et jouent à la maman, au papa, à l'infirmière, à la mariée, au docteur. Ils s'amusent à conduire une voiture ou à avoir peur de quelque chose. Nous savons tous combien les enfants peuvent se tordre de rire et être excités quand des adultes acceptent à leur tour de faire semblant et de jouer avec eux. Jésus avait bien remarqué ces jeux d'imitation chez les enfants qui, sur la place du marché, discutent pour savoir à quoi ils pourraient bien jouer: au mariage ou aux funérailles, avec les chants qui les accompagnent (*Lc* 7, 32 par.).

Il existe une ressemblance superficielle entre l'enjouement et l'hypocrisie. Dans les deux cas, on prétend être ce qu'on n'est pas. La différence, c'est que l'hypocrite est sérieux, alors que l'enfant sait que c'est seulement pour jouer. L'hypocrite est un mensonge ambulant. L'enfant, lui, connaît la vérité, et c'est ce qui l'amuse tellement. De fait, la meilleure manière de s'occuper de son ego hypocrite ne serait-elle pas d'apprendre à en rire?

Tout comme l'émerveillement, l'enjouement est une des qualités enfantines que nous avons tendance à perdre à mesure que nous grandissons et devenons plus sérieux. Bien qu'il nous arrive de rire et de blaguer, bien peu d'entre nous associent spontanément l'humour à la spiritualité et à la mystique. Comme c'est loin de la vérité! Dans son ouvrage désormais classique sur la mystique, Evelyn Underhill présente une section sur la joie, l'enjouement et la gaieté enfantine des mystiques[6]. Jésus, en particulier, est presque toujours représenté comme une personne singulièrement dépourvue d'humour et épouvantablement sérieuse[7]. L'amour de Jésus pour les enfants devrait suffire à faire mentir ces représentations.

On dit volontiers que les problèmes du monde d'aujourd'hui ne donnent pas envie de rire. Mais quand nous avons appris à placer notre confiance en Dieu, sérieusement et en toute vérité, et à participer au grand projet de Dieu dans l'espérance et l'abandon, nous trouvons que malgré tout, nous pouvons rire de nouveau et être aussi insouciants et joyeux que les petits enfants.

## Dépasser l'infantilisme

Il y a un monde de différence entre être comme un enfant et être puéril. Être comme un enfant, c'est imiter les caractéristiques de l'enfance qui sont profondément humaines et d'une valeur permanente, attitudes que malheureusement la plupart d'entre nous perdons en grandissant: l'humilité, la sincérité, la confiance fondamentale, l'insouciance, le sens de l'émerveillement et le bonheur enjoué[8]. Par contre, être puéril, c'est imiter ou perpétuer ces qualités temporaires de l'enfant qui relèvent de son immaturité et de son manque d'expérience. Il serait puéril d'imiter, à l'âge adulte, l'innocence et la naïveté des enfants. Faire confiance à n'importe qui, à quiconque s'approche, comme le fait un enfant sans expérience, est naïf et immature. Nous devons apprendre aux enfants à ne pas faire aveuglément confiance au premier venu dans la rue. Jouer avec le feu comme peut le faire un enfant qui en ignore les dangers indiquerait un sérieux manque de maturité.

De même, un enfant peut s'en remettre à Dieu d'une manière plutôt naïve et immature. Il peut se représenter Dieu comme une sorte de père Noël qui nous donne les cadeaux que nous lui demandons, ou comme un marionnettiste invisible qui manipule les choses pour nous empêcher de trébucher et de tomber. C'est là une image immature de Dieu et une forme immature de confiance qui seraient inappropriées et puériles chez un adulte.

Malheureusement, pour beaucoup d'adultes, c'est ce que signifient des mots comme «mettre toute sa foi ou toute sa confiance en Dieu». Ils s'imaginent qu'ils peuvent s'en remettre à Dieu pour manipuler les événements à leur avantage, surtout s'ils le demandent de la bonne manière. Ce n'est pas là la confiance qu'invoque Jésus, mais plutôt un infantilisme qui repose sur une compréhension enfantine de Dieu. Il ne faut pas en blâmer les gens, mais nous ne devons pas permettre à cette conception d'assombrir notre compréhension de la confiance à la manière de l'enfant, cette confiance que Jésus a vécue.

Un dernier mot sur la confiance puérile en Dieu: elle sert souvent d'excuse pour ne pas faire ce que nous pourrions et devrions faire nous-mêmes. Je pense particulièrement à ces gens qui, alors qu'ils le pourraient, ne s'impliquent pas dans les luttes pour la justice pour la simple raison qu'ils croient qu'il leur suffit de prier et de «laisser Dieu faire le reste». Cette forme de «confiance» doit certes être rejetée, mais sans nous conduire à sous-estimer l'importance fondamentale de faire confiance à Dieu à la manière des enfants. Tout dépend ici du développement d'une compréhension plus mûre de Dieu, sur laquelle nous reviendrons plus loin.

En choisissant le petit enfant comme modèle, Jésus nous présente une image du type de personne que nous devons devenir si nous voulons saisir toute la signification de sa spiritualité. C'est bien ce que révèle sa fameuse prière d'action de grâce: «Je te remercie, Père [...] d'avoir révélé cela non pas aux sages et aux intelligents, mais aux tout-petits» (*Lc* 10, 21 – ma traduction). Autrement dit, le message de Jésus peut être correctement compris uniquement par ceux qui ressemblent aux enfants. Voilà pourquoi, pour certaines personnes, le saint qui ressemble le plus à Jésus est François d'Assise, avec son humilité pareille à celle des enfants, sa totale confiance en Dieu, son sens de l'émerveillement et sa personnalité si joyeuse.

# CHAPITRE 12

## Lâcher prise

Jésus a interpellé le jeune homme riche en l'invitant à se départir de tout ce qu'il possédait (*Mc* 10, 21-22 par.). Mais l'homme ne pouvait tout simplement pas s'y résoudre. Il était trop fortement attaché à ses richesses. Ses biens l'enchaînaient. Pourtant, Jésus ne l'avait pas invité au dénuement ou à la privation. «Vends tes biens, lui avait-il dit, puis viens, suis-moi.» Cet homme aurait fait partie d'une communauté de partage et aurait trouvé la sécurité que procure la confiance entre des frères et des sœurs – et en Dieu. Mais il n'était pas suffisamment *détaché* pour le faire.

De ceux qui le suivaient, Jésus n'attendait rien de moins qu'un détachement absolu. Ils devaient être disposés à laisser tomber leurs filets et à abandonner leur bateau, leur maison et leur famille (*Mc* 1, 17-20 par.; 10, 28-30 par.), pour toujours peut-être, à tout le moins pour un temps prolongé, pendant qu'ils iraient prêcher de village en village. Plus encore, durant leurs déplacements, ils devraient voyager avec peu de bagages: ni argent, ni provisions, ni vêtements de rechange (*Mc* 6, 7-10 par.[1]). Ils devraient, comme Jésus lui-même, ne se faire aucun souci de ce qu'ils mangeraient et de ce dont ils se vêtiraient (*Mt* 6, 25-34 par.).

Jésus ne demandait pas seulement de se détacher des biens matériels, mais tout autant de sa réputation: «Heureux êtes-vous lorsque les hommes vous haïssent, lorsqu'ils vous rejettent, et qu'ils insultent et proscrivent votre nom comme infâme» (*Lc* 6, 22-23). Et l'exigence suprême, c'était de se détacher de sa propre vie : « Qui veut sauver sa vie la perdra » (*Mc* 8, 34-35 par.). Comment s'étonner alors qu'il ait conseillé à tous ceux et celles qui envisageaient de le suivre de s'asseoir et de bien réfléchir à toutes ces implications (*Lc* 14, 25-33)?

Aucune transformation personnelle n'est possible sans détachement. Mais qu'est-ce que cela peut signifier pour nous aujourd'hui?

## Le détachement

Détachement : ce mot est impopulaire aujourd'hui. C'est comme s'il était synonyme de distance et d'indifférence. Quand on dit de quelqu'un qu'il est détaché, c'est généralement pour dire qu'il est incapable d'avoir des sentiments ou de se passionner pour quelque chose ou pour quelqu'un. Mais ce n'est absolument pas ce que ce terme signifie pour les nombreuses traditions spirituelles qui l'utilisent. Son sens véritable est *liberté*, liberté intérieure. Et bien qu'il n'ait pas été utilisé par Jésus, le mot détachement désigne très bien un élément important de sa spiritualité : la capacité de lâcher prise. Dans la tradition chrétienne, cela s'est exprimé sous la forme de la « pureté du cœur » ou sous celle du cheminement par lequel on devient « pauvre en esprit ».

Pour Maître Eckhart, le détachement est même plus fondamental que l'amour lui-même, car si nous ne sommes pas libres de nos attachements, nous ne pouvons pas aimer pleinement et inconditionnellement[2]. Nous ne sommes pas libres pour aimer tant que nous ne sommes pas disposés à cesser de nous accrocher à nos possessions, de quelque nature qu'elles soient. Sinon, comme le jeune homme riche, notre amour et notre engagement seront toujours entravés.

Notre ego nous enchaîne à une multitude d'attachements. Il tient désespérément à des choses, à des gens, à certains moments et à certains lieux, à notre réputation et à notre image, à notre profession ou ministère, à nos idées et à nos pratiques, au succès et à notre vie elle-même. Voilà ce qui nous enchaîne. Examinons tout cela de plus près.

## Nos attachements

Quand il est question d'attachement, nous pensons d'abord à l'argent et à tout ce que nous possédons. Nos biens, ce sont nos petites folies, notre confort, nos plaisirs. En elles-mêmes, ces choses n'ont rien de répréhensible. Ce qui nous enchaîne, c'est que nous y sommes si fortement attachés. Il est tout à fait normal de profiter de la vie, et rien n'est plus sain que le plaisir et le désir. Le problème, c'est notre incapacité égoïste à nous détacher de ces choses quand les besoins des autres nous interpellent.

À moins que nous ayons l'intention de nous joindre à une communauté de partage, nous n'avons pas à nous départir de notre argent et à vendre tout ce que nous possédons. Nous devons cependant nous en détacher. C'est plutôt facile de se croire détaché et d'imaginer qu'on serait disposé à donner quoi que ce soit s'il le fallait. L'indice de notre liberté intérieure, c'est notre réponse généreuse et spontanée aux besoins des autres. S'il nous fallait diminuer notre niveau de vie pour le bien de tous, aurions-nous la liberté personnelle de le faire?

Les objets sur lesquels notre attachement peut se porter sont illimités. Ce peut même être des choses comme la propreté, l'aspect soigné ou l'ordre. Ces choses sont bonnes en soi, mais elles peuvent devenir une obsession au point de nous rendre insensibles à ce qu'éprouvent des gens malpropres, débraillés ou désordonnés. C'est alors que ces choses nous enchaînent et nous empêchent de nous donner aux autres dans l'amour.

On peut en dire autant de nos sympathies et de nos aversions, par exemple de nos préférences sur le plan de la nourriture et des boissons. Elles sont en soi inoffensives, mais comme il est facile de les vivre d'une manière compulsive, sans que nous puissions envisager de faire des compromis. Ce n'est sûrement pas ça, la liberté !

Nous pouvons bien sûr nous attacher aussi aux *personnes*. Dans notre monde à l'envers, la possessivité se déguise souvent en amour. Nous nous accrochons aux gens parce que nous pensons avoir besoin d'eux. «J'ai besoin de toi» passe pour une déclaration d'amour. Certaines personnes aiment qu'on leur dise : «Que serais-je sans toi ?» Mais l'amour authentique ne se fonde pas sur le besoin. Il n'est pas possessif. L'amour authentique laisse les autres respirer et être eux-mêmes. Être attaché aux autres et dépendre excessivement d'eux, ce n'est pas de l'amour.

Plus que toute autre chose, bien peu parmi nous seraient disposés à donner de leur *temps*. Comme il nous est facile de tenir à *notre* temps comme à un bien précieux ! Quand on est vraiment libre, on est capable de dire que quelle que soit la personne qui se présente, elle est toujours la bienvenue, et quel que soit le moment où elle vient, elle ne nous dérange pas[3]. C'est ce que nous observons chez Jésus. Il souhaite un moment de tranquillité avec ses disciples, mais des gens le suivent. Jésus est suffisamment détaché pour s'occuper de leurs besoins et remettre à plus tard son moment de tranquillité (*Mc* 6, 30-34 par.).

Je peux devoir bien sûr répartir mon temps entre différentes personnes et m'assurer d'en garder pour moi, mais est-ce que je peux le faire librement ? Est-ce que je sais être détaché sur ce point ?

Une des choses auxquelles nous sommes le plus attachés, c'est notre *réputation*. Je pourrais être disposé à lâcher prise sur presque tout, mais pas sur ma renommée. La liberté radicale de Jésus incluait la liberté de faire ce qui était le meilleur pour les autres, même au prix de sa réputation. Son association avec les prosti-tuées et les autres pécheurs a été jugée scandaleuse. On l'accusait d'être un glouton et un ivrogne (*Mt* 11, 19 par.). L'attachement à ce que les autres pensent de nous limite sérieusement ce que nous pouvons faire ou dire. Qu'est-ce que les gens vont penser ? Que vont-ils dire ? Qu'arrivera-t-il à ma réputation d'homme vertueux, de femme aimable, de personne ponctuelle ?

Un être vraiment libre sera détaché même de son *ministère* ou de sa *profession*. Nous pouvons nous attacher tellement à notre travail que, comme le jeune homme riche, nous serions incapables d'y renoncer, quelle que soit la personne qui nous le demande. Nous en sommes esclaves, retenus par des chaînes impossibles à briser. C'est comme notre esclavage de la réussite. Il faut bien sûr tout faire pour réussir ; mais qu'arrive-t-il lorsque nous échouons ? Avons-nous la liberté intérieure d'accepter l'échec, comme Jésus a su le faire ?

## Notre attachement à nos idées et à nos pratiques

Certaines personnes tiennent vraiment très fortement à leurs *idées*. Elles donnent l'impression de tellement s'y identifier que si elles en changeaient, elles perdraient leur identité et feraient aussi bien de mourir. Une personne vraiment libre a l'esprit ouvert. La seule chose qui lui importe, c'est la vérité, quelle que soit la manière dont celle-ci se révèle, d'où qu'elle puisse venir et quel que soit le changement à effectuer dans ses idées et ses convictions pour l'embrasser. En deçà de cela, on est esclave.

Pour certains, le plus dérangeant est ce qui ébranle leurs *certitudes* de toujours. Le plus grand défi n'est pas de remplacer une idée par une autre, mais de laisser l'incertitude remplacer la certitude. Or, la seule manière juste de faire face à un monde où beaucoup des évidences du passé sont remises en question et où les plus grands scientifiques nous disent qu'ils ne savent pas, c'est de pratiquer un authentique détachement par rapport à nos idées et nos certitudes.

En effet, être obsédé de certitude absolue est une autre forme d'esclavage. C'est une manière de trouver sa sécurité sans avoir à s'en remettre à Dieu dans une confiance totale. Fondamentalement, c'est exactement comme nous accrocher à nos biens parce qu'ils nous procurent la sécurité.

Il se peut même que nous devions nous détacher de nos conceptions et de nos certitudes à propos de Dieu. C'est dans la mesure où nous reconnaissons le caractère imparfait de ce que nous pensons de Dieu que notre recherche de Dieu progresse. Il nous faut la liberté d'abandonner certaines de nos certitudes antérieures, parfois même toutes. Voilà qui est de nature à nous plonger dans une «nuit obscure». Mais ce pourrait bien être la seule manière d'avancer vers l'union authentique avec Dieu.

En plus de nos idées, nos *pratiques*, tant culturelles et religieuses que spirituelles, peuvent constituer des attachements qui nous enchaînent. Tous les mystiques nous mettent en garde contre l'attachement à nos dévotions. Je peux trouver particulièrement utile telle dévotion, et il se peut que je n'aie absolument pas à l'abandonner tant que je n'y suis pas attaché. Mais serais-je libre de la laisser tomber si le besoin s'en présentait? Cela s'applique aussi à la méditation dont nous avons parlé plus haut. Elle peut être une véritable corde au cou si nous n'avons pas la liberté intérieure de nous en passer lorsque, pour quelque raison que ce soit, nous sommes appelés à le faire. Quand, par exemple, notre prochain a besoin de nous. Si quelqu'un a besoin de notre aide ici et maintenant et pour une longue période de temps, il se peut que nous devions mettre de côté la méditation aussi longtemps qu'il le faudra.

Maître Eckhart, qui prêchait sans cesse sur la contemplation et la prière mystique, nous presse d'être détachés même de notre contemplation. Dans un de ses sermons[4], il remet à l'endroit l'histoire de Marthe et Marie: il voit en cette dernière, assise aux pieds de Jésus, le symbole d'une personne qui s'est tellement attachée à la contemplation qu'elle est incapable de se lever pour aider à la cuisine, alors que c'est ce que Dieu voudrait qu'elle fasse. Marie a peut-être choisi la meilleure part, mais on peut s'attacher même à la meilleure part.

## Les pertes

Il faut beaucoup de discipline personnelle pour se détacher de ses attachements. Ce n'est jamais facile, bien que le soulagement qui suit un détachement engendre une grande joie. D'une certaine manière, c'est comme quand quelqu'un met fin à une dépendance. Il se sent tellement mieux après, ou du moins après avoir surmonté les symptômes du sevrage. Il est libre!

Parfois, au lieu que nous nous détachions librement des choses, il arrive qu'elles nous soient enlevées malgré nous. Par exemple, nous pourrions perdre en tout ou en partie notre argent et nos biens, alors que nous y sommes encore attachés. La mort peut nous priver de personnes auxquelles nous sommes attachés d'une manière possessive. Des circonstances qui nous échappent complètement peuvent venir ruiner notre réputation ou notre image. Ou encore, il pourrait arriver qu'on démontre publiquement que nous nous sommes trompés dans nos idées.

Ce type de perte est généralement vécu comme une tragédie. Mais cela peut aussi nous aider à devenir plus détachés. Cela peut nous faire comprendre que nous pouvons parfaitement vivre sans certaines de ces choses auxquelles nous tenions tellement. C'est le chemin le plus difficile. Mais il se peut que pour certains, ce soit le seul. Les auteurs spirituels ont une expression pour désigner cela : «la purgation passive».

## L'acceptation de la mort

Nous avons insisté pour dire que le détachement n'implique pas de tout donner, mais d'être prêt à tout donner s'il le faut. Voilà la véritable liberté intérieure, et c'est en ce sens que Jésus était radicalement libre. Aucun attachement n'encombrait sa liberté, pas même l'attachement à sa propre vie. Il était prêt à mourir si cela devait devenir nécessaire.

Nous nous rappelons sa déclaration paradoxale : tant que nous cherchons à sauver notre vie, tant que nous nous y accrochons, tant que nous ne sommes pas prêts à donner notre vie pour les autres, nous sommes déjà morts. Mais dès que nous sommes disposés à mourir, nous devenons pleinement vivants – et libres. Nous marchons avec la menace de la mort suspendue au-dessus de nos têtes. Nous nous en tirons en faisant tout pour ne pas penser qu'un jour nous mourrons. Comme le dit saint Paul, la mort est le dernier ennemi. Mais si nous pouvions embrasser la mort, nous pourrions retirer son aiguillon et alors être vraiment libres.

L'acceptation de la mort est l'ultime détachement. Elle incorpore toutes les autres formes de détachement, parce que c'est le dernier lâcher-prise de notre ego.

Nous l'avons vu, l'attachement est le fruit de l'ego. Mais parce que ce dernier est lui-même une illusion vide, il cherche sécurité et substance dans la richesse, les titres, la profession, le fait d'être l'auteur d'un livre ou toute autre prétention à la notoriété. Quand nous nous identifions à notre ego, nous nous identifions à ces images de nous-mêmes. Nous tirons notre identité de nos attachements et nous ignorons notre moi véritable. Mais une fois que nous avons atteint la liberté intérieure, que nous nous sommes détachés de ces images et de ces identités multiples, nous sommes capables de mettre notre égocentrisme sur la touche ou de le transcender. Nous pouvons alors voir notre ego pour ce qu'il est vraiment : une illusion vide. Plus encore, nous n'éprouvons plus le besoin de protéger notre vie ou de nous y accrocher : nous pouvons lâcher prise.

## Faire confiance à Dieu

Rien de cela n'est possible sans placer sa confiance en Dieu. S'il était possible de lâcher prise par rapport à tout sans nous enraciner en Dieu, ne serions-nous pas comme un astronaute qui aurait abandonné le vaisseau spatial et flotterait pour toujours dans l'espace ? Cela dit, faire confiance à Dieu et être enraciné en lui ne signifie pas être attaché à lui. Il ne s'agit pas de se détacher de tout pour s'attacher à Dieu si bien qu'au bout du compte, nous nous agrippions désespérément à Dieu comme à notre ultime recours.

Faire confiance à Dieu à la manière de Jésus, ce n'est pas s'accrocher à lui. Cela signifie tout quitter pour lui abandonner notre être et notre vie. Il y a une différence entre attachement et abandon. À la fin, en effet, nous devrons nous détacher même de Dieu. Nous devons quitter Dieu pour sauter dans les bras d'un Père aimant auquel nous pouvons nous fier sans réserve. Nous n'avons pas besoin de nous *agripper* à Dieu de toutes nos forces, parce que c'est lui qui *nous tient*, comme un enfant dans les bras de ses parents.

Certaines personnes s'accrochent à Dieu. Elles en font une béquille sur laquelle elles croient devoir s'appuyer parce qu'elles sont trop blessées. On peut facilement le comprendre, et il est important de ne jamais manquer de sympathie envers ces gens. Mais il existe une meilleure solution. C'est de lâcher prise. C'est de s'abandonner. C'est de se livrer soi-même dans un total détachement. Nous pouvons faire confiance à Dieu. S'agripper, c'est toujours la manifestation d'un ego terrifié. Mais ce qui jaillit de notre être véritable, c'est l'abandon et la confiance.

Nous ne savons pas ce que Jésus a éprouvé ou ce qu'il a pensé alors qu'il attendait la mort, suspendu à la croix; mais une très ancienne tradition chrétienne se souvient qu'il s'est senti abandonné par Dieu. Marc et Matthieu nous le montrent récitant le psaume 22, dont les premiers mots sont : «Mon Dieu, mon Dieu, pourquoi m'as-tu abandonné?» (*Mc* 15, 34; *Mt* 27, 46-47). Le texte est cité en partie en hébreu, en partie en araméen : «Eloï, Eloï, lama sabaqtani?», ce qui est très inhabituel et en soi une bonne raison qui milite en faveur de l'ancienneté de cette tradition. Mais cela n'implique pas qu'à la fin, Jésus ne s'est pas abandonné, comme il l'avait toujours fait, à la volonté mystérieuse de Dieu. C'est en effet ce qu'indique Luc en citant comme dernière parole de Jésus : «Père, entre tes mains, je remets mon esprit» (*Lc* 23, 46).

Il faut du temps pour devenir libre, radicalement libre. Il faut toute une vie pour se libérer, une chose à la fois, de tout ce qui nous attache. C'est un travail qui peut s'appuyer sur une expérience grandissante de ne faire qu'un avec Dieu. Ici encore, Jésus nous montrera le chemin.

# PARTIE IV

# JÉSUS ET L'EXPÉRIENCE DE NE FAIRE QU'UN

Les prochains chapitres seront consacrés à une forme bien particulière de conscience. Nous nous attarderons moins à des théories ou à des idées à propos de l'unité profonde de toute chose qu'à *l'expérience* de cette unité dont parlent tous les mystiques. Si nous nous y intéressons particulièrement ici, c'est que ce fut par excellence l'expérience de Jésus lui-même. D'une manière tout à fait extraordinaire et mystérieuse, Jésus était conscient de ne faire qu'un avec Dieu, de ne faire qu'un avec tout son être, avec les autres et avec la création de Dieu tout entière. Il en est résulté pour lui, comme il peut en résulter pour nous dans la mesure où nous tentons d'avancer dans cette direction, une liberté radicale à laquelle nous consacrerons notre dernier chapitre.

J'ai décidé de parler de *ne faire qu'un avec* plutôt que d'unité, d'union, de réconciliation, d'harmonie, de paix ou d'amour. Unité et union donneraient à entendre qu'il existe deux ou plusieurs choses ayant besoin d'être unies ou unifiées. Réconciliation implique l'idée de rapprocher ce qui a été séparé et divisé. Harmonie et paix pourraient suggérer que l'on demeure séparés tout en s'entendant pour éviter le désaccord et le conflit.

Ne faire qu'un, en revanche, implique que nous sommes déjà un et que nous l'avons toujours été, et qu'il s'agit seulement d'en devenir conscients. L'amour alors, comme nous le verrons, est ce qui émerge spontanément quand nous devenons conscients de ne faire qu'un.

Les quatre prochains chapitres seront consacrés à explorer comment nous pouvons accéder à l'expérience de ne faire qu'un avec Dieu, avec nous-mêmes, avec les autres êtres humains et avec l'univers tout entier. C'est pour des raisons pratiques que nous explorerons séparément chacun de ces aspects. En réalité, on ne peut les séparer parce qu'ils forment un tout et que c'est comme un tout que nous en faisons simultanément l'expérience.

Dans beaucoup d'écrits spirituels, on désigne cette expérience de ne faire qu'un par l'expression «voie unitive», le stade le plus élevé de la mystique.

# CHAPITRE 13

## Ne faire qu'un avec Dieu

Certains parlent facilement de Dieu, presque avec désinvolture. Mais ce n'était pas le cas de Jésus. Il en a certes parlé comme de quelqu'un de très proche, d'une proximité intime. Dieu était pour lui son *abba* (comme il l'est aussi pour nous). Et pourtant, Jésus traitait Dieu avec une révérence et un respect impressionnants. Il prenait Dieu au sérieux et il nous invite à en faire autant. Jésus ne connaissait pas les demi-mesures ou la médiocrité.

Bien des gens aujourd'hui ne croient plus en Dieu. Souvent, d'autres qui disent y croire ne le prennent pas vraiment au sérieux et malgré ce qu'ils en disent, en pratique Dieu ne joue aucun rôle dans leur vie. Il ne faut blâmer ni les athées déclarés ni les athées pratiques pour cet état de choses. Le mot «Dieu» a été si souvent improprement employé et il a fait l'objet de tellement de malentendus. Au nom de Dieu, on a torturé, tué, exploité, opprimé et écrasé des millions de personnes. Pour la plus grande gloire de Dieu, on a mené des guerres, des conquêtes et des inquisitions. Au nom de Dieu, on a brûlé des hérétiques et des sorcières et commis de très grandes injustices. Comment le nom de Dieu n'en resterait-il pas gravement entaché?

Bien des images de Dieu dont nous avons hérité sont, pour dire le moins, absolument fallacieuses: Dieu le juge qui punit, Dieu le patriarche masculin suprême, Dieu le grand égoïste qui impose «sa» volonté à tout le monde, Dieu le manipulateur tout-puissant qui nous envoie tremblements de terre, inondations et autres désastres, ou le Dieu extrêmement lointain. Rien d'étonnant à ce qu'il se trouve des auteurs pour suggérer d'abandonner complètement le mot «Dieu». À leurs yeux, c'est un mot irrécupérable. Pourquoi ne pas parler plutôt de l'Absolu, du Divin, de la Transcendance, de l'Être, de l'Énergie créatrice (Thomas Berry), de l'Abîme nourricier (Brian Swimme), ou simplement de l'Esprit (Ken Wilber et bien sûr tant d'autres)? D'autres cependant font valoir qu'il ne faut pas laisser de côté le mot «Dieu» parce que malgré les abus, c'est un mot qui a une histoire très riche. De plus, n'est-ce pas le mot qui a enflammé et inspiré Jésus et ses adeptes? Autrement dit, il s'en trouve pour croire qu'il est récupérable. C'est aussi mon sentiment.

## Dieu inconnaissable

La toute première question qui se pose à nous est de savoir si nous pouvons même connaître quelque chose de Dieu. Les mystiques ne disent-ils pas qu'il est inconnaissable? Thomas d'Aquin n'écrit-il pas que nous ne savons pas ce qu'est Dieu, mais seulement ce qu'il n'est pas? Cette théologie négative est une très ancienne tradition judéo-chrétienne qui remonte à l'expérience que fit Moïse d'un Dieu caché. Dieu est invisible et il n'est pas possible de faire de lui quelque image ou sculpture visible. Il est tout aussi impossible de le nommer d'une manière adéquate. Au bout du compte, il n'y a pas de nom pour dire Dieu. Il est ineffable.

Un auteur chrétien très ancien que nous connaissons sous le nom de Pseudo-Denys a décrit la vie mystique comme une expérience de Dieu qui se produit sans mots, sans noms, sans images, sans aucune connaissance. Cela a été repris par presque tous les mystiques au fil du temps comme la meilleure description de leur propre expérience. C'est ce qu'on appelle la mystique «apophatique». Le chemin qui conduit à ce genre d'expérience mystique implique l'abandon de toutes les images de Dieu, de tout ce que nous pensions savoir sur lui. C'est un processus qu'on désigne parfois par le terme «inconnaissance». Cela ne veut pas dire que toutes nos images de Dieu soient fausses ou inutiles. Cela signifie qu'avant de pouvoir vivre une véritable expérience de Dieu, il nous faut aller au-delà de toutes nos images, les transcender et entrer dans l'inconnaissance.

*Dieu n'est pas un objet :* c'est l'enseignement de tous les théologiens chrétiens aussi bien actuels que passés, de tous les mystiques et de bien d'autres. Nous ne pouvons pas mettre Dieu au rang des autres objets de ce monde, même pas comme le plus grand de tous les objets ou de toutes les choses. Dieu n'est pas une chose à côté des autres choses ou un être à côté des autres êtres. Dieu n'est même pas un être invisible ou caché. Voilà pourquoi certains mystiques en parlent comme « rien[1] ». C'est la raison pour laquelle Dieu ne peut devenir un objet de savoir.

Mais alors, s'il n'est en aucune manière un objet, qu'est-ce que Dieu ?

## Le mystère

« Mystère » : c'est le mot qui a toujours été employé pour parler de Dieu, et c'est celui qu'aujourd'hui plus que jamais utilisent aussi bien les théologiens et les mystiques que les auteurs spirituels[2]. Par définition, un mystère est inconnu et inconnaissable. Il ne peut jamais devenir un objet de connaissance sans cesser d'être un mystère. Cela n'implique pas que ce que nous appelons mystère n'ait aucune réalité. Nous savons *qu'il* est, bien que nous ne sachions pas *ce qu'il* est. Voilà très exactement ce que nous aimerions dire de Dieu.

Ce qui compte est moins la quantité de connaissances que j'ai sur Dieu ou la possibilité de connaître quelque chose à son sujet que de savoir si Dieu est réel ou non pour moi. Un mystère peut être plus réel pour moi que n'importe quelle chose ou personne que je crois bien connaître. Quand j'en fais l'expérience comme d'un mystère, Dieu peut m'être plus réel et plus présent que tout ce que je peux voir, entendre, sentir, goûter ou toucher.

D'une manière tout à fait inattendue, la science nous a ramenés à la réalité du mystère. Ce dont elle nous a maintenant rendus conscients, ou du moins plus conscients que par le passé, c'est que notre connaissance humaine est limitée. Très limitée. Comme nous l'avons vu au chapitre 4, nous pouvons jusqu'à un certain point connaître et comprendre des choses et des processus présents dans l'univers. Mais ce qui est au-delà demeure pur mystère pour l'esprit humain. Il se peut qu'à l'avenir notre esprit et notre cerveau se développent davantage et qu'en faisant plus d'expériences et de découvertes, nous développions de nouvelles perspectives, mais au bout du compte, l'univers demeurera pour nous un gigantesque mystère et nous demeurerons nous-mêmes une part de ce mystère.

Dieu n'est pas *un* mystère, au nombre de plusieurs autres mystères. Il est *le* mystère, et pas seulement le mystère sacré ou divin, ce qui en ferait un mystère parmi bien d'autres, fut-il un mystère très spécial. En un sens, Dieu est le caractère mystérieux de toute chose. Vous et moi faisons partie du mystère, bien que «partie» ne soit pas une très bonne façon de décrire ce que nous cherchons à dire ici. Disons-le d'une manière négative alors: je ne suis *pas* à l'extérieur du mystère de toute chose que je regarderais comme un observateur le considérant de l'extérieur. Je dois m'inclure moi-même dans ce mystère que nous appelons Dieu. Comme le dit Paul: «En lui nous avons la vie, le mouvement et l'être» (*Ac* 17, 28).

Je suis un mystère pour moi-même aussi. Nous le sommes tous. Plus nous cherchons à comprendre qui nous sommes et ce que nous sommes, plus nous faisons face à de l'inconnu et à de l'inconnaissable, au mystère que nous sommes, vous comme moi. Le moi véritable que nous avons commencé à explorer et que nous explorerons davantage au chapitre suivant est un mystère total. Nous ne pouvons ni le voir ni l'entendre. Nous ne pouvons le sentir, le goûter ou le toucher. Nous ne le connaissons que par ses fruits, ses manifestations.

La réaction appropriée au mystère, de quelque nature qu'il soit, est l'émerveillement. Nous avons vu combien les enfants peuvent être fascinés par les merveilles et les choses admirables qu'ils rencontrent. L'émerveillement est une forme de conscience sans mots, sans images, sans compréhension. Quand nous reconnaissons Dieu comme mystère, notre réaction spontanée est l'émerveillement et l'admiration.

## Tout proche

Quelque part au cœur de la spiritualité de Jésus se trouve la conscience de Dieu comme proche, très proche. Son recours au terme familier *abba* implique que Dieu lui était inhabituellement proche. Ne serait-ce pas pourquoi il pouvait dire que le royaume ou le règne de Dieu était proche? Un des plus importants changements apportés par Jésus dans la pensée religieuse et la spiritualité de son temps, c'est la conviction que Dieu n'est pas distant. Le royaume de Dieu n'appartient ni au passé ni au futur, et Dieu n'est pas au plus haut des cieux. Le mystère de Dieu est «au milieu de nous». Jésus savait reconnaître la présence de Dieu dans l'ici-maintenant, dans le moment présent.

Le fait que Dieu soit proche de chacun, peu importe qui nous sommes ou ce que nous sommes, est fondamental dans l'enseignement des mystiques. Les mystiques soufis ou musulmans disent: «Dieu est plus près de moi que ma veine jugulaire.» Maître Eckhart dit, en écho au mot de saint Augustin dans ses célèbres *Confessions*: «Dieu m'est plus proche que je le suis à moi-même. Mon être dépend de ce que Dieu est proche de moi et qu'il m'est présent... Dieu est près de nous, mais nous sommes loin de lui. Dieu est dedans et nous sommes dehors. Dieu est chez nous et nous sommes à l'étranger[3].» Dieu est toujours tout près de nous, pas seulement quand notre vie est bonne, aimante ou sainte. Il est proche de nous même quand nous ne croyons pas en lui ou quand nous l'ignorons. Nous pouvons être loin de Dieu en ce sens que nos pensées sont bien ailleurs et que nous sommes inconscients de sa présence. Mais en aucune manière Dieu ne peut être en réalité très loin de nous ; en effet, si c'était le cas, nous cesserions d'exister. Maître Eckhart se fait un devoir de mettre ses jeunes auditeurs en garde contre le danger de penser Dieu comme distant[4].

Le véritable défi est donc de devenir de plus en plus conscients de la présence et de la proximité de Dieu. En d'autres termes, nous devons devenir plus conscients de la présence du mystère en nous et autour de nous. Le mystère est très proche de nous. Nous vivons dans le mystère, nous nous déplaçons dans le mystère, nous avons en lui notre existence. Notre expérience de Dieu commence comme une expérience d'émerveillement et d'admiration en présence du mystère, ici et maintenant, en tout, y compris en nous-mêmes.

## Ne faire qu'un

Dieu n'est pas seulement plus proche de moi que je le suis de moi-même. *Il ne fait qu'un avec moi* et avec vous. Il existe une mystérieuse identification entre Dieu et notre être véritable, et cette prise de conscience est au cœur de toute expérience mystique. On en parle de bien des manières. On dit : Dieu habite en moi. On dit : l'Esprit de Dieu remplit mon être. On parle d'union avec Dieu, d'union des volontés, voire d'une union comparable à ce qui se vit dans l'union sexuelle, l'union des corps. Mais au bout du compte, les mystiques trouvent toutes ces descriptions inadéquates. Nous retrouvons alors d'autres descriptions qui parlent de notre déification, de notre divinisation, de notre devenir Dieu[5]. Maître Eckhart va même plus loin et affirme que le fondement de notre être est le même que le fondement de l'être de Dieu[6]. Au plus profond, nous sommes un.

De telles affirmations ont été taxées d'hérésies. Ne sont-elles pas une négation de la distinction entre le créateur et les créatures, entre l'incréé et le créé, entre Dieu et le monde ? Ce qui est important pour notre pratique spirituelle aujourd'hui, c'est de comprendre que les mystiques ont fait une expérience si intense de ne faire qu'un avec Dieu qu'aucune parole, même la plus exagérée, ne pourrait la décrire convenablement.

Que faire alors de l'expérience de Jésus de ne faire qu'un avec Dieu? Ce que ses disciples et ses amis ont trouvé de si extraordinaire à son sujet, ce n'était pas seulement qu'il appelait Dieu son *abba*, mais que Jésus s'identifiait lui-même à Dieu. Il y a certes une manière de s'identifier à Dieu qui est une forme d'amour-propre de la pire espèce, mais c'est parce qu'on a, au point de départ, une image de Dieu comme dictateur égoïste qui domine le monde. Jésus s'est identifié à un Dieu humble, plein de compassion, aimant et serviteur et il a eu suffisamment d'audace et de confiance pour parler et agir comme cette sorte de divinité, sans réserves.

Les disciples et les amis de Jésus n'avaient jusque-là jamais été témoins de quoi que ce soit de semblable. Pendant des années, ils ont cherché intensément des mots pour décrire leur expérience d'une personne humaine qui semblait s'identifier avec Dieu. Les générations successives ont poursuivi cette recherche au fil de siècles de débats théologiques. Cependant, ce qui nous intéresse dans ce livre, ce n'est pas d'expliquer Jésus, mais de trouver une manière de l'imiter. Ce dont nous avons besoin, c'est de devenir plus profondément conscients du fait que *nous* ne faisons qu'un avec Dieu.

## Nous sommes aimés

La conviction fondamentale de Jésus n'était pas seulement que Dieu est près de nous, mais aussi qu'il nous aime. Comme nous l'avons vu, l'amour inconditionnel de Dieu était au fondement de la spiritualité de Jésus. Mais si Dieu est le mystère global, comment comprendre cet amour? Dire que nous sommes aimés par ce mystère si intimement près de nous et qui inspire l'admiration, qu'est-ce que cela peut bien signifier? Puis-je être aimé par un mystère, par *le* mystère?

Je peux commencer par reconnaître que le mystère dans lequel je vis, dans lequel je me meus et j'existe ne m'est pas hostile et ne peut pas l'être. J'en fais partie. Le mystère m'a donné naissance. Le mystère doit donc se soucier de moi plus que je peux le faire moi-même. Si le mystère de Dieu est plus proche de moi que je le suis de moi-même et si, en un sens profond, nous sommes un, alors que pourrais-je craindre? Je serai objet de sollicitude en tout temps et en toute circonstance. Rien ne peut vraiment me blesser et tout ce qui m'arrive ne peut être qu'en vue de ce qu'il y a de meilleur. Je suis aimé au-delà de toute mesure, parce que je ne fais qu'un avec le mystère entier de la vie.

Plus je deviens conscient de la proximité du mystère que nous appelons Dieu, plus je deviens conscient de l'impossibilité qu'il me haïsse ou me rejette. Si le mystère du tout me haïssait et me rejettait, il se haïrait et se rejetterait lui-même. Tout comme je suis exhorté à aimer mon prochain comme moi-même, de même je peux en venir à reconnaître que Dieu m'aime comme il s'aime lui-même. D'une manière mystérieuse, nous sommes *un seul moi*.

## Un Dieu personnel

Plus nous avançons, plus il devient difficile de parler du mystère de Dieu autrement qu'en termes personnels. L'amour est une expérience qui implique deux personnes, une expérience de sujet à sujet, une expérience Je-Tu, comme aimait le dire le philosophe juif Martin Buber. L'image que Jésus se faisait de Dieu était carrément personnelle. Dieu était pour lui son *abba* Père. La longue tradition juive dans laquelle Jésus s'inscrivait avait toujours considéré Dieu comme une personne. Jésus n'a pas fait que prolonger cette pratique, il l'a soulignée et approfondie. Son Dieu était une personne infiniment aimante et intime.

Traiter Dieu comme une personne est bien différent de le traiter comme un objet. Dieu n'est pas une personne objective à côté d'autres personnes. Peut-être serait-il préférable de dire que le mystère que nous appelons Dieu est personnel plutôt qu'*une* personne[7]. Le plus important, cependant, est le fait qu'une personne est un sujet, pas un objet.

La conscience de la présence du mystère en nous et autour de nous se traduit facilement en conscience de la présence d'une personne. De fait, nos expériences de présence sont habituellement reliées à une personne plutôt qu'à un objet. Le mystère ressemble davantage à un sujet ou à une personne qu'à un objet ou à une chose. Cela ne signifie pas que Dieu soit un «je» à côté d'autres «je». Comme de plus en plus de gens le disent aujourd'hui, Dieu est le «je» universel.

Pour plusieurs d'entre nous, le processus de «désapprendre» ou d'«inconnaître» nos images antérieures de Dieu peut nous faire passer par une phase d'athéisme, à tout le moins par une période où nous nous débattons avec un Dieu dépersonnalisé. Mais la poursuite de notre quête, surtout si nous apprenons à l'école de Jésus, nous conduira à éprouver Dieu en termes personnels. Ce sera là assurément quelque chose de très différent des images enfantines d'un Dieu personnel avec lesquelles certains d'entre nous ont grandi. La grande difficulté avec un Dieu personnel qui est amour, cependant, c'est ce que nous appelons le problème du mal.

## Le problème du mal

Si l'on peut dire de Dieu qu'il est une personne libre et toute-puissante, alors pourquoi permet-il tant de souffrances, de cruelles injustices et des désastres naturels si dévastateurs, des tremblements de terre, des tsunamis, des sécheresses, des inondations et des ouragans? Voilà ce qui rend si difficile de croire en un Dieu personnel. Ce n'est pas un problème nouveau. Tout au long de l'histoire, les hommes et les femmes qui croient en un

Dieu ou en des dieux personnels ont cherché à y comprendre quelque chose.

Il est important de se rappeler que nous parlons ici d'un mystère. Par définition, un mystère est inconnaissable. Nous ne pouvons comprendre un mystère, ou *le* mystère. Il est au-delà de notre compréhension humaine très limitée. Quand les physiciens quantiques observent le comportement des « particules » dans l'univers subatomique, ils sont confrontés à une réalité mystérieuse qui contredit les lois de la nature observées ailleurs dans l'univers. Cela signifie simplement que ce qui se passe dans le monde subatomique est au-delà de notre compréhension humaine.

Tout ce que nous pouvons dire de Dieu et de la souffrance intolérable ou du mal atroce qui nous engloutit est que nous ne pouvons pas le comprendre. Cela fait partie du mystère, c'est une partie que nous ne pouvons pas comprendre. Quand nous attendons de Dieu qu'il agisse comme *nous* le ferions si *nous* étions Dieu, c'est que nous oublions notre compréhension très, très limitée et l'inimaginable immensité du mystère de Dieu. Ce serait comme essayer de dire à Dieu comment organiser d'une manière plus intelligible l'univers subatomique. C'est ce que Job finit par comprendre après avoir lutté un bon moment et en toute sincérité avec le problème de la souffrance et du mal.

Le théologien Gordon Kaufman nous rappelle que « la connaissance du bien et du mal appartient à Dieu et non à nous ». Dans l'histoire du livre de la Genèse, Adam et Ève veulent devenir comme Dieu, connaître le bien et le mal (*Gn* 3, 5). Toutes nos conceptions de ce qui est vraiment mauvais et de ce qui est le mieux pour nous et pour l'univers comme un tout « doivent toujours être considérées comme discutables[8] », conclut Kaufman.

En dépit de toutes nos limites, toutefois, ce que nous *pouvons* comprendre, c'est ce que nous, comme êtres humains, devons faire face à la souffrance et au mal. Par exemple, nous pouvons utiliser notre science et notre technologie pour prévoir les tremblements de terre, bâtir des maisons qui ne s'écroulent pas, construire des digues pour prévenir les inondations, préserver l'eau, respecter l'environnement, diminuer les émissions de gaz à effet de serre, faire disparaître à jamais la pauvreté et démanteler les structures oppressives.

# CHAPITRE 14

## Ne faire qu'un avec soi-même

On a inculqué à certains chrétiens qu'ils devaient aimer leur prochain, mais se détester eux-mêmes. Pourtant, l'injonction de la spiritualité de Jésus n'est-elle pas «tu aimeras ton prochain *comme toi-même*», supposant clairement qu'on s'aime déjà soi-même?

S'aimer soi-même semble tout à fait naturel et spontané, et pourtant bien des gens ne s'aiment pas. Ils se détestent. Ils détestent qui ils sont, ce qu'ils sont et où ils sont. Combien d'entre nous préféreraient être quelqu'un d'autre, faire quelque chose d'autre, vivre ailleurs, peut-être même vivre avec un autre corps? Certaines personnes ont honte de qui elles sont ou de ce qu'elles sont. Elles portent un masque pour cacher leur véritable identité, parce qu'elles détestent ce qu'elles sont vraiment.

Il ne faut pas confondre l'amour de soi et l'égoïsme ou l'égocentrisme. Aussi étrange que cela puisse paraître, l'égoïsme est une forme de haine de soi. L'égoïsme consiste à se préférer à toute autre personne. Mais aimer, ce n'est pas préférer une personne à une autre. Cette idée est un préjugé. L'égoïsme n'est pas l'amour de soi, mais bien plutôt une préoccupation déplacée de soi-même. Une mère qui couve son enfant peut passer pour une mère aimante, alors qu'en fait elle n'éprouve pas de véritable amour; de même, quand mon ego se préoccupe de moi d'une manière excessive, ce n'est pas du tout de l'amour. C'est un parti pris égoïste. Mon ego n'aime personne, même pas moi-même.

L'amour authentique est un et sans partage. Nous aimons tous le monde du même amour, même nous-mêmes. Comme l'écrit le célèbre psychiatre Erich Fromm, «l'amour est une attitude qui est toujours la même quel que soit son objet, moi inclus[1]». De fait, une manière de surmonter mon égoïsme, de miner mon ego consiste à apprendre à m'aimer tel que je suis. Avant d'en arriver à aimer les autres tels qu'ils sont, je dois être capable de m'aimer inconditionnellement moi-même.

Tant que nous ne résoudrons pas nos conflits intérieurs, tant que nous n'apprendrons pas à vivre en paix avec nous-mêmes, nous n'arriverons pas à surmonter notre égoïsme. Nous sommes pour la plupart divisés contre nous-mêmes. Nous devons nous réunifier, redevenir un.

## En paix avec soi

Jésus était en paix avec lui-même. Sans doute a-t-il lutté contre la tentation dans le désert et contre la peur à Gethsémani, sans doute a-t-il été en colère devant l'exploitation des pauvres sur le parvis du Temple, et pourtant, il ne vivait pas en état de conflit intérieur. Il s'aimait. Il aimait qui il était et ce qu'il était. Son expérience intense d'être aimé par son Père révèle qu'il se trouvait aimable.

Nous aussi, nous sommes aimables. Dieu aime chacun et chacune de nous d'une manière inconditionnelle. Il n'y met pas de «si» ni de «mais». Dieu ne nous aime pas, vous et moi, *à condition que* nous fassions le bien ou fassions de notre mieux ou croyions ou fassions pleine confiance ou quoi que soit d'autre. Impossible de «mériter» l'amour de Dieu en transformant notre vie ou en accédant à un plus grand détachement. Chaque fois que la pensée que nous ne sommes pas assez bons pour plaire à Dieu nous traverse l'esprit, cela signifie que pour nous, son amour est conditionnel. Non, Dieu aime tout être humain comme il est et pour ce qu'il est, avec tous ses défauts. Non seulement le mystère que nous désignons comme Dieu est plus proche de nous que nous ne le sommes de nous-mêmes, mais il nous aime plus que nous nous aimons nous-mêmes.

Toute la vie de Jésus a été une expression de cet amour inconditionnel. Nous avons vu comment il se portait vers tous ceux et celles qui se trouvaient sur sa route, qu'ils soient gouvernants ou mendiants, saints ou pécheurs. Toute personne est aimable, peu importe son degré d'hypocrisie. L'amour authentique est toujours un amour inconditionnel.

Apprendre à *s'aimer soi-même* inconditionnellement, voilà le véritable défi. Cela suppose de nous accepter tels que nous sommes, quoi que nous ayons pu faire dans un passé peut-être louche. Il nous faut apprendre à nous pardonner, ce qui est parfois plus difficile que de pardonner aux autres, parce que nous nous sentons si honteux, si déçus de nous-mêmes, si coupables. Comment ai-je pu, *moi*, faire une telle chose?

Jung parle d'intégrer à notre personnalité notre ombre ou notre côté sombre. Nous devons apprendre à accepter nos faiblesses, nos limites et ce qui nous fait honte. Accepter est bien différent de se résigner. Se résigner à ses fautes et à ses faiblesses signifie les reconnaître à contrecœur, tout en restant déçu et même en colère contre soi parce qu'on a ces limites. Par contre, *accepter* son côté sombre veut dire l'embrasser et l'aimer comme une part de qui l'on est. Se résigner ne fait que perpétuer le conflit intérieur, alors que l'acceptation aimante rend capable de vivre en paix avec soi-même. Au bout du compte, c'est une question d'humilité, car il s'agit d'accepter toute la vérité sur soi-même.

## Aimer son corps

Qu'ils sont nombreux ceux et celles qui ont de la difficulté à aimer leur corps! Cela peut s'expliquer de bien des façons. Peut-être votre corps vieillit-il, avec son lot de fatigue, de maladies et de douleurs. Peut-être est-il laid, c'est-à-dire bien loin des normes actuelles de ce qui est beau et fait tourner les têtes. Vous en venez alors à percevoir votre corps comme un fardeau que vous n'avez pas le choix de porter. Certains ont même été éduqués à considérer leur corps comme un handicap à supporter jusqu'à ce que la mort les en délivre.

On peut en arriver à détester son corps. On peut se mettre en colère et devenir très impatient s'il n'est pas tel que l'on voudrait qu'il soit. On peut aussi en venir à avoir peur de son corps, à cause de ses appétits et de ses désirs apparemment incontrôlables. Naturellement, ce que certaines personnes craignent plus que tout, c'est le désir sexuel. Nous devons tous trouver une manière de nous approprier le fait d'être homme ou femme, notre orientation sexuelle et nos désirs sexuels. Pour certains, c'est là une lutte longue et pénible.

Le plaisir et la souffrance relèvent inévitablement de la vie corporelle. Le plaisir en lui-même est un don de Dieu à savourer et à apprécier. Il ne devient problématique que lorsque l'ego l'annexe à ses fins égoïstes et que nous nous mettons à ne vouloir rien nous refuser. La souffrance est inévitable elle aussi, et nous chercherons à l'éviter, mais sans tomber dans l'erreur de croire que le bonheur équivaut à n'avoir que du plaisir, sans un gramme de souffrance. Le bonheur, c'est la capacité de porter ma souffrance, quelle qu'elle soit, et de différer le plaisir ou même d'y renoncer chaque fois que c'est nécessaire.

La dichotomie ou le dualisme corps-âme a fait des ravages dans la vie spirituelle de générations de chrétiens. En réalité, la totalité d'une personne, c'est le corps et l'âme. Il est désastreux de les séparer. Mon corps n'est pas une chose distincte qui aurait été rattachée à moi-même. Je suis mon corps[2]. Et si je dois m'aimer, alors bien sûr je dois aussi aimer mon corps, ou plutôt aimer tout ce qui est associé au mot «corps», depuis la sexualité jusqu'au fait de respirer. Ce qui est en jeu ici, c'est de ne faire qu'un avec soi-même et avec tout ce qui nous constitue. Plus précisément encore, nous devons parvenir à la conscience d'être un organisme global et non un assemblage de pièces détachées.

Il ne s'agit pas non plus de simplement accepter son corps tel qu'il est. Si l'amour de soi englobe le corps, on doit donc l'accueillir pleinement, en prendre soin et le traiter convenablement. Cela veut dire s'occuper de sa santé, manger sainement, faire de l'exercice, se ménager suffisamment de repos. Plusieurs pauvres ne peuvent se procurer des aliments nourrissants. Plusieurs ouvriers n'ont pas suffisamment de temps pour se reposer. Quand ils luttent pour une vie plus humaine et plus saine, ils ne font pas quelque chose qui serait «non spirituel». Ils luttent pour le droit de vivre la spiritualité que Jésus nous propose. Toute forme de spiritualité qui négligerait le corps serait profondément dans l'erreur.

L'ascétisme du passé qui châtiait le corps et cherchait à le supprimer a été une déformation malheureuse de la spiritualité dont Jésus a vécu et qu'il a enseignée. On considérait à tort le corps ou «la chair», de même que tous les désirs et les sentiments qui lui sont associés, comme adversaires de l'esprit. Comme nous l'avons vu, les désirs sont bons en eux-mêmes. C'est l'utilisation égoïste du désir qui nous crée des problèmes. C'est ce que reconnaissent la plupart des mystiques. Certains d'entre eux ont d'abord été des ascètes pratiquant des actions héroïques d'endurance et de mortification. Mais globalement, ils en sont sortis et ont appris à s'aimer et à aimer leur corps. Des auteurs comme Maître Eckhart dissuadaient dès le départ de recourir à des pratiques ascétiques. Pour lui, c'est par le détachement qu'il fallait remplacer l'ascèse physique[3].

Notre époque est devenue extrêmement consciente de la beauté du corps et de ses merveilles. Nous apprécions davantage les joies des sens : le toucher, le goût, l'odorat, l'ouïe et la vue[4]. On peut certes être distrait jusqu'à commettre des abus égoïstes, mais l'égoïsme est un problème qui affecte tous les secteurs de la vie. Il n'est pas possible d'être en paix avec soi-même et d'être unifié sans apprendre à aimer son corps.

## Aimer son être véritable

Un bon point de départ pour apprendre à nous aimer est d'aimer notre être véritable. Car notre être véritable est manifestement aimable.

Nous avons précédemment examiné comment notre être véritable se manifeste dans notre expérience. Quand nous nous sentons émus de compassion envers ceux et celles qui sont dans le besoin, c'est que notre être véritable se manifeste. Quand nous repérons en nous un moment d'honnêteté et de sincérité dans notre désir de connaître la vérité sur nous-mêmes ou sur quoi que ce soit d'autre de la vie, là encore, c'est notre être véritable. Si nous sommes submergés de reconnaissance pour tous les dons et toutes les grâces qui comblent notre vie, cela vient de notre être profond. Les moments où nous nous découvrons agir inexplicablement avec un courage et une bravoure qui ne nous ressemblent pas découlent d'une impulsion qui monte de très profond en nous. Si nous avons déjà éprouvé la joie paisible d'avoir pu mettre notre ego sur la touche en faisant quelque chose pour les autres sans attendre aucune récompense, sans qu'on nous remercie et même sans que personne s'en rende compte, c'est qu'alors nous étions en contact avec notre être véritable. Et quand l'émerveillement et l'admiration nous soulèvent, c'est que nous avons permis à notre être véritable de commander.

Il nous arrive souvent de voir dans de telles expériences des manifestations de l'Esprit saint ou la grâce de Dieu à l'œuvre en nous. Cela est exact, et il est important de reconnaître que Dieu habite en nous et qu'il est plus près de nous que nous-mêmes. Mais nous ne devrions pas voir les manifestations d'amour comme si elles n'avaient rien à voir avec nous. Penser ainsi supposerait que nous nous identifions exclusivement avec notre ego. Dieu agit en nous, mais il agit à travers notre être véritable. En fait, c'est très exactement cette expérience qui a conduit les mystiques à affirmer que le petit soi particulier ne fait qu'un avec le grand Soi universel, le mystère du moi et le mystère de Dieu. Et c'est ce qui nous rend, vous et moi, infiniment aimables.

Cependant, nous avons des ego égoïstes ; il nous arrive donc parfois de nous identifier à notre ego et d'agir à partir de notre égocentrisme, si bien que celui-ci prend le contrôle de notre vie. Nous ne devrions pas nous en vouloir pour cela. Nous pouvons plutôt rire de notre stupidité, mais cela fait partie de cette part de la vérité sur nous-mêmes que nous devons apprendre à embrasser afin d'arriver peu à peu à nous identifier davantage à notre être véritable et moins aux fausses images de nous-mêmes qui continuent de nous tenter.

## Embrasser son unicité

Chacun de nous est unique. Il n'y a jamais eu, et il n'y aura jamais plus une personne individuelle comme moi – ou comme vous. Nous ne sommes ni supérieurs ni inférieurs aux autres, ni meilleurs ni pires. Mais nous *sommes* différents – et uniques. Chacun de nous a un rôle unique à jouer dans le déploiement mystérieux de l'univers. Il importe peu de savoir si mon rôle est important ou mineur, ou s'il exigera beaucoup de temps, ou encore si je jouerai un rôle de premier plan comme leader ou le rôle d'un enfant qui meurt de faim. Mon rôle et ma contribution, quoi qu'ils se révèlent être, sont uniques. Essayer de jouer un autre rôle ou celui d'une autre personne relève du fantasme.

De toute évidence, Jésus a été un individu unique qui a joué un rôle unique dans l'histoire de l'humanité. Il en était pleinement conscient, mais il était tout aussi conscient du caractère unique de chaque personne. La personne devant lui n'était pas qu'un mendiant de plus ou un soldat romain comme les autres, ou un des pharisiens ou un jeune homme riche parmi tant d'autres. Chacun était à ses yeux une personne unique. Voilà pourquoi il pouvait aimer chacun d'eux sans s'arrêter à l'étiquette qu'ils portaient, à leur apparence ou à leurs péchés. Même ses ennemis reconnaissaient sa totale impartialité et son insensibilité absolue au rang ou au statut social de quelqu'un (*Mc* 12, 14 par.). L'important pour lui, c'était la personne.

Jésus avait appris cela de son Père. L'amour inconditionnel de Dieu embrasse chacun de nous comme individu unique. On pourrait dire en fait que Dieu aime notre unicité. À lire l'histoire de l'évolution, nous apprenons que Dieu aime la diversité. L'évolution est un processus créatif qui va de l'avant vers une diversité croissante des espèces, et des individus au sein de chaque espèce. Le nombre d'espèces qui ont existé, existent toujours et évolueront à l'avenir est incalculable. Nous faisons partie d'un univers immense où règnent une grande diversité et une grande complexité, mais nous n'y sommes ni perdus ni oubliés. Chacun de nous est unique et aimable d'une manière unique.

L'individualisme égoïste est une manière déformée de comprendre son unicité. Les individualistes considèrent que leur unicité les met à part des autres. Ils se voient eux-mêmes comme séparés et indépendants, comme uniques, parce qu'ils sont le centre de l'univers. Pour eux, unicité équivaut à supériorité, à être meilleur ou plus important que les autres. «Je suis unique et tous les autres ne sont que des compétiteurs ou des obstacles sur ma route.» L'ego n'apprécie pas la vraie valeur que représente le caractère unique de chacun.

Le contraire de l'individualisme, ce n'est toutefois pas le collectivisme. Pour vivre en unité avec les autres, nous n'avons pas à détruire notre individualité. Le développement d'un soi individuel au fil des siècles a représenté une conquête majeure pour la race humaine[5]. Nous ne devons pas chercher à revenir en arrière, à l'époque où nous vivions et agissions ensemble comme des tribus ou des nations, sans que chacun ait une identité propre ou puisse prendre des décisions pour lui-même. Nous avons découvert que nous sommes des individus uniques.

Apprendre à nous aimer signifie embrasser notre unicité irremplaçable, ce qui inclut nos forces et nos faiblesses, nos succès et nos échecs, nos idées géniales et nos bêtises, notre corps et notre âme.

## Embrasser sa mort

Nous mourrons tous un jour. Nous préférons l'oublier. Notre ego égocentrique ne veut pas qu'on lui rappelle la mort, parce que celle-ci marquera la fin définitive de son règne. Après la mort, notre être véritable va se prolonger dans le grand Soi que nous appelons Dieu, mais toutes les fausses images de soi descendront dans la tombe avec nos restes. Rien n'est plus de nature à remettre efficacement l'ego à sa place que la pensée que nous mourrons un jour.

La mort fait partie de la vie. Ma mort fait partie de qui je suis et de ce que je suis. L'oublier, ce serait vivre dans une sorte de monde imaginaire. Chaque individu va et vient, parce qu'une partie de ce qui nous rend uniques découle du temps relativement court qui nous est accordé. Embrasser son unicité, c'est embrasser, parmi beaucoup d'autres choses, sa propre mort.

Je peux considérer ma mort comme mon ennemie. Je peux aussi la considérer comme mon amie. Je la vois comme ennemie lorsque je considère qu'elle va mettre fin à ma contribution pleine de suffisance à la race humaine et gâcher mes plans. La mort est mon amie quand elle me rappelle que ma contribution unique a ses paramètres et qu'aussi limitée qu'elle puisse être, la vie est un don gratuit reçu de Dieu. Ma mort me rappelle que je ne suis pas indispensable. Dans le grand déploiement de ce splendide univers, il existe bien d'autres êtres, humains et non humains.

Embrasser sa mort ne signifie pas s'attarder d'une manière morbide aux détails concernant les circonstances de sa mort ou à l'intensité des souffrances qui précéderont son décès. Embrasser sa mort dans l'ici-maintenant, c'est consentir consciemment à mourir, quelles que puissent être les circonstances de sa mort. C'est ce que Jésus a vécu. S'il était libre, c'est parce qu'il avait déjà embrassé sa mort. Il avait l'esprit tranquille parce qu'entre autres choses, il avait fait la paix avec sa mort.

Pour chacun d'entre nous aujourd'hui, embrasser sa mort fait partie de la grande aventure d'apprendre à s'aimer tel qu'il est: un, entier et unique.

# CHAPITRE 15

## Ne faire qu'un avec les autres êtres humains

Aimer Dieu et aimer son prochain : voilà qui est sans contredit au cœur de la spiritualité de Jésus. Mais n'est-il pas un peu étrange que nous en parlions comme du grand *commandement* ? Comment peut-on commander à quelqu'un d'aimer ? L'amour n'est-il pas une émotion qui surgit en nous dans certaines circonstances ? Comment pourrait-il être une question d'obéissance et de devoir ? On peut sans doute nous ordonner de nous comporter d'une manière polie et respectueuse envers les autres, mais qui pourrait vraiment aimer quelqu'un simplement en le décidant ou à coups de volonté ?

En lisant entre les lignes des évangiles, je suis porté à penser que ce n'est pas sous le mode d'un commandement ou d'une loi que Jésus parlait d'aimer Dieu et le prochain. Ce n'est pas lui qui, dans l'évangile de Luc (10, 25-28), affirme que l'amour de Dieu et du prochain est le plus grand commandement. C'est un légiste. Mais on en est venu à en faire l'enseignement de Jésus lui-même (*Mc* 12, 28-34 ; *Mt* 22, 34-40). C'était certes ce qu'il enseignait, mais je doute qu'il ait voulu en faire un commandement ou une loi.

Pour lui, aimer Dieu, c'est une manière de répondre avec joie et reconnaissance à son amour inconditionnel. C'est une réaction qui apparaît spontanément quand on fait l'expérience dans sa vie que Dieu est un Père aimant et prévenant. C'est ce qu'exprime de manière non équivoque la première lettre de Jean : « Nous, nous aimons, parce que lui, le premier, nous a aimés » (4, 19). Mais dans les faits, beaucoup de chrétiens aujourd'hui ont une vision tout à fait opposée : si nous nous efforçons d'obéir au commandement d'aimer Dieu et si, avec sa grâce, nous y arrivons, alors Dieu répondra en nous aimant. Pour Jésus, au contraire, c'est l'amour de Dieu qui est premier.

Il en va un peu différemment avec notre prochain, car il se peut que celui-ci ne nous aime pas du tout. En fait, s'il est assez naturel d'aimer les personnes qui nous aiment, ce qui est ici en jeu, c'est l'amour des ennemis, l'amour de ceux qui nous détestent et qui nous maudissent (*Lc* 6, 32-36 par.) ou, sans aller jusque-là, l'amour des personnes qui sont très différentes de nous, de ceux et celles qui sont pour nous de parfaits inconnus ou des gens que nous connaissons mais qui n'en finissent pas de nous agacer. Comment en arriver à les aimer ?

Nous pourrions dire, comme le fait Jean dans sa lettre (4, 11), que puisque Dieu aime tout le monde d'une manière inconditionnelle, nous devrions les aimer à notre tour. Mais pour cela, il faudrait bien encore un effort de volonté. Comment apprendre à aimer nos frères humains *d'une manière spontanée* comme le faisait Jésus ?

Si nous voulons arriver à aimer spontanément notre prochain, la solution se trouve dans les mots « comme soi-même » : aimer son prochain comme soi-même. Si je pouvais arriver à voir mon prochain comme un être pareil à moi, une extension de moi-même, un moi élargi en quelque sorte, aimer mon prochain serait aussi naturel et spontané que m'aimer moi-même. Voilà pourquoi il faut modifier profondément notre conscience : comment *voyons-nous* nos frères et sœurs humains ?

## Les relations

Commençons par les plus proches : notre famille, nos amis, nos connaissances, nos collègues. C'est en pensant à eux que nous parlons de « nos relations ». Nous avons déjà mentionné le fait que Jésus avait lui aussi un cercle étroit d'amis, de disciples et de parents. Jésus aimait tout être humain, mais il entretenait des relations privilégiées avec certaines personnes.

Le problème, c'est que notre ego traite tout le monde, même ceux qui nous sont proches, comme des *objets*. L'ego les voit comme des objets à utiliser, à posséder, dont nous pouvons nous accommoder ou que nous pouvons entretenir, ou au contraire haïr et rejeter. Ils peuvent être ou non l'objet de notre intérêt. Ils peuvent être objets sexuels. Ils peuvent même être objets de notre pitié, de notre charité. Mais l'ego égocentrique ne les voit jamais comme des *sujets*, c'est-à-dire des personnes.

La plupart d'entre nous ont appris à dépasser ce genre d'égocentrisme, mais cela ne veut pas dire qu'il ne nous arrive jamais d'être tentés de traiter en objets même ceux qui sont les plus proches de nous. À d'autres moments par contre, nous arrivons vraiment à entrer en relation avec l'autre comme une personne, un sujet, comme nous, qui éprouve des sentiments et des craintes, qui affronte des problèmes et nourrit des espoirs, tout comme nous. C'est ce que nous appelons «se mettre à la place de l'autre». Comment doit-on se sentir quand on est là où il est? À quoi ressemble la vie quand on la voit de son point de vue? Comme nos relations seraient meilleures si nous nous arrêtions parfois pour nous rappeler que la personne avec qui nous nous trouvons ici et maintenant a elle aussi ses propres pensées et est habitée par ses propres craintes!

Se mettre à la place de l'autre, c'est vivre une expérience de sujet à sujet, une expérience Je-Tu. Quand nous devenons conscients que l'autre est un être à part entière, nous pouvons sentir que nous ne faisons qu'un avec lui. C'est le point de départ de ce qu'on appelle l'intimité. Il ne s'agit pas ici seulement d'intimité sexuelle, mais plus largement de cette espèce de proximité qui nous permet de partager qui nous sommes, ce que nous éprouvons, ce qui nous rend uniques.

Nous avons vu comment Jésus traitait chaque personne qu'il rencontrait, et pas seulement ses amis, comme un individu unique. S'il y arrivait, c'est que pour lui chacun était une personne. Un sujet. Il aimait son prochain comme lui-même, comme un autre lui-même. En fait, il *s'identifiait* à tous les autres êtres humains.

## S'identifier aux autres

Quand Matthieu veut récapituler une dernière fois l'enseignement de Jésus sur l'amour de Dieu et du prochain, il compose une dramatique mise en scène judiciaire où un juge doit séparer les bons des méchants, les brebis des boucs (*Mt* 25, 31-46). L'enseignement à la base de cette mise en scène vient effectivement de Jésus, mais le recours au jugement dernier comme technique dramatique au service de son enseignement relève de Matthieu. Aucun des autres évangiles ne rapporte une histoire semblable, bien qu'on trouve chez chacun le même enseignement fondamental sur l'amour de Dieu et du prochain. De plus d'une manière, l'histoire de Matthieu affine notre compréhension de la spiritualité de Jésus.

Tout d'abord, le critère du jugement dans cette histoire, c'est la manière dont ceux qui comparaissent devant le juge se sont comportés envers leurs frères et sœurs humains. On ne leur pose aucune question sur leur attitude envers Dieu, leur fidélité à remplir leurs obligations, à respecter le sabbat ou tout autre commandement. Ce qui se trouve au cœur du jugement, ce sont des activités qu'on appellerait aujourd'hui des «œuvres de miséricorde». As-tu donné à manger à ceux qui avaient faim? As-tu donné à boire à ceux qui avaient soif? As-tu accueilli l'étranger, vêtu celui qui était nu, pris soin du malade, visité les prisonniers? Voilà ce que veut dire concrètement aimer son prochain. Voilà selon quel critère on juge si oui ou non on a aimé son prochain.

La seconde caractéristique de ce jugement est qu'on y considère l'amour du prochain, en pratique, comme identique à l'amour de Dieu, que la personne jugée en ait été consciente ou non. Ainsi, quand tu as donné à manger à ceux qui avaient faim, donné à boire à ceux qui avaient soif, accueilli l'étranger, vêtu la personne nue, soigné le malade ou visité le prisonnier, c'est à Dieu que tu l'as fait. Et quand tu as refusé d'aider une personne affamée, assoiffée ou nue, d'accueillir un étranger ou de visiter un malade ou un prisonnier, c'est Dieu qui a été négligé, que tu en aies été conscient ou non. Impossible de faire saisir d'une manière plus percutante et plus efficace l'identification entre Dieu et le prochain.

La troisième chose à observer, c'est que le juge s'identifie aux *victimes* qui ont été aidées ou qui ne l'ont pas été. Il est désigné au début du récit comme « le Fils de l'homme » et, un peu plus loin, comme « le roi ». De qui s'agit-il ? De Dieu, de Jésus ou des deux ? Ce n'est pas clair. Mais manifestement, Dieu s'identifie à tout être humain, si bien que tout ce que nous faisons à un autre, c'est à Dieu que nous le faisons. C'est également ce qu'a fait Jésus. « Ce que vous avez fait à l'un de ces plus petits qui sont mes frères, c'est à moi que vous l'avez fait. » Impossible de mieux exprimer que Jésus ne faisait qu'un avec tous les humains. Pour Jésus, ce qu'on fait à un autre être humain, c'est à lui qu'on le fait.

L'interpellation est on ne peut plus claire. Suivre Jésus aujourd'hui, c'est si bien s'identifier à tous ses frères et ses sœurs en humanité qu'on puisse dire : « Ce qu'on leur fait, c'est à moi qu'on le fait. » En d'autres termes, ce qui constitue mon identité, ce n'est pas seulement mon être individuel et unique. Mon identité, c'est ce grand « nous » de la race humaine[1]. Et surtout, n'allons pas le comprendre comme une simple métaphore ou quelque chose du même genre. Nous ne sommes pas invités à aimer notre prochain *comme si* notre prochain était nous-même. Dans le récit de Matthieu, le juge ne dit pas : « Quand vous l'avez fait à l'un de ces plus petits qui sont mes frères, c'est *comme si* vous me l'aviez fait à moi », mais bien « c'est à moi que vous l'avez fait ». Il s'agit d'une identification objective, concrète. Dieu *est* un avec tous les êtres humains, et nous *sommes* un avec les autres, que nous en soyons conscients ou non.

Comme il est important de devenir conscients de cela ! En effet, nous aimer les uns les autres naît spontanément de la découverte et de la conscience continue de ne faire qu'un avec les autres.

Ce à quoi il est fait référence ici est la solidarité qui existe au sein de la parenté. C'est habituellement avec nos proches parents que nous éprouvons ce type de solidarité. Une mère s'identifie tellement à son enfant qu'elle pourrait dire « ce que vous faites à mon enfant, c'est à moi que vous le faites ». C'est la même chose entre frères et sœurs. Les liens du sang peuvent même unir les membres de la famille étendue ou d'un clan au point que si l'un est insulté, ce sont tous les autres qui le sont.

L'origine première de l'amour du prochain dans les Écritures juives, c'est le lien de parenté. Dans le Lévitique, le prochain, c'est le parent ou la parente (*Lv* 19, 18). Il va de soi de l'aimer comme on s'aime soi-même. On peut même envisager un élargissement pour inclure « l'émigré installé chez toi, l'étranger qui vit avec toi » (*Lv* 19, 34 ; *Dt* 10, 18-19), mais personne d'autre, surtout pas les ennemis.

Jésus a élargi la solidarité ou le lien de parenté à toute la race humaine. « Vous avez appris qu'il a été dit : "Tu aimeras ton prochain et tu haïras ton ennemi." Et moi, je vous dis : Aimez vos ennemis » (*Mt* 5, 43-44). Pour lui, chacun était son frère, sa sœur, sa mère, son oncle, sa tante. Il s'identifiait à eux, quels qu'ils soient, quoi qu'ils aient fait et quelle que soit la manière dont ils se comportaient envers lui. Il aurait pu dire même de ses ennemis : « Ce que vous faites à l'un d'entre *eux*, c'est à moi que vous le faites. »

## Une seule chair

Nous formons tous une seule famille. Le même sang coule dans nos veines et nous avons les mêmes ancêtres. Nous sommes une seule espèce, *homo sapiens*, nous descendons tous de ce premier couple humain que nous appelons Adam et Ève[2]. Nous sommes une seule chair[3].

Je viens du sein de ma mère – chair issue d'une chair. Je tire mon origine de la rencontre d'un spermatozoïde et d'un ovule. Puis, fœtus dans le sein de ma mère, j'ai traversé les différents stades du développement jusqu'au jour où je suis sorti de l'utérus et suis devenu un bébé encore totalement dépendant d'elle pour ma survie. Ma mère venait du sein de sa mère et sa mère d'une autre mère, et ainsi de suite. Nous sommes une seule chair.

On pourrait dire que nous avons commencé quand notre père et notre mère se sont unis sexuellement, quand ils sont devenus «une seule chair», comme le dit Jésus, qui emprunte l'expression au livre de la Genèse (*Mc* 10, 8 ; *Gn* 2, 23-24). Nous venons tous de quelqu'un d'autre et nous nous unissons pour nous perpétuer. Que nous participions ou non au processus procréateur, que nous ayons ou non des enfants ne change rien au fait que nous sommes tous une seule chair. Vous êtes la chair de ma chair et l'os de mes os, et je suis la chair de votre chair et l'os de vos os (*Gn* 2, 23). Toute notre vie, nous demeurons une seule chair, peu importent les illusions d'être indépendants et séparés que nous pouvons nourrir. En réalité, nous sommes entrelacés, en interrelation et interdépendants. Personne ne pourrait survivre sans les autres. Sans les autres, nous n'aurions ni langage ni connaissance. Nous sommes membres les uns des autres. Nous ne faisons qu'un.

Quand on reconnaît son prochain comme sa propre chair et son propre sang, il devient possible de l'aimer spontanément, peu importe ce qu'il est ou ce qu'il peut avoir fait. Il devient possible de dire avec Jésus : «Ce que vous faites à l'un de ces plus petits qui sont mes frères et mes sœurs, ma famille, c'est à moi que vous le faites.»

Peu importe le point de vue où je me place, mon identité véritable est d'être membre de la race humaine. Mon être véritable, c'est d'être un humain avec tous les autres êtres humains. Tout le reste est secondaire. Jésus n'était pas moins humain que nous tous. Et s'il l'était davantage, c'est en raison de sa conscience plus vive de ne faire qu'un avec tous les humains.

## L'empathie

Le meilleur mot français pour désigner ce que vivait Jésus est «empathie». *Le Petit Robert* le définit comme «la faculté de s'identifier à quelqu'un, de ressentir ce qu'il ressent». Voilà où nous conduit la conscience grandissante de notre solidarité avec les autres êtres humains. L'empathie est plus large que la compassion. Nous sommes mus de compassion devant ceux qui souffrent. Mais l'empathie s'étend aux personnes même quand elles ne souffrent pas. Nous souffrons avec ceux qui souffrent, mais nous nous réjouissons aussi avec ceux qui sont joyeux, nous aimons avec ceux qui aiment, nous pleurons avec ceux qui pleurent et nous luttons avec ceux qui luttent. Nous partageons leurs sentiments parce que, comme nous, ce sont des personnes avec des sentiments.

Ainsi, nous souffrons avec tous ceux et celles qui souffrent : les affamés, les sans-abri, les chômeurs, les victimes de mauvais traitements et les exploités, les malades et les mourants, les prisonniers et tous ceux qui souffrent de solitude. Et plus nous laissons leur souffrance nous émouvoir, plus nous vibrons aussi à leur patience héroïque ou à leur colère à l'égard de ceux qui les font souffrir.

L'empathie pour les pauvres nous conduit à ce qu'on appelle aujourd'hui «une option pour les pauvres». On ne parle pas ici de préférer les pauvres. L'expression courante «option préférentielle pour les pauvres» est trompeuse. La compassion et l'empathie n'ont rien à voir avec des préférences, qu'il s'agisse des nôtres ou de celles de Dieu. Dieu n'a pas de préférences. Opter pour les pauvres, c'est prendre parti avec eux contre ceux qui les appauvrissent ou, pour le dire autrement, prendre parti pour une cause juste. Sur le plan structurel, la cause des pauvres est une bonne cause, une cause juste, peu importe ce que peut être telle ou telle personne pauvre dans sa vie personnelle et privée. Et la cause des riches est injuste, peu importe leur sincérité ou leur inconscience comme individus.

L'empathie s'étend à tous les êtres humains. Pouvons-nous arriver à ressentir ce que ressentent des personnes superficielles, étourdies ou névrosées ? Celles qui sont blessées et brisées, incluant celles qui boivent trop ou consomment des drogues ? Celles qui souffrent d'un handicap mental ou dont l'odeur est insupportable ? Nous sommes tous membres de la même famille humaine.

Pouvons-nous aussi apprendre à éprouver de la sympathie et de la compréhension envers ceux qui agissent mal : les voleurs, les menteurs, les hypocrites et les assassins ? Il ne s'agit pas d'approuver ce qu'ils ont fait, mais de reconnaître qu'en d'autres circonstances, nous-mêmes aurions pu être comme eux. Du reste, nous avons vu comment Jésus se refusait à blâmer ou à chercher des coupables mais cherchait plutôt à pardonner et à guérir.

Une des histoires les plus émouvantes circulant en Afrique du Sud raconte l'expérience d'une psychologue clinicienne noire qui agissait à titre de chercheuse pour la Commission Vérité et Réconciliation. Elle passa des journées entières à interviewer un policier blanc très connu, Eugene de Kock, que les médias avaient surnommé « le Mal incarné ». À sa grande surprise, elle découvrit qu'il était lui aussi un être humain, une personne qui avait ses émotions et ses problèmes. Elle finit par être capable de lui pardonner vraiment et publia son expérience dans un livre très émouvant et magnifiquement écrit[4].

Quand nous prenons pleinement la mesure du fait que la race humaine ne fait qu'un, notre empathie s'étend également à tous ces gens bons et héroïques dans le monde, dont l'amour désintéressé va au-delà de tout ce que vous et moi sommes capables de faire. Sans être aucunement envieux, nous nous réjouissons de ce que de telles personnes existent et remercions Dieu pour elles. Chacun a un rôle unique à jouer.

Tant que nous n'aurons pas surmonté notre ego et découvert que nous ne faisons qu'un comme humains, nous allons continuer à nous comparer, à nous situer en rivalité les uns par rapport aux autres, à faire souffrir les autres, à les combattre et à les tuer.

Notre espèce ne survivra pas à moins que nous commencions à reconnaître que nous sommes une seule chair et formons une même famille.

## Partager

Nous l'avons vu dans notre lecture des signes de notre temps, en dépit de l'individualisme exacerbé du monde occidental, le désir d'unité et la conscience de la nécessité de coopérer et de travailler ensemble ne font que grandir. Les excès de l'individualisme, en particulier de la cupidité, nous mènent peut-être à devenir plus conscients de la nécessité du partage et de la cohésion. L'insistance de Jésus sur le partage est ici particulièrement pertinente[5].

Être conscient de ne faire qu'un et d'être solidaires nous amène naturellement et spontanément à un esprit de partage. Penser que nous pourrions nous aimer les uns les autres sans partager n'est qu'une illusion. À partir du moment où l'on sent qu'on est une seule chair, il nous apparaît aussi naturel de partager que de nourrir ses propres enfants.

Plus notre expérience d'être ensemble et inséparables grandit, plus nous commençons à orienter tout ce que nous faisons et tout ce que nous disons vers ce qu'on appelle le *bien commun*. Concrètement, nous en venons à prendre conscience que ce qui est bon pour tout le monde est aussi bon pour nous. Il ne peut y avoir de conflit entre notre bien et le bien commun. C'est de cette conviction que découle tout naturellement le partage ; il n'est donc aucunement nécessaire d'obliger les gens à partager. L'erreur fondamentale des pays socialistes au siècle dernier a été d'obliger des nations entières à partager, alors qu'une majorité écrasante de leur population ne le voulait pas. Cela s'est révélé contre-productif et source d'oppression. L'esprit de Jésus nous conduit vers un désir passionné de partager parce que le bien de l'autre est le nôtre et qu'ensemble nous ne voulons rien d'autre que le bien commun.

## Des communautés qui partagent

Pour promouvoir l'esprit de partage, Jésus a formé de petits groupes, de petites communautés de croyants qui, comme des frères et des sœurs, ont mis en commun ce qu'ils possédaient. Jésus lui-même a vécu dans une communauté de partage avec ses disciples. On nous dit de Judas qu'il était chargé de la bourse commune (*Jn* 12, 6). C'était là le germe du royaume de Jésus, qui ressemblerait à une famille.

Le livre des Actes des apôtres nous décrit bien ce que ces communautés ont cherché à faire :

> La multitude de ceux qui étaient devenus croyants n'avait qu'un cœur et qu'une âme et nul ne considérait comme sa propriété l'un quelconque de ses biens ; au contraire, ils mettaient tout en commun. [...] Nul parmi eux n'était indigent : en effet ceux qui se trouvaient possesseurs de terrains ou de maisons les vendaient, apportaient le prix des biens qu'ils avaient cédés [...] Chacun en recevait une part selon ses besoins. (*Ac* 4, 32-35[6]).

Cette forme de mise en commun était très importante dans les premières communautés chrétiennes, les «assemblées des saints», et Paul l'élargit même à une forme de partage entre communautés quand il institua la grande collecte pour la communauté de Jérusalem, qui était plus pauvre (*1 Cor* 16, 1-4 ; *2 Cor* 9, 11-15[7]). S'il fut si difficile de maintenir ces pratiques, éphémères dans l'histoire de l'Église, c'est parce que la spiritualité radicale de Jésus s'est peu à peu édulcorée. L'idéal de mise en commun est demeuré vivant au sein des monastères, des couvents et autres communautés religieuses.

Aujourd'hui plus que jamais, comme nous l'a montré notre lecture des signes de notre temps, nous devons trouver des moyens de raviver l'esprit de partage qui nous vient de Jésus. Il n'est pas toujours facile de voir comment et par où nous pourrions commencer aujourd'hui, mais une véritable empathie à l'égard des autres nous forcera à chercher les meilleures manières pour y arriver dans les circonstances où nous nous trouvons. Notre solidarité et notre amour les uns des autres ne doivent pas rester une idée abstraite ou un sentiment confortable. Dans la pratique, il faudra que cela devienne, fut-ce progressivement, une réalité économique.

Jésus ne pensait pas uniquement à l'aumône ou à ce que nous appelons la «charité». Partager, c'est plus que donner de notre surplus aux pauvres. Essayer de vivre, dans un isolement splendide, la spiritualité de Jésus qui invite à ne faire qu'un, en se contentant de donner généreusement aux pauvres, ne fonctionnera tout simplement pas. Pour arriver à ne faire qu'un, il faut non seulement que je m'identifie aux autres, mais il faut aussi que les autres s'identifient à moi. Nous avons besoin les uns des autres. Je ne puis atteindre aucune forme de perfection spirituelle sans l'aide de quelqu'un d'autre. S'il n'y a vraiment personne pour m'aider, si personne ne partage avec moi, ma croissance sera retardée. Voilà pourquoi Jésus ne s'est pas contenté de conversions privées et de réalisations spirituelles individualistes. Il a rassemblé des gens en communautés de type familial comme semences du Royaume qui naît. C'est au sein de ce genre de communautés que ses disciples ont découvert qu'ils ne faisaient qu'un avec les autres et qu'ils étaient solidaires les uns des autres. En apprenant les uns des autres, en s'aimant et en partageant, ils se guérissaient les uns les autres.

Où ailleurs que dans des familles et des petits groupes de partage sous une forme ou sous une autre, au sein des Églises ou à l'extérieur, arriverons-nous à faire un peu l'expérience de ce que signifie être traités comme des personnes et traiter les autres comme des personnes, et de ce que l'amour spontané peut signifier? C'est seulement sur cette base que nous arriverons à rejoindre tous nos frères et sœurs humains dans la solidarité et l'amour.

Certains d'entre nous auront la chance d'avoir de meilleures occasions d'amour mutuel et de partage, tout comme d'autres ont
davantage accès à des conditions favorisant le silence et la solitude.
Oui, nos conditions de vie sont différentes et nettement inégales,
comme le sont nos rôles dans la vie. Cependant, nous sommes tous
une seule chair.

# CHAPITRE 16

## Ne faire qu'un avec l'univers

Faire pleinement sienne la spiritualité de Jésus implique une certaine conscience de ne faire qu'un avec l'univers. L'union extraordinaire de Jésus avec Dieu ne se manifestait pas seulement dans son identification avec tous les êtres humains, mais aussi en ce qu'il ne faisait qu'un avec la nature. Parce qu'il vivait à une époque préscientifique et préindustrielle, la nature n'était pas pour lui une ressource à exploiter ou une machine dont on se sert. Pour Jésus, toute la nature, humains compris, était *la création de Dieu*.

Jamais Jésus ne se serait imaginé que Dieu avait créé l'univers au commencement pour l'abandonner ensuite à son sort. Pour lui, Dieu ne cesse d'être plein d'attention et de prévenance pour toute sa création. Il nourrit les oiseaux, couvre les champs de fleurs, fait briller le soleil et tomber la pluie sur les justes et les injustes (*Mt* 6, 26-30 par. ; 5, 45 par.). Tout l'univers existe grâce à son action et à sa créativité. Cette attitude de Jésus envers la création a dû être façonnée par les magnifiques psaumes et cantiques qui célèbrent la création dans les Écritures[1]. C'étaient là les prières et les chants qu'il entendait à la synagogue où il a grandi. Nous avons déjà eu l'occasion de noter chez lui ce sens enfantin de l'émerveillement devant les merveilles de la nature.

Ce qu'il est particulièrement important d'observer ici, cependant, c'est que pour Jésus, les êtres humains sont partie intégrante de la création de Dieu. Nous sommes des créatures tout comme le sont les oiseaux du ciel et les lis des champs, et nous aussi sommes l'objet de l'attention et de la prévenance de Dieu. Tous les cheveux de notre tête sont comptés (*Mt* 10, 30 par.). Pour Jésus, les êtres humains ne se situent pas au-dessus de la création, à la manière d'observateurs extérieurs. Ils en font partie. Ils en sont sans doute une part très précieuse et importante, mais quand même une part. «Soyez donc sans crainte, dit Jésus, vous valez mieux, vous, que tous les moineaux» (*Mt* 10, 31 par.; voir aussi *Mt* 6, 26 par.). Mais c'est de la même manière qu'il a soin des moineaux que Dieu a soin de vous.

L'expérience que Jésus avait de ne faire qu'un s'enracinait dans son expérience de Dieu comme son *abba*. Mais Dieu était aussi pour lui comme un *abba* ou créateur attentif pour les oiseaux du ciel et les lis des champs, pour chacun de nous et pour tout ce qui existe. Jésus a donc dû éprouver personnellement qu'il appartenait à la nature et à ses rythmes. Au sujet de la paix intérieure de Jésus, John Dominic Crossan a cette observation pénétrante: «Ce n'est pas de la connaissance de mystères secrets du passé ou du présent que viennent la sérénité et la sécurité transmises par Jésus à ses disciples, mais de son observation des rythmes de la nature dans l'ici et maintenant[2].»

## L'expérience des mystiques

L'expérience mystique de ne faire qu'un avec Dieu semble avoir toujours impliqué une expérience de ne faire qu'un avec la nature et avec l'univers. L'exemple classique est celui de François d'Assise. Personne ne lui a appris à aimer les oiseaux et les fleurs, les rochers et les forêts, le soleil et la lune, et à les traiter comme ses frères et ses sœurs. Sa douceur et sa tendresse envers toutes les créatures, incluant les êtres humains, et particulièrement les pauvres et les lépreux, découlaient tout simplement et comme naturellement de son expérience de ne faire qu'un avec Dieu. François sentait qu'il y avait un lien intime entre lui et toutes les créatures de Dieu.

Le frère dominicain Martin de Porres (1579-1639) était peut-être sans instruction, mais il a vécu la même expérience. Alors que ses savants confrères de Lima, au Pérou, s'adonnaient à l'étude, à la prédication et à la liturgie, lui nourrissait les affamés, s'occupait des malades et entretenait des relations amicales avec les rats de la maison. Tout cela découlait tout à fait spontanément de son expérience de Dieu[3].

Le mystique et paléontologue du siècle dernier Teilhard de Chardin (1881-1955) a aimé la matière sous toutes ses formes et a enseigné à plusieurs d'entre nous à faire de même. Il nous a aussi enseigné à nous considérer comme faisant partie d'un univers en pleine évolution.

Il ne manque pas de récits d'expériences-sommets où des gens soudain prennent vivement conscience de ne faire qu'un avec tout l'univers[4].

Effectivement, l'expérience de ne faire qu'un avec les autres êtres humains serait incomplète et vaine sans une expérience de ne faire qu'un avec le reste de l'univers. Nous ne sommes pas et ne pourrons jamais être une espèce isolée. Comme êtres humains, nous faisons partie de la nature ; nous appartenons à la grande communauté des êtres vivants. Plus encore, le soleil est notre frère, la lune, notre sœur, et la terre, notre mère. Nous appartenons à la grande famille de la création.

S'identifier à la nature et à l'univers dans son ensemble n'est pas une option facultative. Pour la spiritualité mystique, c'est au contraire absolument essentiel. Il m'est impossible de découvrir mon identité, mon être véritable, si je ne sors pas de moi-même pour entrer en contact avec la nature d'une manière ou d'une autre. Faire partie de la nature relève de mon identité fondamentale. Il faut que cela devienne plus que de simples mots. Il faut que cela devienne *une expérience*.

Des millions de personnes sont presque entièrement privées de tout contact avec la nature, et c'est une privation très grave. Combien vivent dans des jungles de béton enveloppées de smog urbain, où il leur est impossible d'apercevoir le ciel et les étoiles, et même le soleil et la lune! Les pauvres des villes ne sont pas privés seulement de nourriture, de vêtements, d'abri ou de dignité, mais aussi de tout véritable contact avec la nature. Quelle tâche importante, parmi tant d'autres, que celle de découvrir comment retrouver notre lieu d'appartenance et d'aider les autres à faire de même!

Affirmer que ce retour à la nature n'est que sentimentalité et romantisme serait une très grave erreur.

## Un changement de paradigme

L'expérience que nous pouvons faire aujourd'hui de ne faire qu'un avec l'univers a sans doute beaucoup en commun avec celle qu'en ont fait ceux qui nous ont précédés, Jésus et les mystiques, mais elle est aussi profondément différente. Comme nous l'avons vu dans notre chapitre sur la nouvelle science, nous avons changé de paradigme relativement à notre compréhension de l'univers. Autrement dit, nous ne parlons pas ici de changements mineurs dans notre manière de comprendre les créatures de Dieu, mais d'une façon de voir entièrement renouvelée, d'un nouveau cadre conceptuel pour comprendre tout ce que nous pouvons voir, entendre, goûter, sentir ou toucher.

Ce nouveau paradigme, c'est celui d'un *univers en constante évolution*. Tout ce qui existe a évolué et continue d'évoluer à partir d'une explosion initiale d'énergie que nous appelons le *Big Bang* et qui s'est produite il y a entre treize et quinze milliards d'années. Nous sommes depuis longtemps familiers avec le développement de l'histoire, l'évolution des structures sociales et, surtout depuis Darwin, l'évolution de tous les êtres vivants. Mais, comme l'indiquent Swimme et Berry, «dans tous ces cas, on présupposait que l'univers lui-même existait sous une forme stable[5]». Nous savons aujourd'hui que l'univers n'est en aucune manière une entité fixe ou stable mais plutôt un processus continu, «une séquence irréversible de transformations[6] ». L'univers n'est pas un lieu. Nous ne vivons pas *dans* l'univers ; nous sommes parties prenantes du processus. Voilà le nouveau paradigme qui a ébranlé les fondements de toutes nos hypothèses précédentes.

Le nouveau paradigme a fait disparaître la vision mécaniste des choses et rendu insensées nos tentatives de contrôle et d'exploitation de la nature au service de nos motifs égoïstes et mesquins. Le monde industriel actuel a tout simplement perdu contact avec la réalité.

Jésus est antérieur à tout cela. Il ignorait tout de la vision mécaniste du monde et de l'exploitation industrielle de la nature. Pour lui, loin d'être une simple machine ou une horloge qui tic-taque à vide, l'univers était prégnant de mystère et vibrant de l'énergie créatrice de Dieu. Toutefois, Jésus ne savait rien de la dimension évolutive révélée par le nouveau paradigme. Autrement dit, il ignorait que l'activité créatrice quotidienne de Dieu est évolutive. Mais cela ne l'a pas empêché de jouir d'une unité totale avec toute la création.

Par contre, ce que ce nouveau paradigme nous offre, c'est une occasion sans précédent d'approfondir l'expérience de ne faire qu'un avec l'univers et, à travers elle, de ne faire qu'un avec Dieu. Cela nous fournit aussi l'occasion d'approfondir notre reconnaissance de la gloire de Dieu manifestée dans la grandeur et l'immensité de cet univers au déploiement si mystérieux.

Je dois préciser prudemment que cela nous offre une *occasion* de le faire. La science, quel que soit le niveau de ses progrès, est différente de l'expérience religieuse ou l'expérience mystique. On ne peut pas non plus s'en servir pour « prouver » la vérité de l'expérience mystique, comme nous l'avons déjà indiqué. Tout simplement, la science élargit aujourd'hui le champ de ce que nous pouvons voir, entendre, goûter, sentir et toucher, multipliant ainsi les occasions de nous émerveiller, d'admirer et de comprendre davantage.

Cela dit, on ne saurait exagérer l'ampleur de ces nouvelles possibilités et de leurs multiples conséquences pour la spiritualité mystique. Un nombre étonnant de scientifiques formés à l'école de la nouvelle science, en commençant par Einstein lui-même, ont été conduits par leurs découvertes à une forme quelconque de mysticisme. Ce phénomène des scientifiques qui parlent comme des mystiques a tellement fasciné le philosophe Ken Wilber qu'il en a fait l'objet d'une étude. Une des conclusions auxquelles il est parvenu est que ces scientifiques distinguent tous très clairement leur science et leur mysticisme. Ce sont deux activités ou expériences humaines différentes[7].

Parallèlement, un nombre croissant de personnes qui ne sont pas des scientifiques professionnels développent également une spiritualité mystique qui s'articule autour de la nouvelle histoire de l'univers, et cette tendance semble vouloir s'accentuer d'une manière exponentielle dans un proche avenir.

Pour approfondir ces nouvelles possibilités, nous gagnerons à examiner attentivement les trois principes qui régissent la dynamique de notre univers émergent: l'unité, la diversité et la subjectivité[8].

## Unité

L'univers est un tout; rien ne l'a démontré d'une manière plus stupéfiante que la découverte que tout a pour origine une seule et unique «singularité», comme on l'appelle, minuscule au point de défier toute imagination, de laquelle a jailli une puissante explosion d'énergie – le *Big Bang*. Tout, absolument tout s'est développé à partir de cette singularité: la matière et l'esprit, les atomes et les étoiles, les éléments chimiques et les formes de vie, vous et moi. C'est Teilhard de Chardin qui, le premier, fit observer que l'esprit ou la conscience doit avoir été présent dès les tout débuts, parce qu'il n'existe pas de matière sans une forme ou l'autre d'esprit[9].

Comme êtres humains, nous sommes une seule chair appartenant à une seule famille humaine. Comme êtres vivants, nous appartenons à la famille étroitement soudée des organismes vivants qui ont évolué les uns à partir des autres depuis quatre milliards d'années. Ainsi donc, nous aussi, comme entités individuelles, nous pouvons remonter la trace de nos ancêtres jusqu'à cette explosion initiale d'énergie. Nous sommes le produit d'un processus d'une créativité spectaculaire de développement de la matière et de l'esprit. Nous ne faisons qu'un avec les étoiles et tout le reste.

L'autre grande manifestation de l'unité dans la nouvelle histoire de l'univers est le fait que nous soyons à ce point en interrelation et interdépendants. Les scientifiques ont acquis la conviction que tout ce qui se produit dans la longue histoire de cet immense univers est relié à tous les autres événements. Il n'existe pas d'événements isolés ou séparés. Et comme nous l'avons vu au chapitre 4, aucun événement ne dépend d'une seule cause ou même d'une seule série de causes. Tout événement dépend finalement, d'une manière ou d'une autre, de tous les autres événements dans un mystérieux réseau d'interdépendance défiant toute imagination.

Le mystère de notre univers en expansion, c'est le mystère époustouflant que tout est un et tout ne fait qu'un.

## Diversité

Le deuxième principe dynamique de la nouvelle compréhension de l'univers est la différenciation. Le déploiement et l'expansion de l'univers se font selon un processus de diversification sans fin. Les atomes, les molécules, les cellules, tout s'assemble dans une variété déconcertante d'entités et d'espèces. Il y a eu et il existe toujours d'innombrables millions d'espèces végétales et animales, d'insectes, d'oiseaux et de poissons. Le déploiement de l'univers n'obéit pas à un hasard aveugle. Il montre une préférence pour un accroissement de la diversité, d'une plus grande complexité et de nouvelles profondeurs de conscience. En ce sens, l'évolution a bien une direction générale globale.

La théorie de Darwin, pour qui l'évolution des espèces est déterminée par le mécanisme simple de la sélection naturelle, a

été dépassée par les découvertes de la microbiologie et de la génétique. Celles-ci permettent d'observer dans la toile de la vie un
processus beaucoup plus complexe aussi bien de coopération que
de compétition[10].

Comme l'affirme Thomas Berry à la suite du généticien
Theodosius Dobzhansky, «l'émergence de l'univers n'est soumise ni
au déterminisme ni au hasard : elle est créative[11]». Autrement dit,
la direction de l'univers ne suit pas servilement, étape par étape,
un plan conçu à l'avance. Ça, c'est notre manière humaine de fonc-
tionner, avec notre intelligence rationnelle, fixe et déterminée. Ce
n'est pas la manière de Dieu.

L'étude scientifique de l'évolution nous permet d'apprécier
infiniment mieux aujourd'hui que le créateur n'agit pas à la
manière d'un manufacturier humain qui produit des marchan-
dises. Il agit davantage à la manière d'un artiste. L'univers n'est
pas l'actualisation d'une planification prédéterminée, mais le
magnifique résultat d'une créativité artistique continue. C'est
aussi pour cette raison que chacun de nous est unique, une œuvre
d'art unique. Nous ne sommes pas fabriqués en série.

Les données scientifiques nous donnent l'occasion de faire une
certaine expérience de la mystérieuse et continuelle créativité de
Dieu dans toute sa variété et sa beauté. Nous reconnaissons la
gloire de Dieu dans la grandeur d'un univers qui se déploie d'une
manière créative.

## Subjectivité

Le troisième principe dynamique de la nouvelle histoire de
l'univers est la subjectivité. Ce sont généralement les psychologues,
les philosophes et les théologiens qui parlent du sujet ou du «moi»,
et donc de la subjectivité. La science, pour sa part, parle d'objets.
Mais en étudiant l'évolution de l'univers, des scientifiques en sont
venus à la conclusion qu'il n'est pas qu'un agrégat d'objets, mais
un ensemble de systèmes qui s'auto-organisent. Il y a des systèmes

au sein d'autres systèmes, chacun avec un principe organisateur ou une forme ou une autre de «soi». Ce n'est pas seulement un univers d'objets, c'est un univers de sujets.

Nous faisons partie de cet univers, pas seulement comme des objets au milieu des autres objets qui le composent. Nous sommes des sujets qui participent à la subjectivité de l'univers. Nous sommes des personnes.

Cela nous conduit tout naturellement au mystère de la conscience humaine dont parle bien Beatrice Bruteau :

> C'est d'une manière *subjective* que nous faisons l'expérience de notre propre conscience, en tant que sujets, de l'intérieur. C'est de l'extérieur, objectivement, que nous avons observé [plus tôt dans le livre] tous les autres niveaux d'organisation, les voyant comme des objets de notre cognition. Mais dans le cas de notre conscience, nous faisons quelque chose qui est très différent, qui est beaucoup plus que la connaître comme un simple objet de notre cognition : c'est en étant conscients d'être conscients que nous la connaissons[12].

Notre conscience, et donc notre subjectivité, ne peuvent être expliquées. C'est une donnée primaire. On ne peut l'expliquer en référence avec quelque chose de plus simple ou premier. Le mystère s'épaissit à tout instant.

## Un tout homogène

Ne faire qu'un avec Dieu, avec soi-même, avec les autres et avec l'univers forme un tout homogène. Toute tentative de ne faire qu'un avec Dieu tout en demeurant étranger aux autres et à la nature serait un pur fantasme. Similairement, une expérience de proximité avec la nature qui exclurait les êtres humains et leur propre unité personnelle serait incomplète et inefficace. Toute expérience authentique de ne faire qu'un avec chacun et avec tout, cependant, doit comporter ne faire qu'un avec Dieu, même si nous ne sommes pas pleinement conscients de sa présence. En effet, comme nous l'avons vu dans le récit des brebis et des boucs, «ce que vous faites aux plus petits, c'est à moi que vous le faites», que nous en soyons conscients ou non.

Ce dont il s'agit ici, c'est d'une expérience homogène unique qui consiste à sortir de notre égocentrisme et de notre isolement pour nous unir à tout ce qui existe. C'est un mouvement qui va de la séparation à l'unité, de l'égoïsme à l'amour, de l'ego à Dieu. Et bien que cela puisse sembler assez abstrait, alambiqué et bien loin des problèmes et préoccupations de la vie quotidienne, c'est en pratique une expérience d'une simplicité magnifique, cette simplicité qui se reflète chez Jésus.

Le mystérieux auteur du quatrième évangile était de toute évidence un mystique; il avait saisi qu'au bout du compte, Jésus était la révélation que *tout ne fait qu'un* : il ne faisait qu'un avec le Père, le Père ne faisait qu'un avec lui et avec nous, nous ne faisons qu'un avec les autres, avec lui et avec le Père (*Jn* 17, 21-23). Bien que ce soit d'une manière très différente, entre autres parce qu'il inclut la dimension cosmique, Paul en parle lui aussi : «Il a plu à Dieu de tout réconcilier par lui [Jésus] et pour lui, et sur la terre et dans les cieux» (*Col* 1, 20). «Ainsi, ajoute-t-il ailleurs, Dieu peut être tout en tous» (*1 Cor* 15, 28).

## Dieu et l'univers

Nous avons examiné comment nous ne faisons qu'un avec Dieu, avec nous-mêmes, avec les autres êtres humains et avec l'univers. Il nous reste à examiner comment Dieu et l'univers ne font qu'un.

La plupart des théologiens et des auteurs spirituels parlent de Dieu en termes à la fois de transcendance et d'immanence. La transcendance divine désigne la manière dont Dieu transcende ou dépasse l'univers. Son immanence désigne la manière dont il habite cet univers. Il arrive souvent cependant que la transcendance soit mal comprise, comme si elle voulait dire que d'une manière bien mystérieuse, Dieu vit dans un autre monde, un monde spirituel et invisible qui se situerait *à l'extérieur* de l'univers. Parallèlement, on se représente l'immanence de Dieu comme si elle voulait dire que Dieu est partout présent *à l'intérieur* de l'univers. Mais «à l'intérieur» et «à l'extérieur» sont des métaphores spatiales qui ne conviennent pas et peuvent même induire en erreur. Il n'y a rien en dehors de l'univers, parce qu'il n'existe pas d'espace en dehors du continuum espace-temps de l'univers. Et parce qu'il n'y a pas d'en-dehors, parler d'un en-dedans n'a pas beaucoup de sens non plus. Il en résulte des malentendus au sujet de la transcendance et de l'immanence de Dieu.

Bien que Dieu soit immanent au monde, plusieurs croyants ont été amenés à l'imaginer comme appartenant à un autre monde, à un monde céleste, et donc très éloigné de la vie quotidienne. Mais comme nous l'avons vu, pour Jésus, Dieu était très proche, au milieu de nous. Jésus a certes désigné Dieu comme notre Père *céleste*, mais cela ne voulait pas dire que Dieu se trouve très loin dans un autre monde. Dieu est notre *abba* intime et aimant.

Tout comme Jésus, les prophètes et les mystiques n'ont pas commis l'erreur de situer Dieu dans un autre monde, un monde céleste. Quoi que l'un ou l'autre ait pu penser au sujet du ciel, pour eux Dieu était présent et agissant dans l'ici-maintenant. Ce qu'ils visaient, c'était l'union avec Dieu dans l'ici-maintenant de ce monde, quoi qu'il puisse leur arriver après la mort. «Le jour de mon éveil spirituel, confie la mystique béguine Mechtilde de Magdebourg (1210-1280), fut le jour où j'ai vu et su que je voyais toutes choses en Dieu et Dieu en toutes choses[13].»

C'est un fait : plusieurs mystiques affirment si vigoureusement et catégoriquement que Dieu ne fait qu'un avec l'univers qu'on les accuse souvent de *panthéisme*[14]. Le panthéisme est la croyance selon laquelle Dieu *est* toute chose. En d'autres termes, il n'y aurait aucune différence ou distinction entre Dieu et l'univers. On estime toujours, à tort, que Maître Eckhart était panthéiste. Bien qu'il y ait toujours eu et qu'il y ait encore de nombreuses personnes panthéistes, cette conception ne correspond ni à ce que les mystiques du passé ont dit ni à ce que les auteurs mystiques d'aujourd'hui cherchent à dire.

En raison de l'accent qu'on met actuellement sur l'immanence de Dieu et sa profonde implication dans tout ce qui se produit dans le monde, la plupart des auteurs essaient d'éviter le panthéisme en parlant de *panenthéisme*. Ce mot veut souligner que Dieu est présent *en* toute chose. L'avantage du panenthéisme est d'éviter le panthéisme, tout en ne laissant pas croire que Dieu vit à l'extérieur de notre monde. Mais je ne suis pas sûr que cela exprime d'une manière suffisamment adéquate l'expérience de Jésus et celle des mystiques. Parler de Dieu comme étant *en* toute chose, c'est encore recourir à une métaphore spatiale suggérant que Dieu serait une sorte d'objet invisible à l'intérieur de chaque être ou dans les vides entre les êtres. Mais l'expérience de Jésus et des mystiques semble suggérer que Dieu ne fait qu'*un avec l'univers*.

Certains auteurs ont donc proposé de parler d'incarnation universelle[15]. Selon cette façon de voir, Dieu serait incarné dans tout l'univers, et l'univers serait comme le corps de Dieu[16]. Dieu ne ferait qu'un avec l'univers, comme une personne ne fait qu'un avec son corps. Se représenter soi-même, les autres et le reste de l'univers en expansion comme le corps de Dieu, le manifestant et le révélant à chaque instant, recèle un très fort potentiel spirituel. Cette image précieuse mérite d'être explorée.

On peut en trouver un magnifique exemple dans les écrits de la mystique médiévale Hildegarde de Bingen (1099-1179), qui entendit Dieu dire: «Je suis la brise qui nourrit ce qui est vert… Je suis la pluie née de la rosée qui fait rire l'herbe de la joie de vivre[17].»

Je veux rester attentif au fait que Dieu est un mystère insondable et qu'on ne devrait pas se le représenter comme un objet de quelque nature que ce soit. On ne peut donc parler de Dieu ou en faire l'expérience uniquement comme une sorte de *sujet*. En ce sens, Dieu serait le sujet ou le «soi» de l'univers. Dieu n'est pas un objet dans l'univers, ni la somme totale de tous les objets qui composent l'univers, ce qui serait du panthéisme. On peut penser Dieu uniquement comme sujet ou, plutôt, comme *le* sujet, le sujet universel, le Soi universel[18].

Nous personnifions souvent la nature et l'univers. Nous parlons de Mère Nature. Nous disons que la nature guérit. Pour le physicien mathématicien Brian Swimme, l'univers est comme en attente de diversité, de complexité et de centration. Il voit l'univers comme créatif, attentif, nourricier et toujours insatisfait[19]. C'est ainsi que Jésus, les prophètes et les mystiques auraient parlé de Dieu. Dieu n'est pas la diversité, la créativité ou l'énergie de l'univers. Il est le Soi qui diversifie, crée et énergise. Dieu est l'univers en tant que créateur. Nous pouvons observer la créativité dans l'univers en expansion, mais nous ne pouvons pas voir le créateur, un peu comme nous pouvons voir des objets mais ne pouvons pas voir en lui-même le sujet agissant.

Voilà donc une manière d'apprécier à la fois l'immanence et la transcendance de Dieu. D'une manière immanente, Dieu ne fait qu'un avec l'univers, mais en même temps, en étant le sujet, le Soi, le créateur de l'univers, il transcende tous les objets auxquels nous pouvons penser comme composant l'univers. Les mots sont déficients ici. Dieu est le mystère transcendant qui ne peut jamais être décrit ou nommé. Comme toute subjectivité et toute conscience, on ne peut que le désigner et se tourner dans sa direction. Devant tant de mystère, admiratifs et émerveillés, nous ne pouvons que contempler.

Peut-être trouvez-vous que là, nous sommes vraiment très loin des problèmes et des questions de la vie quotidienne. Il n'en est rien. Notre expérience de ne faire qu'un, aussi limitée soit-elle, est une puissante expérience de guérison, de réconciliation, d'harmonie, d'amour et de paix. D'une manière encore plus fondamentale, cette expérience est merveilleusement *libératrice*.

# CHAPITRE 17

## Une liberté radicale

Radical signifie : qui va jusqu'aux racines. La liberté de Jésus atteignait les racines mêmes de son être. Il poussait ses disciples à s'efforcer d'y parvenir à leur tour. Et cette même liberté nous interpelle aujourd'hui, nous qui vacillons juste au bord du chaos.

La liberté de Jésus était stupéfiante[1]. Il a su se dresser en opposition aux évidences, aux coutumes et aux normes culturelles de la société dans laquelle il vivait. Il a interprété librement les lois, particulièrement celles qui régissaient le sabbat, et a eu assez d'audace pour passer outre à toutes les saintes traditions concernant le pur et l'impur. Il n'avait aucune autorité pour agir ainsi, ni comme citoyen ni comme membre de la communauté croyante. Ce qu'il avait, c'était la liberté personnelle de faire la volonté de Dieu, peu importe ce qu'on pouvait penser ou dire.

Jésus a été assez libre pour aimer sans réserve, pour aimer le plus pauvre des pauvres autant que le jeune homme riche. Son amour pour les prostituées et l'attention qu'il leur accordait ont scandalisé les dévots. Son attitude amicale envers les collecteurs d'impôts exploiteurs et si détestés rendait les pauvres perplexes. Il partageait les repas impurs des pauvres sans se soucier de la réputation qu'on lui faisait d'être un ivrogne et un glouton. En fait, il semble que cette accusation l'ait même amusé (*Mt* 11, 16-19[2]).

Grâce à cette liberté radicale, Jésus ne craignait absolument rien[3]. Quel courage extraordinaire ne lui a-t-il pas fallu pour expulser les vendeurs et les changeurs du parvis du Temple, alors qu'au plus fort des grandes fêtes les autorités étaient sur le qui-vive pour prévenir toute émeute ou rébellion! Non, Jésus ne craignait personne. Il a su rester silencieux quand le grand prêtre l'a questionné sur les accusations portées contre lui (*Mc* 14, 61) et il ne semble pas avoir été davantage impressionné par le brutal procurateur romain Ponce Pilate. Il a été assez libre pour mourir, pour donner sa vie pour le Royaume. Rien ni personne ne le retenait, pas même sa propre vie ou le succès de sa mission. Parce que sa confiance en Dieu était illimitée, sa liberté était illimitée.

## Notre liberté

Quand nous cherchons à vivre la spiritualité de Jésus aujourd'hui, nous apprenons peu à peu à lâcher prise, à nous affranchir de nos attachements, à laisser tomber nos béquilles, à ne faire aucun cas de notre besoin de réussir et à nous libérer du souci de notre réputation. La liberté est le tout premier fruit que nous cueillons. À mesure que nous apprenons à rire de notre ego, nos craintes, soucis, obsessions et comportements compulsifs s'estompent derrière nous. Pour certains, le plus grand soulagement consiste à se sentir libérés de la culpabilité: leurs méfaits ne seront jamais retenus contre eux. Ils sont pardonnés. Libres.

Le processus de libération personnelle commence par la découverte de la vérité sur nous-mêmes. De même, la découverte de la vérité sur le monde d'aujourd'hui, c'est-à-dire la reconnaissance ouverte et franche de ce qui se produit dans le monde humain et dans l'univers dans son ensemble, peut constituer une expérience de libération. La liberté vous rendra libres.

L'expérience de ne faire qu'un avec chacun et avec tout l'univers, que nous avons explorée dans cette partie du livre, nous libère de l'emprise tyrannique de notre ego isolé. Nous pouvons reprendre souffle. Nous pouvons faire confiance à Dieu et à cet univers qui nous parle d'un Dieu aimant. Nous pouvons nous détendre. À tous égards, tout ira bien, comme le dit d'une manière si encourageante Julienne de Norwich. Nous sommes libres.

Le fondement de la liberté radicale, c'est la confiance. Plus nous apprenons à apprécier l'amour de Dieu pour nous, plus nous devenons libres ; en effet, cette prise de conscience nous conduit à nous abandonner à Dieu et à mettre en lui toute notre confiance. «Ceux qui espèrent dans le Seigneur prennent de l'envergure comme des aigles», affirme le prophète Isaïe (40, 31). La confiance en Dieu nous rend capables d'avoir un esprit ouvert, sans aucune méfiance, et libres d'explorer des façons de penser nouvelles et non orthodoxes. Nous connaîtrons même la liberté de dire parfois en toute vérité : «Je ne sais pas.» Et, plus important encore, nous saurons dire : «Peu importe, c'est sans importance.»

La liberté intérieure que nous apprenons de Jésus nous rend capables d'aimer sans réserve, dans une pleine acceptation de ce que nous sommes et de ce que sont tous les autres, y compris nos ennemis. Le processus graduel de détachement supprime les obstacles à l'amour, et nous nous découvrons vite suffisamment libres pour aimer l'univers tout entier, à la manière de saint François.

Enfin, la liberté dont nous parlons nous rend capables de faire en tout temps ce que nous devons faire. Nous sommes désormais libres de parler franchement et sans crainte, de déclarer ouvertement notre position, de rire et de pleurer sans complexe, et d'être aussi humbles et enjoués qu'un enfant. Cette liberté peut même nous rendre capables de donner notre vie pour les autres s'il le fallait.

## Fausses libertés

Le postmodernisme est caractérisé par la quête de liberté. Bien des gens aujourd'hui répugnent à se soumettre aux restrictions ou aux contraintes imposées par quelque forme de doctrine, de dogme, de tradition, de rite ou d'autorité que ce soit. Ils souhaitent être libres de penser tout ce qu'ils veulent et de faire tout ce qui leur plaît. Dans la mesure où il s'agit d'une véritable recherche de liberté, il faut s'en réjouir : c'est là un énorme pas en avant dans l'évolution de la conscience humaine. Mais dans la mesure où la liberté que cherchent les gens du postmodernisme n'est encore qu'une autre liberté *de l'ego* plutôt qu'une liberté *de son ego*, cette recherche conduit à une forme de liberté fausse et illusoire qui n'a en fait rien de la liberté. Il peut certes être louable de vouloir briser les chaînes du passé, mais cette recherche est vaine si elle n'aboutit à rien d'autre qu'à nous lier avec de nouvelles chaînes, celles de l'égocentrisme. Ce n'est pas notre désir de liberté qui est mauvais ici, mais l'idée erronée que notre ego pourrait nous rendre libres.

La soif de spiritualité est une soif de liberté à l'égard du matérialisme. Nous cherchons à entrer en contact avec le mystère qui est au-delà de ce que nous pouvons voir, entendre, goûter, toucher et sentir. Cette soif de liberté peut elle aussi devenir individualiste et égoïste, bien qu'on ait ici une meilleure chance de découvrir la nécessité d'être libéré de son ego. Plusieurs spiritualités contemporaines s'y emploient. Mais une conception erronée de la liberté spirituelle, celle de la liberté égocentrique, demeure toujours possible.

Nous avons vu qu'un autre signe de notre temps est l'individualisme occidental. Bien qu'il prenne aussi racine dans une aspiration profonde à la liberté, il poursuit toutefois une fausse liberté. L'individualiste s'imagine qu'être libre consiste uniquement à se suffire à lui-même, à être indépendant, séparé du reste de l'humanité et de la nature. Nous voyons mieux maintenant combien cela est erroné et dangereux, car c'est cela qui nous a conduits au seuil du chaos.

Une autre fausse liberté est étroitement apparentée à ce qui précède : celle de tout se permettre, celle de la complaisance envers soi-même. Il s'agit de la poursuite égoïste de tous les plaisirs et de tous les luxes que l'argent peut procurer, sans aucune considération pour les besoins ou les émotions des autres. Cela n'a absolument rien d'une liberté.

Quand les dirigeants de l'Empire promettent d'apporter la liberté au monde, on se demande bien de quel genre de liberté ils peuvent parler. Ce n'est sûrement pas la liberté annoncée par Jésus. Parlent-ils de la liberté de l'individualisme occidental, de la liberté de l'autocomplaisance, de la liberté du choix sans limites ou de la liberté d'exploiter les pauvres et ceux qui sont dans le besoin? La liberté revendiquée par les riches et les puissants d'opprimer les faibles n'est-elle pas la liberté de priver les autres de leur liberté? N'est-ce pas la plus cynique de toutes les fausses libertés de l'ego?

Une autre croyance erronée, c'est que nous n'aurions besoin de rien d'autre que de libération sociale. Être libre de toute oppression, qu'elle soit politique, économique ou sociale, est certes essentiel. Mais quand ces libertés sont recherchées sans qu'on se préoccupe de la libération personnelle de l'esclavage de son ego, elles deviennent fragiles et même contre-productives. Jésus, lui, ne croyait pas que tout ce qu'il fallait, c'était de changer les structures d'une société ou d'une communauté religieuse, et que la liberté personnelle en découlerait automatiquement. Il voulait libérer les gens personnellement et socialement. Les individus qui ne sont pas libres peuvent causer la ruine d'une société libre.

## La peur de la liberté

Par ailleurs, une foule de gens ont peur de la liberté. Ils sont incapables d'envisager la responsabilité de devoir décider par eux-mêmes. Ils se sentent moins inquiets et plus en sécurité quand d'autres décident pour eux, parce qu'ils ne veulent pas courir le risque de commettre des erreurs.

Étroitement apparentée à cela est la crainte que certains éprouvent de laisser aux *autres* la liberté de décider par eux-mêmes. «On ne peut pas leur faire confiance.» «Ils pourraient se tromper.» «Ils n'en savent pas assez pour décider pour eux-mêmes.» «Nous qui savons et qui sommes plus sages savons ce qui est bon

pour eux.» «Ils sont comme des enfants ignorants.» C'est malheureusement l'attitude de beaucoup trop de responsables en Église.
Ce n'était pas celle de Jésus.

La peur de la liberté pousse certaines personnes vers le
fondamentalisme. Elles ont besoin de certitudes, d'autorité et de
vérités absolues. Pour elles, la liberté est quelque chose d'extrêmement dangereux. Elles ont leurs raisons, qu'il nous faut examiner soigneusement et avec respect. L'être humain a besoin de plus
de temps que les petits des autres animaux pour grandir et mûrir.
Il y a tellement plus à apprendre! La plupart des choses que nous
devons apprendre pour devenir des adultes mûrs ne viennent pas
de l'instinct, mais de la culture. Avant de nous tenir debout et de
pouvoir prendre des décisions pour nous-mêmes, il nous faut un
long temps d'éducation et de formation. Durant notre enfance,
nous avons besoin de règles et de lois. L'obéissance est essentielle,
et il arrive qu'il faille nous soumettre à une discipline. Il peut
même arriver que pour un temps ayons besoin de récompenses et
de punitions.

On tient généralement pour acquis qu'avec le temps, on peut se
passer de tout cela; mais pour certaines personnes, il n'en est rien.
Elles conservent un degré plus ou moins élevé d'infantilisme et de
dépendance. Il arrive même que certains, sans être jamais devenus
pleinement adultes, accèdent à des postes d'autorité, de leadership
ou de responsabilité parentale. Tout ce que ces personnes connaissent et peuvent comprendre, c'est une forme de discipline et
d'obéissance imposées de l'extérieur par des promesses de récompenses et des menaces de punitions. La liberté les terrifie.

S'il ne faut blâmer personne pour cet état de choses, on doit
tout de même reconnaître que c'est immature et puéril. On peut
certes mettre ces gens au défi de grandir, mais peu en seront
capables, du moins pas sur-le-champ et pas rapidement. Dans de
pareils cas, il peut s'avérer nécessaire d'imposer une forme de
discipline, comme avec des enfants. C'est particulièrement le cas
lorsque ces personnes représentent un danger pour la société,

comme pour des violeurs et des pédophiles. Il faut limiter leur liberté. Cependant, un des problèmes auxquels nous restons confrontés, c'est celui des leaders qui insistent pour traiter des adultes pleinement responsables en enfants immatures qu'ils croient devoir discipliner.

Jésus nous exhorte à parvenir à la maturité spirituelle. Il nous exhorte à grandir, à aller au-delà des restrictions de la loi et des coutumes, bref, à devenir radicalement libres. Comment? En mettant toute notre confiance et tout notre espoir en Dieu. À son époque, peu de gens étaient prêts pour cela. Il me semble qu'aujourd'hui, il y en a bien davantage.

## Se libérer mutuellement

Au temps de l'apartheid en Afrique du Sud, nous disions : «Personne ne sera libre tant que nous ne le serons pas tous.» C'est à la libération sociale et politique que nous pensions alors, mais cela s'applique tout autant à la libération personnelle ou, plutôt, à un idéal englobant qui inclut à la fois la liberté sociale et la liberté personnelle. Je ne puis devenir libre tout seul, dans un splendide isolement. Nous avons besoin les uns des autres. Personne ne devient libre sans l'aide et la coopération des autres. Nous apprenons les uns des autres, nous apprenons des générations qui nous ont précédés, nous apprenons de ceux qui ont beaucoup d'expérience et de ceux qui en ont peu. Nous apprenons des petits enfants et de ceux qui leur ressemblent. Notre liberté, c'est beaucoup plus qu'une réalisation personnelle. Nous nous libérons les uns les autres tout comme nous nous guérissons les uns les autres.

Jésus aussi a appris des autres. Il a appris de ses parents, de Jean le Baptiste, des prophètes juifs d'autrefois et même des enfants qu'il aimait tant. Mais il a surtout œuvré à rendre la liberté à ceux qui étaient opprimés et surchargés. Dans ses rencontres personnelles avec les gens, il les libérait en leur disant que Dieu les aimait et que leurs péchés étaient pardonnés.

Nous pouvons nous aussi libérer d'autres personnes. La première manière, la plus évidente, est de travailler à la libération sociale de tous ceux et celles qui sont opprimés. Mais nous pouvons aussi cesser d'opprimer des personnes dans nos propres familles, nos milieux de travail et nos communautés. Nous dominons les autres, souvent sans même nous en apercevoir, par exemple en étant possessifs ou en nous imposant. Tant que nous ne commençons pas à libérer les autres des fardeaux que nous plaçons nous-mêmes sur leurs épaules ou des chaînes avec lesquelles nous les attachons, nous ne nous approchons même pas de la liberté intérieure dont parlait Jésus. Rappelons-nous comment il dénonce les scribes de son temps : « Vous chargez les hommes de fardeaux accablants, et ne touchez pas vous-mêmes d'un seul de vos doigts à ces fardeaux » (*Lc* 11, 46). Nous avons le pouvoir de libérer les autres du fardeau de la culpabilité en leur disant que nous leur pardonnons ou que Dieu leur pardonne.

Mais ce dont plusieurs d'entre nous ont besoin plus que tout, c'est de permettre aux autres de contribuer à *notre* propre liberté. Car la poursuite de la liberté peut devenir égoïste et égocentrique. L'ego peut récupérer notre recherche de liberté et essayer d'en faire une réalisation personnelle dont nous pourrions nous vanter. Cela nous conduit inévitablement à croire que nous n'avons pas besoin de l'aide des autres. Oui, nous *pouvons* nous élever, oui, nous *pouvons* voler, mais pas seuls.

La liberté radicale, voilà l'idéal que nous visons. Mais il se peut que nous n'y arrivions jamais. Certains vont plus loin que d'autres. Il y en a qui ne se mettent même jamais en route. La liberté véritable commence le jour où je puis dire que le point jusqu'où *je* peux aller sur le chemin de la liberté n'a pas d'importance. Je peux avoir plus ou moins de possibilités que d'autres de devenir libre : cela n'a pas d'importance. Je peux mourir avant d'avoir vraiment progressé : cela n'a pas d'importance. La liberté radicale implique la liberté de ne pas se soucier de ces choses, de ne pas se comparer, de ne pas être en compétition.

Le paradoxe est donc le suivant : la liberté véritable inclut la liberté d'accepter que je manque de liberté intérieure. Cela nous concerne tous. Chacun a un rôle différent et unique à jouer. Ce qui importe, ce ne sont pas mes réalisations personnelles. Ce qui importe, c'est ce que Jésus appelait *la volonté de Dieu*.

## Libres pour faire la volonté de Dieu

Pour Jésus, la liberté n'est pas une fin en soi. C'est un moyen en vue de quelque chose de plus grand, à savoir faire la volonté de Dieu. Je ne suis pas appelé à être parfaitement libre, mais à faire la volonté de Dieu, et je ne le puis réellement qu'en tentant de devenir le plus libre possible. Voilà qui sonne comme une contradiction à nos oreilles modernes ou postmodernes.

Jésus semble s'être beaucoup référé à la notion de volonté de Dieu ; ses disciples en ont fait autant[4]. C'est un fait qu'au cours des siècles, faire la volonté de Dieu a souvent été au cœur de la spiritualité chrétienne. Jésus a cherché à faire la volonté de Dieu, même quand il a été fortement tenté du contraire, comme au jardin de Gethsémani. Il a fini par n'y avoir aucune contradiction entre sa volonté et celle de Dieu. Mais parle-t-on encore de liberté ?

Notre problème à nous, c'est que *obéissance à la volonté de Dieu* rime avec *oppression* et *domination*. C'est comme si Dieu imposait « sa » volonté à tout le monde et ne permettait à personne d'être libre et de décider pour soi-même. Cela découle en partie d'une fausse image de Dieu, qu'on voit comme quelqu'un qui aurait un énorme ego masculin, et en partie de ce que cette volonté de Dieu, ou la volonté de toute autre personne, apparaît totalement arbitraire. La volonté serait un choix purement arbitraire à propos de ce qui doit être fait. L'imposer aux autres serait assurément une oppression. Mais ce n'est pas du tout ce à quoi pensait Jésus.

Pour comprendre ce que Jésus voulait dire en parlant de la volonté de Dieu, nous gagnerions à penser au « bien commun ». Le bien commun, c'est tout ce qui est meilleur pour l'ensemble de la famille humaine, ou pour la totalité de la communauté des êtres vivants, ou pour l'univers tout entier dans son immense déploiement. Nous ne sommes pas des individus isolés. Nous faisons partie d'un tout plus vaste, et c'est le tout qui détermine l'existence même des parties. Une partie existe pour le bien du tout, parce que l'identité de la partie consiste justement à être une partie de ce tout.

Dans un monde dominé par l'ego et l'individualisme, on part souvent de la prémisse que le bien commun vient inévitablement en contradiction avec le bien personnel. Pour le dire autrement, ce qui est bon pour l'ensemble de la société ne serait généralement pas bon pour moi, et ce qui est bon pour moi entrerait en conflit avec les besoins des autres ou le bien commun. Cela signifierait que je devrais parfois *sacrifier* mon bien pour le bien des autres.

Mais tout cela est complètement faux. Il n'existe aucune contradiction. Ce qui est bon pour tout le monde est bon aussi pour moi. Ce que je pourrais devoir sacrifier, ce n'est pas mon bien, mais mon égocentrisme qui, de toute manière, n'est pas bon pour moi. Je commence à éprouver que mon bien ne fait qu'un avec le bien commun lorsque je commence à mettre mon ego sur la touche et à faire l'expérience que je ne fais qu'un avec les autres. Alors seulement suis-je libre de vivre et de travailler pour le bien commun ou, en d'autres mots, pour faire la volonté de Dieu.

Cela n'implique pas que chaque individu n'a pas une valeur unique. Nous avons vu combien Jésus appréciait chaque personne qu'il rencontrait. Ce que nous disons, c'est que le bien commun est finalement dans le meilleur intérêt de chaque individu unique et irremplaçable.

Il est vrai que le concept de bien commun a souvent été exploité et utilisé à mauvais escient pour écraser des individus ou ignorer leurs droits. Les gouvernements qui oppriment le font sans arrêt. Mais c'est là faire mauvais usage de l'idée de bien commun. On présente comme bon pour tout le monde ce qui ne sert en fait que les intérêts de l'élite dominante, et ceux qui voient les choses autrement doivent être sacrifiés. Mais n'est-ce pas précisément le contraire de ce que veut dire «bien commun»? Quand le grand prêtre Caïphe dit de Jésus: «C'est votre avantage qu'un seul homme meure pour le peuple et que la nation ne périsse pas tout entière», n'est-il pas complètement dans l'erreur au sujet de ce qui est avantageux pour la nation[5]?

Quand Jésus parlait du bien commun, il parlait de la volonté de Dieu. Dieu veut le meilleur pour chacun de nous et pour l'univers dans son ensemble. Il n'existait aucun conflit entre ce que Jésus voulait et ce que Dieu voulait. Voilà la véritable liberté. Au bout du compte, la liberté radicale, c'est la liberté de travailler pour le bien commun, ce qui peut aussi être décrit comme une participation volontaire et créatrice à *l'œuvre de Dieu*.

## L'œuvre de Dieu

Pour Jésus, l'œuvre de Dieu, c'était d'abord le travail de la création, aussi bien dans son origine que dans sa continuation. Pour nous aujourd'hui, c'est la toute première irruption d'énergie, les étoiles qui explosent, l'univers qui se déploie et la diversité créative qui nous entoure. L'œuvre de Dieu, c'est la totalité de cet univers magnifique et en pleine évolution.

L'œuvre de Dieu, c'est aussi l'histoire du développement de l'espèce humaine. Lorsque Jésus répand les germes du royaume-famille et lorsque, depuis, ceux-ci croissent lentement et de façon inégale, c'est encore l'œuvre de Dieu. L'œuvre de Dieu au milieu de nous aujourd'hui se donne à voir dans les signes de notre temps. Dans la soif de spiritualité et de guérison, nous pouvons voir le doigt de Dieu. Dieu est à l'œuvre dans l'histoire actuelle des changements structurels et dans la mondialisation de la lutte pour la justice. Le nouveau mouvement pour la paix et le développement discret de la compassion envers tous sont clairement des facettes de l'œuvre de

Dieu à notre époque. Jésus aurait été ravi d'entendre les voix des personnes marginalisées, des victimes, des pauvres et des opprimés qui commencent à se faire entendre. Là aussi, Dieu est à l'œuvre.

L'œuvre de Dieu, c'est encore la guérison des êtres humains. La nature guérit, avons-nous dit. Les médecins ne font que panser les blessures et soutenir fermement les os brisés. C'est la nature qui apporte la guérison proprement dite. Beaucoup de ce dont il a été question dans ce livre peut être comparé aux « soins infirmiers » destinés à soigner nos blessures et nos fractures. Au bout du compte, c'est Dieu qui opère la guérison.

Le grand travail que Thomas Berry décrit comme « la transition entre une période de dévastation de la terre par les hommes et une période où les hommes seraient présents à la planète d'une manière bénéfique pour elle comme pour eux[6], c'est l'affaire non seulement de la communauté humaine, mais de la planète terre tout entière. Plus même que de la terre, c'est le grand travail de l'univers lui-même[7]. » Voilà une autre façon de dire que cela aussi, c'est l'œuvre de Dieu. C'est Dieu qui sauvera la planète et l'espèce humaine – si elles doivent être sauvées. Cela dépendra beaucoup de ce que nous, les hommes, apporterons ou non notre contribution à la grande œuvre de Dieu.

Si nous n'arrivons pas à coopérer, l'ego pourrait l'emporter et notre espèce pourrait s'éteindre, avec bien d'autres. Mais le reste de l'univers, lui, continuera d'exister, et la créativité sans limites de Dieu mènera l'univers à des hauteurs encore plus grandes, mais sans nous, comme espèce. Nous ne savons pas ce que sera l'avenir. Mais nous savons que l'œuvre de Dieu va se poursuivre.

## Libres pour l'œuvre de Dieu

Jésus nous interpelle à participer à l'œuvre de Dieu, tout comme il l'a fait lui-même. Mais ce n'est pas ainsi que nous voyons habituellement les choses. Ce qui doit être fait est généralement considéré comme *notre* œuvre. Nous faisons entrer Dieu dans le décor uniquement comme *quelqu'un qui peut nous aider à accomplir notre œuvre*. On dit qu'il faut prier pour obtenir la grâce de Dieu. En réalité, ce qui doit être accompli, c'est l'œuvre de Dieu, et on peut dire que c'est nous qui apportons notre aide en y assurant notre participation. La meilleure façon de concevoir la grâce ou le don purement gratuit de Dieu ne serait-elle pas comme le privilège de participer à son œuvre?

Mais d'abord, nous devons devenir libres et assez humbles pour le faire. Il nous faut reconnaître que nous sommes nous-mêmes le produit de l'œuvre de Dieu, des créatures parmi d'autres créatures. Nous sommes l'œuvre de Dieu, une partie petite mais unique de sa grande œuvre d'art toujours en voie d'élaboration. Mais nous sommes aussi invités à prendre part au processus en devenant des coartistes et des cocréateurs de l'avenir.

Nous faisons cela en laissant Dieu travailler en nous et par nous. Quand nous sommes radicalement libres ou quand nous nous acheminons vers la liberté radicale, l'énergie divine peut couler à travers nous *sans obstacle*. Cette énergie divine, que l'on appelle aussi l'Esprit saint, est infiniment puissante, créatrice et curative. Nous la voyons à l'œuvre chez les prophètes, les mystiques et les saints et, plus que tout, en Jésus. L'Esprit saint est l'esprit de Jésus.

La confiance en soi illimitée que nous voyons en Jésus n'est pas un étalage de l'ego, mais une manifestation de liberté radicale. Sa confiance totale en Dieu permettait à l'énergie divine et créatrice présente dans l'univers d'accomplir d'extraordinaires miracles de guérison autour de lui. François d'Assise était physiquement faible et maladif, et il avait peine parfois à se tenir sur ses jambes. Mais cela n'a pas bloqué l'énergie, le désir et la détermination qui lui ont permis d'aller au bout de sa route.

Nous pouvons en faire autant. Nous pouvons cesser de faire notre propre affaire pour commencer à prendre part à la seule œuvre vraiment efficace et réelle : l'œuvre de Dieu. Cela peut inclure beaucoup de ce que nous faisons déjà, mais nous le ferons d'une manière nouvelle, avec une nouvelle motivation. La plupart des gens très motivés sont motivés par leur ego. Quand nous mettons l'ego sur la touche, il se peut que nous traversions une période où nous n'avons envie de rien, où nous nous sentons démotivés, jusqu'à ce que nous commencions un jour à éprouver une sorte de motivation irrésistible, parce que nous avons affaire à l'œuvre de Dieu. La transformation personnelle est bien, finalement, elle aussi l'œuvre de Dieu.

Comme la sagesse de Dieu, l'œuvre de Dieu est révolutionnaire. Elle remet le monde à l'endroit. Nous y participons en joignant nos voix aux nombreuses voix prophétiques qui s'élèvent avec audace à notre époque. Un nombre incalculable de personnes partout dans le monde font l'œuvre de Dieu. Nous sommes invités à nous joindre à elles, si nous ne l'avons pas déjà fait.

La voie de Jésus est un chemin qui nous conduira à la liberté, à cette liberté radicale qui nous habilite à participer à la grande œuvre d'art de Dieu d'une manière libre, spontanée et créatrice – et ensemble.

Pour la plupart, nous n'y sommes pas encore. Comme espèce, nous venons tout juste de commencer à évoluer. Devant nous, la route est encore longue. Mais cela ne doit pas nous inviter à abandonner tout sentiment d'urgence. C'est maintenant que ceux qui ont faim doivent être nourris. La pauvreté et la maladie doivent être éradiquées sans délai. C'est maintenant que les gaz à effet de serre doivent être stoppés. La lutte contre l'égoïsme est une affaire d'une extrême urgence. Tout cela, c'est l'œuvre de Dieu, et nous ne pouvons reporter à plus tard notre participation. À mesure que nous grandirons, jour après jour, en liberté intérieure, un nouveau sentiment d'insistance patiente va se développer.

L'œuvre de Dieu paraît parfois très lente. Peut-être est-ce parce que nous n'apprécions pas toujours l'immensité de ce dans quoi nous sommes impliqués. Mais, justement parce qu'il s'agit de l'œuvre de Dieu, l'avenir est assuré. Il y a de l'espoir pour l'univers et pour chacun de nous comme individu. Quand je mourrai, mon ego, mon faux moi, sera détruit une fois pour toutes, mais mon être véritable continuera pour toujours en Dieu, l'Être même de l'univers.

# Notes

## Introduction

1 Voir en particulier Richard A. Horsley et Neil Asher Silbermann, *The Message and the Kingdom : How Jesus and Paul Ignited a Revolution and Transformed the Ancient World*, Minneapolis, Augsburg Fortress, 2002, p. 1-7 et *passim*. Également Richard A. Horsley, *Jesus and the Spiral of Violence : Popular Jewish Resistance in Roman Palestine*, San Francisco, Harper and Row, 1987. Dans *Truly Our Sisters : A Theology of Mary in the Communion of Saints,* New York, Continuum, 2003, p. 137-206, Elizabeth A. Johnson a fait un usage remarquable des plus récentes découvertes archéologiques pour reconstituer la vie dans le village de Marie, Nazareth.

2 Voir par exemple John Dominic Crossan, *The Historical Jesus : The Life of a Mediterranean Jewish Peasant*, Edinburgh, T.&T. Clark, 1991.

## Chapitre 1

1 Il s'agit du roman *pour adultes* le plus vendu. Pour ce qui est des romans *pour enfants*, ce sont les livres de Harry Potter qui ont battu tous les records, ce qui n'empêche pas qu'ils soient lus aussi par des millions d'adultes.

2 Pour un résumé succinct de plusieurs critiques, voir Gerard O'Collins, «Da Vinci Fraud», *The Pastoral Review*, 1/5, 2005, p. 71-74.

3 Nous verrons au chapitre 7 le rôle joué par Marie Madeleine dans la vie de Jésus.

4 Nous étudierons au chapitre 4 cette vision mécaniste du monde.

5 Joanna Macy, *World as Lover, World as Self*, Berkeley, Parallax Press, 1991, p. 15.

6 David Tacey, *The Spirituality Revolution : The Emergence of Contemporary Spirituality*, New York, Brunner-Routledge, 2004, p. 11.

7 Voir par exemple Don Cupitt, *Mysticism after Modernity*, Malden, MA/Oxford, Blackwell, 1998, p. 3-6 et *passim*.

8 Cupitt, *Mysticism*, p. 15-23.

9 Diarmuid O'Murchu, *Reclaiming Spirituality : A New Spiritual Framework for Today's World*, Dublin, Gill and Macmillan, 1997, p. vii, 53, 75 ; Diarmuid

O'Murchu, *Religion in Exile : A Spiritual Vision for the Homeward Bound*, Dublin, Gill and Macmillan, 2000, p. 6-7, 18, 65-70. On lira avec profit une critique de cette vision par Cletus Wessel, *The Holy Web : Church and the New Universe Story*, Maryknoll, NY, Orbis, 2000, p. 116-117.

10 Tacey, *The Spirituality Revolution*, p. 30, 36-37, 75.

11 Tacey, *The Spirituality Revolution*, p. 24-25.

12 Tacey, *The Spirituality Revolution*, p. 68.

13 William Bloom, *Solutions : The Holistic Manifesto*, Carlsbad, CA, Hay House, 2004.

14 Tacey, *The Spirituality Revolution*, p. 11, 78.

15 Tacey, *The Spirituality Revolution*, p. 114-115.

## Chapitre 2

1 Stephen B. Scharper, *Redeeming the Time : A Political Theology of the Environment*, New York, Continuum, 1988, p. 96, résumant la pensée de Catherine Keller.

2 Robert Bellah et coll., *Habits of the Heart : Individualism and Commitment in American Life*, Berkeley, University of California Press, 1985, p. 142-163.

3 Neville Symington, *A Pattern of Madness*, London, Karnac, 2002.

4 Ken Wilber, *Boomeritis : A Novel That Will Set You Free*, Boston, Shambhala, 2005.

5 David Tacey, *The Spirituality Revolution*, p. 145.

6 Ian Linden, *A New Map of the World*, Londres, Darton, Longman and Todd, 2003, p. 16-34, 148.

7 Bellah et coll., *Habits of the Heart*, p. vii.

8 Bellah et coll., *Habits of the Heart*, p. 284.

9 David Toolan, *At Home in the Cosmos*, Maryknoll, Orbis, 2001, p. 79-91.

10 Michael McCarthy, « Sloughing Towards Disaster », *The Tablet*, Londres, 12 février 2005, p. 9.

11 Macy, *World as Lover*, p. 183.

## Chapitre 3

1 Dorothee Soelle, *Suffering*, Philadelphie, Fortress, 1975, p. 18-32.

2 Soelle, *Suffering*, p. 70.

3 Linden, *A New Map of the World*, p. 37-51.

4 Je n'ai pu contrôler ces chiffres. Aujourd'hui, ils pourraient être encore plus élevés.

5 On trouvera à l'adresse www.thirdworldtraveler.com une mine d'information sur des livres et articles consacrés à l'Empire américain.

6 On reconnaît la thèse bien connue du penseur et écrivain français René Girard sur la violence.

7 Voir René Girard, *Je vois Satan tomber comme l'éclair*, Paris, Grasset, 1999, p. 249-261. Voir également Gil Bailie, *Violence Unveiled : Humanity at the Crossroads*, New York, Crossroad, 1997, p. 18-29.

8 Sur ce sujet et d'autres exemples de femmes de différents camps d'un conflit œuvrant ensemble pour la paix, voir Marigold Best et Pamela Hussey, *A Culture of Peace : Women, Faith and Reconciliation*, Londres, CIIR, 2005.

9 Girard, *Je vois Satan tomber comme l'éclair*, p. 261.

10 On peut facilement trouver plus d'information sur le FSM sur Internet.

## Chapitre 4

1 Bill Bryson, *A Short History of Nearly Everything*, Londres, Doubleday, 2003, p. 161.

2 Brian Swimme, *The Hidden Heart of the Cosmos : Humanity and the New Story*, Maryknoll, Orbis, 1996, p. 93.

3 Swimme, *The Hidden Heart*, p. 100.

4 David Bohm, *Wholeness and the Implicate Order*, Londres/New York, Routledge, 1980.

5 Cité dans Bryson, *A Short History*, p. 36.

6 Fritjof Capra, *The Hidden Connections : A Science for Sustainable Living*, New York, Doubleday, 2002, p. 30. Voir aussi son *Uncommon Wisdom : Conversations with Remarquable People*, New York, Simon and Schuster, 1988, p. 84-85.

7 Louis Roy, *Mystical Consciousness : Western Perspectives and Dialogue with Japanese Thinkers*, Albany, State University of New York Press, 2003, p. 37-39.

## Chapitre 5

1 Horsley et Silbermann, *The Message and the Kingdom*, p. 60-62.

2 Horsley, *Jesus and the Spiral of Violence*, p. 324.

3 Voir Albert Nolan, *Jésus avant le christianisme*, Paris, Éd. de l'Atelier, 1979, ici dans Coll. Foi Vivante (Diffusion Cerf), 1995, p. 72-76.

4 Nolan, *Jésus avant le christianisme*, p. 77-82.

5 Nous aborderons l'histoire de Marie Madeleine au chapitre 7.

6 Cette histoire fut sûrement ajoutée plus tard aux évangiles par quelqu'un qui trouvait, à juste titre, qu'elle exprimait très bien l'attitude générale de Jésus au sujet de la sanction du péché. Elle est complètement absente de certains manuscrits alors que quelques-uns la placent ici, d'autres après *Jn* 7, 36 ou après *Jn* 21, 25, d'autres encore après *Lc* 21, 38.

7 John Dominic Crossan, *The Dark Interval : Towards a Theology of Story*, Chicago, Argus, 1975, p. 48-62.

8 Pour une analyse du Code de sainteté, voir Albert Nolan, *Dieu en Afrique du Sud*, Paris, Cerf, 1991, p. 57-62.

9 George M. Soares-Prabhu, *The Dharma of Jesus*, Maryknoll, Orbis, 2003, p. 93.

10 Horsley, *Jesus and the Spiral of Violence*, p. 190-193 ; Roger Haight, *Jesus Symbol of God*, Maryknoll, Orbis, 1999, p. 65.

11 Voir Nolan, *Jésus avant le christianisme*, p. 86.

12 Wes Howard-Brook, *The Church Before Christianity*, Maryknoll, Orbis, 2001, p. 72.

13 Sara Parvis, «The Open Family : Kinship in the Bible and the Pre-Reformation Church», *The Pastoral Review*, 1/3, 2005, p. 34.

14 John Dominic Crossan a fait valoir d'une manière convaincante que Jésus voyait le Royaume comme une réalité présente. Voir *The Historical Jesus*, p. 276-287, 345.

15 Girard, *Je vois Satan tomber comme l'éclair*, p. 213-221.

16 Voir mon analyse de ces textes dans *Jésus avant le christianisme*, p. 149-150.

## Chapitre 6

1 Certains spécialistes du Nouveau Testament estiment que cette prophétie concernant la chute de Jérusalem a été écrite après qu'elle se fut produite en 70 ap. J.-C. Je suis cependant porté à penser que Jésus a vraiment fait cette prédiction. Voir Albert Nolan, *Jésus avant le christianisme*, p. 32-33. Qu'il l'ait faite ou non, son souci des femmes et des enfants est caractéristique de sa spiritualité.

2 J'ai déjà affirmé qu'en tant que menuisier, Jésus appartenait à la classe moyenne (*Jésus avant le christianisme*, p. 45), mais les études ont montré que ce n'était pas le cas. Voir surtout les études déjà citées de Dominic Crossan, *The Historical Jesus*, et de Richard A. Horsley, *Jesus and the Spiral of Violence*.

3 Dans *Jesus and the Spiral of Violence*, Richard Horsley en fait une remarquable présentation.

4 Gerhard Von Rad, *The Message of the Prophets*, New York, Harper and Row, 1972 (Londres, SCM, 1968), p. 42, 50, 165-166.

5 Je considère improbable que les premières communautés chrétiennes aient inventé cette idée d'une tentation de Jésus. Il a fallu qu'il en ait parlé lui-même.

6 Nolan, *Jésus avant le christianisme*, p. 37.

7 Nolan, *Jésus avant le christianisme*, p. 104-109.

8 On parle généralement de l'union de Jésus avec Dieu en termes d'union hypostatique, c'est-à-dire de l'union du divin et de l'humain dans une personne, et de sa relation au Père comme de la relation entre deux personnes de la Trinité. Cela fait de Jésus le Fils unique de Dieu, et de tous les autres, comme les mystiques, des fils et filles adoptifs de Dieu.

9 Pour un résumé de l'état récent de la recherche sur l'usage par Jésus du terme *abba*, voir Roger Haight, *Jesus Symbol of God*.

10 Edward Schillebeeckx, *Jesus : An Experiment in Christology*, Londres, Collins, 1979, p. 260.

11 James D.G. Dunn, *Christology in the Making*, Philadelphie, Westminster Press, 1980, p. 26.

12 Robert Hamilton-Kelly, *God the Father : Theology and Patriarchy in the Teaching of Jesus*, Philadelphie, Fortress, 1979, p. 81.

13 Schillebeeckx, *Jesus*, p. 266, 268.

14 David Tracy, «Recent Catholic Spirituality : Unity and Diversity», dans *Christian Spirituality : Post-Reformation and Modern*, vol. 3, Londres, SCM, 1990, p. 160-170. Voir aussi Philip F. Sheldrake, «Christian Spirituality as a Way of Living Publicly : A Dialectic of the Mystical and the Prophetic», *Spiritus : Journal of Christian Spirituality*, 3/1, 2003, p. 24-27.

15 Voir Robert Ellsberg, *All Saints : Daily Reflections on Saints, Prophets and Witnesses for Our Time*, New York, Crossroad, 1997.

16 Voir la discussion très intéressante de Horsley en faveur de l'historicité de l'institution des douze apôtres dans *Jesus and the Spiral of Violence*, p. 199-208.

17 Même si les mots de *Marc* 10, 42-45 sont les mots de l'Église primitive plutôt que ceux de Jésus lui-même, ils rendent bien l'esprit de l'enseignement et de la spiritualité de Jésus.

18 Karl Rahner, *The Practice of the Faith*, New York, Crossroad, 1983, p. 22.

## Chapitre 7

1 Marcus J. Borg, *Meeting Jesus Again for the First Time : The Historical Jesus and the Heart of Contemporary Faith*, San Francisco, HarperSanFrancisco, 1994, p. 31.

2 J.D. Crossan, *The Historical Jesus*, p. xii.

3 On peut consulter mon essai d'analyse des miracles de Jésus dans *Jésus avant le christianisme*, p. 47-54.

4 Marc, suivi par Matthieu et Luc, a transformé ce fait en un récit destiné à démontrer que Jésus a autorité pour pardonner les péchés.

5 Voir René Girard, *Le bouc émissaire*, Paris, Grasset, 1982 (Livre de poche Essais, 1986) qui présente une brillante analyse de ce mécanisme.

6 Même si Jésus n'a peut-être pas prononcé ces mots sur la croix, ils expriment très bien son attitude générale de pardon plutôt que de blâme.

7 Crossan, *The Historical Jesus*, p. 220-224.

8 Je ne crois pas qu'il faille voir une critique dans la parole de Jésus relevant que Simon ne l'a pas embrassé. Jésus ne fait que comparer la réaction de quelqu'un à qui beaucoup a été pardonné et celle de quelqu'un qui croit n'avoir pratiquement pas besoin de pardon.

9 Les passages qui l'affirment en *Mc* 2, 7 et *Mt* 9, 6 sont clairement rédactionnels.

10 La tendance moralisatrice des évangélistes s'est glissée dans quelques textes. Ils tendent à faire de notre propre pardon envers les autres une *condition* du pardon de Dieu. Dans *The Dharma of Jesus*, George M. Soares-Pradhu a bien démontré comment cela s'est glissé dans les textes (p. 222-223).

11 À ce sujet, voir la note 6 au chapitre 5.

12 Les récits de jugement dans les évangiles visent seulement à distinguer les comportements acceptables de ceux qui ne le sont pas. Le châtiment de la prison, les ténèbres extérieures avec les grincements de dents, l'Hadès, le feu de l'enfer ne doivent pas être pris à la lettre. Ce type de châtiment relève probablement du travail rédactionnel moralisateur des évangélistes. Car pris à la lettre, ces versets viennent en contradiction avec tout ce que Jésus a dit de l'amour de Dieu.

13 Voir par exemple Elisabeth Schüssler Fiorenza, *En mémoire d'elle. Essai de reconstruction des origines chrétiennes selon la théologie féministe*, Paris, Cerf, 1986 (coll. *Cogitatio fidei*, 136), p. 332-333 ; Sandra M. Schneiders, *Written That You May Believe : Encountering Jesus in the Fourth Gospel*, New York, Crossroad, 2003, p. 244-245, et Sandra M. Rushing, *The Magdalene Legacy : Exploring the Wounded Icon of Sexuality*, Londres, Bergin & Garvey, 1994. Pour un survol du renouveau d'intérêt envers Marie Madeleine, voir Ed Conroy, «Resurrecting Mary Magdalene», *National Catholic Reporter*, 15 juillet 2005, p. 11-13.

14 Voir Rushing, *The Magdalene Legacy*, p. 51-54.

15 Voir Nolan, *Jésus avant le christianisme*, p. 48-50.

## Chapitre 8

1 Anthony Storr, *Solitude*, Londres, HarperCollins, 1989.

2 Par exemple Basil Pennington, *La prière de silence : renouveler une forme traditionnelle de prière chrétienne*, Ottawa, Novalis, 2006.

3 William Johnston, *Silent Music : The Science of Meditation*, Londres, Collins, 1977, p. 55.

4 Thomas Merton, *Contemplative Prayer*, Londres, Darton, Longman and Todd, 1973, p. 112.

5 Je ne suis pas arrivé à retracer ce mot dans les œuvres d'Eckhart et je ne me rappelle plus où je l'ai lu. Pour une excellente présentation de l'importance du silence chez tous les mystiques, voir Dorothee Soelle, *The Silent Cry: Mysticism and Resistance*, Minneapolis, Augsburg Fortress, 2001, p. 70-76.

6 La spiritualité du moment présent a été récemment popularisée par le livre d'Eckhart Tolle, *The Power of Now: A Guide to Spiritual Enlightenment* (éd. révisée), Londres, Hodder & Stoughton, 2005. Sur l'importance de cette idée dans le christianisme et le bouddhisme, voir Brian Pierce, *We Walk the Path Together: Learning from Thich Nhat Hanh and Meister Eckhart*, Maryknoll, Orbis, 2005, p. 21-24.

## Chapitre 9

1 Neville Symington, *A Pattern of Madness*, Londres, Karnac, 2002, p. 190.

2 Maître Eckhart, *Sermons and Treatises*, 3 vol., Maurice O'C.Walshe (trad. et dir.), Shaftesbury, Element Books, 1979, # 46, p. 20.Toutes les références aux sermons de Maître Eckhart seront identifiées comme *Eckhart* suivi du numéro du sermon (#) et de la page dans cette édition.

3 Une autre manière de regrouper les différents types de personnalité est la méthode Myers-Briggs. Le lecteur qui aimerait explorer les egos de l'ennéagramme et leurs différentes structures pourrait essayer de lire le livre de Sandra Maitri, *The Spiritual Dimension of the Enneagram: Nine Faces of the Soul*, New York, Penguin Putnam, 2000, ou celui de A.H. Almaas, *Facets of Unity: The Enneagram of Holy Ideas*, Berkeley, Diamond Books, 1998.

4 La ruse de l'ego est magnifiquement décrite par Dag Hammarskjold dans son journal, comme Dorothee Soelle le signale dans son livre déjà mentionné *The Silent Cry*, p. 225-226.

5 Henri Nouwen, *The Inner Voice of Love: A Journey through Anguish to Freedom*, New York, Doubleday, 1996, p. 91.

## Chapitre 10

1 Pour une réflexion sur ce texte et sur les prières d'action de grâce en général dans les évangiles, voir l'ouvrage déjà mentionné de George M. Soares-Prabhu, *The Dharma of Jesus*, p. 215-217.

2 Pour composer ce récit, Luc s'est servi de différentes traditions comme l'association de Jésus avec les pécheurs, ses repas avec les pharisiens et l'onction que lui avait faite une femme soit sur la tête (*Mc* 14, 3; *Mt* 26, 7), soit sur les pieds (*Jn* 12, 3). Luc a choisi l'onction des pieds et a structuré le récit pour faire ressortir combien Jésus appréciait l'amour reconnaissant.

3 David Steindl-Rast, *Gratefulness, the Heart of Prayer: An Approach to Life in the Fullness*, Ramsey, Paulist Press, 1984, p. 15.

4 Ronald Rolheiser, *The Holy Longing : The Search for a Christian Spirituality*, New York, Doubleday, 1999, p. 36.

5 Rolheiser, *The Holy Longing*, p. 67.

6 *Gratefulness*, p. 59.

7 Ken Wilber et son épouse Treya nous font traverser l'expérience de la souffrance, de la mort et du deuil (Treya est morte du cancer) dans *Grace and Grit : Spirituality and Healing in the Life and Death of Treya Killiam Wilber*, Dublin, Gill and Macmillan, 2001. Une extraordinaire maturité spirituelle traverse ce livre.

## Chapitre 11

1 J.D. Crossan, *The Historical Jesus*, p. 266-269.

2 A.H. Almaas, *Facets of Unity*, p. 22-25.

3 Voir Kenneth S. Leong, *The Zen Teachings of Jesus*, New York, Crossroad, 1995, p. 14.

4 Voir Mary Evelyn Tucker, dans *Worldly Wonder : Religions Enter Their Ecological Phase*, Chicago, Open Court, 2003, p. 50-54, 89, 98, 100.

5 Sally McFague, *The Body of God : An Ecological Theology*, Minneapolis, Augsburg Fortress, 1993, p. 122-124.

6 Evelyn Underhill, *Mysticism : A Study in the Nature and Development of Spiritual Consciousness*, Mineola, NY, Dover Publications, 2002 (paru d'abord en 1911), p. 437-443.

7 À propos de l'humour de Jésus, son rire et sa joie, voir Leong, *The Zen Teachings of Jesus*, p. 14, 21.

8 Aujourd'hui, bien sûr, des millions et des millions d'enfants ne manifestent pas ces qualités parce que la pauvreté, la guerre, la malnutrition et les agressions sexuelles les ont privés de leur enfance.

## Chapitre 12

1 Ces instructions se retrouvent à quatre endroits dans les évangiles, et toujours sous une forme différente. Chez Luc (9, 3) et Matthieu (10, 10), Jésus enjoint à ses disciples de ne pas prendre de bâton, alors qu'en Marc (6, 8), ils le peuvent. Selon Matthieu (10, 10) et Luc (10, 4), ils ne doivent pas prendre de sandales, mais pour Marc (6, 9) ils peuvent en avoir une paire. De toute évidence, on n'a pas affaire ici à une liste de règles à suivre, mais à une invitation pressante à rester détaché de ces choses.

2 Pour la pensée de Maître Eckhart sur le détachement, voir *Sermons and Treatises*, vol. III, p. 117-118.

3 Je dois beaucoup ici à des causeries enregistrées d'Angeles Aries sur le détachement.

4 Maître Eckhart, sermon # 9 (p. 79-81, 88-89). On en trouve un commentaire dans Cyprian Smith, *The Way of Paradox: Spiritual Life as Taught by Meister Eckhart*, Londres, Darton, Longman and Todd, 1987, p. 92-93.

## Chapitre 13

1 En anglais: rien = *nothing* ou *no-thing* – pas une chose (NdT).

2 Voir par exemple, Gordon D. Kaufmann, *In Face of Mystery: A Constructive Theology*, Cambridge, Harvard University Press, 1993, p. 60-61, 337; au sujet de Dieu comme mystère chez les théologiens Rahner, Metz, Gutierrez et Tracy, voir Gaspar Martinez, *Confronting the Mystery of God*, New York, Continuum, 2001, p. 241-251.

3 Eckhart, *Sermon* # 29, p. 165, 169.

4 Eckhart, *Sermons and Treatises,* vol. III, p. 35.

5 Les théologiens et les auteurs spirituels de toutes les époques ont repris l'affirmation de saint Irénée sur la déification: «Dieu s'est fait homme pour que l'homme devienne Dieu.» Voir déjà *2 P* 1, 4.

6 Eckhart, *Sermon* # 13b, p. 117, et à bien d'autres endroits.

7 Du reste, dans la théologie chrétienne, on parle de Dieu comme d'une Trinité de trois personnes.

8 Kaufman, *In Face of Mystery*, p. 368.

## Chapitre 14

1 Erich Fromm, *L'art d'aimer*, Paris, Desclée de Brouwer, 2005, p. 65.

2 Comme plusieurs autres, Ken Wilber affirme que nous ne sommes pas notre corps, mais en fait il parle d'autre chose. Ce qu'il dit est que nous ne devons pas identifier notre être véritable à nos émotions, nos pensées ou notre corps. Le véritable moi, c'est ce témoin qui observe tout le reste en moi. *The Essential Ken Wilber: An Introductory Reader*, Boston, Shambhala, 1998, p. 36-37.

3 Voir Oliver Davies, *Meister Eckhart: Mystical Theologian*, Londres, SPCK, 1991, p. 74-75.

4 Voir, par exemple, le livre magnifique de Diane Ackerman sur le développement des sens: *A Natural History of the Senses*, New York, Random House, 1990.

5 Dans son livre *Les sources du Moi: la formation de l'identité moderne*, Montréal, Boréal, 2003 (ou Paris, Seuil, 1998), Charles Taylor décrit ce développement d'une manière très détaillée.

## Chapitre 15

1 On pourrait même aller plus loin et dire que mon identité doit être cherchée dans le fait de ne faire qu'un avec tous les êtres vivants ou avec l'univers tout entier, comme nous le verrons au chapitre 16. Mais nous devons d'abord nous

arrêter au fait que nous ne faisons qu'un avec les autres êtres humains et
que nous nous identifions à eux.

2 Notre ADN semble révéler que nous descendons tous des mêmes ancêtres ou
des mêmes parents.

3 Le mot «chair» est utilisé dans la Bible, et particulièrement dans l'évangile
de Jean, en un sens différent de celui que lui attribue Paul. Il ne désigne pas
ici notre «ego», comme c'était le cas au chapitre 9.

4 Pumla Gobodo-Madikizela, *A Human Being Died That Night: A Story of
Forgiveness*, Cape Town, David Philip, 2003.

5 Voir Albert Nolan, *Jésus avant le christianisme*, p. 73-75.

6 Voir encore *Ac* 2, 44-45 et 5, 1-10.

7 L'importance de cette collecte a été mise en lumière d'une manière
convaincante par Richard A. Horsley et Neil Asher Silbermann dans
*The Message and The Kingdom*, p. 184-197.

## Chapitre 16

1 Par exemple les psaumes 8, 1-9; 19, 1-6; 29, 1-11; 65, 9-13; 104, 1-35; 136, 1-9
et 148, 1-14.

2 *The Historical Jesus*, p. 295.

3 On trouvera d'autres exemples dans Evelyn Underhill, *Mysticism,* p. 191-193,
234, 254-258, 301-302, et dans Dorothee Soelle, *The Silent Cry*, p. 98-101.

4 On peut en lire quelques-uns dans Anthony Storr, *Solitude*, p. 36-37.

5 Brian Swimme et Thomas Berry, *The Universe Story: From the Primordial
Flaring Forth to the Ecozoic Era – A Celebration of the Unfolding of the
Cosmos*, San Francisco, HarperCollins, 1992, p. 237.

6 Swimme et Berry, *The Universe Story*, p. 223.

7 Ken Wilber, *Grace and Grit*, p. 17-20.

8 Voir Swimme et Berry, *The Universe Story*, p. 71-78, et Thomas Berry, *The
Dream of the Earth*, San Francisco, Sierra Club Books, 1988, p. 45-46, 106-107.

9 Kathleen Duffy résume sa pensée dans «The Texture of the Evolutionary
Cosmos: Matter and Spirit in Teilhard de Chardin», dans Arthur Fabel et
Donald St. John (dir.), *Teilhard in the 21st Century: The Emerging Spirit of
Earth*, Maryknoll, Orbis, 2003, p. 139-144.

10 Voir le résumé de cette recherche que présente Diarmuid O'Murchu dans
*Evolutionary Faith: Rediscovering God in Our Great Story*, Maryknoll, Orbis,
2002, p. 17.

11 Berry, *The Dream of the Earth*, p. 199.

12 Beatrice Bruteau, *God's Ecstasy: The Creation of a Self-Creating World*,
New York, Crossroad, 1997, p. 152-153.

13 Citée par Sue Woodruff, *Meditations with Mechtild of Magdeburg*, Santa Fe, Bear & Co., 1982, p. 42.

14 Voir Soelle, *The Silent Cry*, p. 103-108.

15 Voir par exemple Ronald Rolheiser, *The Holy Longing*, p. 79-81, et Mary Conrow Coelho, *Awakening the Universe, Emerging Personhood : The Power of Contemplation in an Evolving Universe*, Lima, Wyndham Hall Press, 2002, p. 229-232.

16 Grace M. Jantzen, *God's World, God's Body*, Londres, Darton, Longman and Todd, 1984, et Sally McFague, *The Body of God*.

17 Cité dans Joanna Macy, *World as Lover*, p. 11.

18 La meilleure manière de saisir la différence entre un sujet et un objet est notre utilisation grammaticale des mots. Nous pouvons utiliser un mot comme sujet d'une phrase ou comme objet ou prédicat dans une phrase. Quand nous utilisons un mot comme sujet, nous n'affirmons encore rien, nous ne faisons que faire référence à quelque chose au sujet duquel nous allons ensuite faire une affirmation, ou attirer l'attention sur ce quelque chose. Nous utilisons un mot non pour dire quelque chose, mais pour indiquer quelque chose. En soi, le sujet n'a pas de forme et est inconnu.

19 Voir en particulier les conférences de Brian Swimme sur DVD dans la série *The Powers of the Universe* (Centre for the Story of the Universe), 2003.

## Chapitre 17

1 J'emprunte l'expression «liberté stupéfiante» à Dominique Guzman, le fondateur des Dominicains. Elle me semble décrire parfaitement la liberté encore plus grande de Jésus.

2 Albert Nolan, *Jésus avant le christianisme*, p. 155-156.

3 Voir Soares-Prabhu, *The Dharma of Jesus*, p. 89-91.

4 Voici quelques-unes des nombreuses références à la volonté de Dieu ou la volonté du Père : *Mc* 3, 35 ; *Lc* 10, 21 ; 22, 42 ; *Mt* 6, 10 ; 7, 21 ; 18, 14 ; *Jn* 4, 34 ; *Ac* 21, 14 ; *Rm* 12, 2.

5 Bien sûr, l'auteur du quatrième évangile fait ici preuve de beaucoup d'ironie. En effet, c'est vraiment pour le bien commun de la nation, et beaucoup plus que la nation, que Jésus est mort, mais dans un sens bien différent de ce que Caïphe pouvait se représenter (voir *Jn* 11, 51-52).

6 Thomas Berry, *The Great Work : Our Ways into the Future*, New York, Bell Tower, 1999, p. 3.

7 Berry, *The Great Work*, p. 195.

# Table des matières